国家精品在线开放课程配套教材

中原武术文化教程

孙新成　主编

人民体育出版社

图书在版编目（CIP）数据

中原武术文化教程 / 孙新成主编. -- 北京：人民体育出版社, 2020（2024.6重印）
ISBN 978-7-5009-5728-7

Ⅰ.①中… Ⅱ.①孙… Ⅲ.①武术—体育文化—河南—教材 Ⅳ.①G852

中国版本图书馆CIP数据核字(2019)第279890号

*

人民体育出版社出版发行
北京中献拓方科技发展有限公司印刷
新华书店经销

*

787×960 16开本 18印张 276千字
2020年6月第1版 2024年6月第3次印刷

*

ISBN 978-7-5009-5728-7
定价：77.00元

社址：北京市东城区体育馆路8号（天坛公园东门）
电话：67151482（发行部） 邮编：100061
传真：67151483 邮购：67118491
网址：www.psphpress.com
（购买本社图书，如遇有缺损页可与邮购部联系）

编委会名单

内容提要

本教程在弘扬传统文化大背景下，讲解了中原传统武术历史渊源、发展概况、科学修炼之道等问题，展现了武术文化特有的内涵和精髓，揭示了武术技击和武术内功的原理及其规律性。

学生通过对传统武术文化深厚内涵的学习，初步掌握基本的防身健体技能，培育学生崇德尚武精神，树立文化自信，自觉加入到以拳悟道的武术研练和武术文化的传承中。

序 言

一

武，止戈为武，消停战事。

武术，止戈的技术，消停战事的技术，是物质文明的保障和导向。历史上，武术分别体现在国家的国防实力、个人的安全防卫方面。在不同的时期和不同地方，有不同形式的应用和进步。

中国武术，上武得道，平天下；中武入喆，安身心；下武精技，防侵害。

武术还有个别称，叫作功夫，大体出现在中国清末时期。功夫也可以用来体现个人在武术应用方面的造诣。

武术是杀人的技术。实践起来，必定是一横一竖、血腥甚至有些丑陋。

武术能让你体会到作为人生强者的重要性，因为只有立着的才有资格说话。

古时出手必见输赢的武术，如今成为别有用心之人炒作的工具和不明真相之人耻笑的对象。根本原因在于许多人看到的武术好像不再能打。武术成为花拳绣腿、花架子的代名词。

其实花架子武术古代就有，体现的是武术的观赏娱乐价值，练成行家也并不容易。比如汉朝的宫廷中，有以刀牌模拟战阵的舞蹈；唐代有诗人杜甫描绘的公孙大娘师徒的剑舞；宋代有依靠打场子卖艺为生的江湖武人。

到停止了前朝文、武科举制度的元代，一帮欲通过考试谋取功名的文人没了出路，便投靠表演民间歌舞、说唱和滑稽戏的杂技班、戏班子去编写剧本维持生计。这些人中便有写《窦娥冤》的关汉卿、写《西厢记》的王实甫、写《赵氏孤儿》的纪君祥等，他们使元杂剧的文学、音乐水平得到了很大的提高。为提高观赏性，元杂剧编导又大量地融入武术、杂技的内容，一些武术动作演变为舞台上你来我往的打打杀杀，热闹、好看也好乐。

到了清朝乾隆年间，四大徽班进京，催生了京剧。京剧取材广泛，有许多讲述良将精兵的故事，这类人物的扮演者，则被称为“武生”。武生的动作华丽而出彩，在亮相时展现的精、气、神十足，但这终究是脱离了武术的技击含义。这或许就是戏台上的武术花架子的来源。

真正修习中华武术的人本身明白，这些只是用于表演的花架子，与“武”本身的关系不大，甚至其“舞术”里面有故意颠倒武之原旨的东西。剧，虍（hū）豕（shǐ）之斗也，好看、好玩就行，多用假借之法。

因为戏曲、戏剧在民间广泛传播，而真正的武术又一直属于皇室贵胄秘而不传之技，所以民间难窥真武全貌；及至后来电影艺术对“中国武术”“中国功夫”的广泛传扬，让套路等表演类的“武术”在一般人当中产生了先入为主的印象，导致现代人对中国武术的认识被表演化、套路化。

但在民间，一直有修习中国传统武术的群体，仍然秉持其不献演、不竞技的传统操守，内敛恭肃，在民间广泛传扬。他们是中国传统武功的守望者。能遇到这样的群体并加入进去，需要缘分。

二

每个人心中，都有一个武侠梦。

儿时的我，身体长得瘦小，面对那些自恃个大欺人者，总幻想能练就超人功力，有朝一日能成为一位顶天立地的侠客，然后行侠仗义、扶危济困、除暴安良。如李白诗中所云："十步杀一人，千里不留行，事了拂衣去，深藏功与名。"

中学时，同村张同学家里来了个会武术的远方亲戚，唬得张同学对武学悠然神往，我也从张同学那儿知道了心意拳、螳螂拳这些拳种。至今仍记得的几个螳螂拳动作，便是那时所得。

高中毕业那年，电影《少林寺》火遍了大江南北。想想那应该是首次看此种风格的"大片儿"，看后只觉得热血沸腾。自己深深地被震撼了：世间竟有如此绝技，要是自己能够拥有该多好呀。

我大学修的是历史专业。学习历史有个好处，那便是能知晓历史上许多揭竿而起的英雄豪杰，如陈胜、吴广、项羽、刘邦、李自成、张献忠等等；同时也熟知了许多武人轶事，如越女得剑术于白猿、戚家军抗倭于沿海、西楚霸王提发过江、壮士荆轲匿匕刺秦，常让我激情豪荡，心向往之，行欲实践之。

大学里，我把大部分的业余时间都用在练习武功、寻师觅友上。常常从电影和街头售卖的武功秘籍中，学得一招两式，自顾自地琢磨和瞎练。一本《少林八步连环拳对练》的小册子，让我和王同学如醉如痴。小河边、树荫下，都曾经留下我们打拳踢腿的身影。什么少林、武当、太极、峨眉派等拳术，我都能打上几下，无一例外的，都是从影视剧和书本中模仿和学习来的。公园里、街头上，看见有人摆上疑似武术的架子，就会情不自禁地走上前去一探虚实。

看到了太多有点儿功夫却疏于文理的人，他们讲不清拳理，也不懂教学规律。也看到了太多没有功夫却夸夸其谈的人，他们讲起来满嘴跑火车，动起手来一招也递不上。我突然感觉到自己有责任和义务去研究武术，做一个中国功夫的传承人。因为我具备了基本的条件：一个文科大学生的素养和发自内心对武术的热爱。

功夫不负有心人，1989年5月，我终于得偿所愿，拜在当代武学宗师、实力派大家石崇英先生门下学习马派八卦掌、杨式太极拳、形意拳。斗转星移，物候变换，不觉间已精研内家功夫30载，自觉颇得上三门功夫的真传。2014年9月，我受河南卫视之邀拍摄的《24式杨式太极拳》12集教学片，在“武术世界”频道名派真功栏目播出，至今已经几番重播。教学片吸引了太极拳爱好者的广泛关注，而反馈意见更是出奇地一致：这是中国民间真正的功夫架子。2015年，我受邀出境到德国等地传授传统武术文化，更是受到异域武术爱好者的好评。由于功夫的真实与纯正，登门拜访的武术爱好者络绎不绝，我也悉数尽心传授。至今学员已遍布海内外，有的弟子在国外还办起了武馆，为中国功夫的世界性传播贡献着力量。

三

2004年开始，我就在郑州大学面对全体本科生开设了“中国传统武术文化欣赏与实操”课程，作为一门素质教育通识课，主要给同学们讲解一些武术的基本理论和简单的入门训练方法。至今该课程已累计结业学生600余人。后来又受邀给文学院对外汉语硕士研究生、国际教育学院留学生、干部培训中心的各类学员等开设了“太极拳”课程。

2017年3月，在郑州大学支持下拍摄的“中原文化·武术篇”视频课程在智慧树在线教育、中国大学慕课、学堂在线、好大学在线等网络平台发布，至今累计学员数万人。据智慧树在线教育平台不完全统计，全国选课学校数有120余所，辐射全国20多个省、市、自治区高校，其中包括郑州大学、西藏大学、云南大学、新疆工程学院、晋中大学等。在教学评价中学生对课程满意度达94.1%。

2018年12月，“中原文化·武术篇”课程被教育部评为国家精品在线开放课程。之后，不断地有学习过这门课的武术爱好者与我联系，进行理论交流与技艺切磋，在高校和社会上产生了积极影响。

与一般武术练习者不同，我更注重功夫的内在修炼，讲究以拳入道和悟阴阳、修身心、开智慧。在训练方法上从最基本、最私密的站桩、晃腰等五大核心功法练起，具有上功夫快、实战性强、健身效果明显的优点。若鹏已跟我练习了五年多功夫，现在攻读博士学位。她说：“太极拳练起来是非常有意思的事情，它会把人的思维逐渐打开，每进步一点点，就会有豁然开朗的感觉。现在想想，好像生活中的什么事都可以运用太极思维。”

不知道是不是巧合，跟着我习武的学生，练武一段时间之后转而去做别的事，竟都能有所成就。比如说，想要考研的学生都能如愿以偿考一所心仪的高校。这或许与他们在练武过程中磨练出来的坚韧意志力有关。有的学生原本和周围的人包括父母的关系都不太好，在练习武术过程中，受武术文化影响、启发，渐渐地醒悟了，做人处事有了显著改善。

通过学员练功夫后的变化并结合自己多年的体会，我发现了武术健身、养性的妙处。知道了武术练习的本身是思维力的训练，会改变人的心智模式，会让人变得自信、抗压、向上、向善。中国传统武术的确是国学精粹，是传统文化中非常宝贵的精神财富。

当今社会，有人对武术存有偏见，或以为是花拳绣腿，中看不中用；或将其神化夸大，能隔山打牛、裂地崩山。正确看待武术，应当确信走过千百年腥风血雨的中华武术有其非凡之处，神秘如经络、穴位之属，正为现代科学证实、认知；也应该懂得世上绝无一阅大成之神书与奇技，拳脚刀枪并非神话巫术，世间有其能为，亦有其不能为。

经过众多武学人的孜孜以求与潜心钻研，武学的神秘面纱渐渐褪去，武学“秘籍”正展示出一种真实的内涵和魅力。

四

自“中原文化·武术篇”课程在线上运行以来，不断有学员提出是否有配套教材提供的问题。这促使我迫切地考虑将讲稿整理成教材事宜。本以为把讲稿做成教材应该是一件比较轻松的事情，着手做时，才发现讲稿过于简单，体例上与教材的要求差距很大。

为切实给读者更好地学习和掌握中原武术文化基础知识，提供学习指导，充分体现教科书的特点，我将讲稿重新梳理，编成这本《中原武术文化教程》。本书定位于武术文化入门教材，注重基础性和通用性，将理论讲解与实践指导相结合，以便于应用为要旨。基于以上考虑，本书建立了如下学习指导体系。

学习要求：当我们开始一个旅程时，必须先明确目的地，这样就可以少走弯路。学习也理当如此。为了帮助读者有效地学习，本书在每一章的开头都提出了学习要求，指出通过学习这一章应该掌握哪些内容。

思考题：在每一章中都包含有不少的思考题，目的是促使读者在阅读过程中开动脑筋进行思考，注意文中各部分内容的主题，加深对武术文化基本概念和基本观点的理解。同时，通过思考题，进一步激发读者学习的兴趣，以便读者在学习武术文化基础知识的同时自觉扩大阅读面。

本章小结：正像学习要求指出了一个人前进的方向一样，小结则提醒你目前已到达哪里。本书的每一章后面都有一个围绕着每章学习要求的简明总结。

复习题：本书的每一章后面都有一些复习题。假如你已理解了该章的内容，你就应该能直接回答这些问题。这些问题都是直接针对该章内容的，答案可从该章内容中直接或间接找到。

考虑到很多读者并不只是想去了解武术、武林人而学习中原武术文化，而是还想在了解的基础上练上一招半式用于强身健体，书中特地以小卡片、阅读延伸、视频展示等形式附加了一些能帮助读者进一步学习的实用内容。尤其是视频展示，在书中为能操作展示的动作都做了视频录制，读者可以通过扫描二维码观看、模仿。这一点我们应该感谢科技的进步，让一切变得如此简单。

本书能够得以早日出版，要感谢郑州大学体育学院（校本部）的大力资助，还要感谢人民体育出版社编辑的时刻督促和鼓励。

在本书的编写过程中，参考了很多专家、学者发表在书籍、刊物、网络平台中的见解与观点，个别章节甚至是直接编入，已在书后一一列出（并不完全），在此向每一位孜孜以求的武术科研工作者致敬。

作为编委会负责人，在这里我还要向参与本书编写的李波（河南牧业经济学院）、布国香（郑州大学）、李怀亮（郑州大学民族传统体育学硕士研究生）、李瑾（河南广播电视大学）表示感谢，是诸位的共同付出，成就了本书。

由于水平有限，书中难免有错误与纰漏之处，敬请各位专家、学者、读者不吝赐教！

愿更多的人从中原武术文化中获益！

2019年孙新成于郑州大学盛和苑悟道堂

目 录

第一章　中原文化与武术

【学习要求】

通过本章的学习，建立对中原和中原武术文化的基本认识。了解武林人士见面礼节；掌握中原、中原武术文化的含义和武术的概念；了解中原武术文化的特征，对中原武术文化持应有的态度。熟悉本课的主要内容及学习目标、方法。

武术是中华民族的优秀传统体育项目，更是中华文化中不可或缺的一部分。

武术融合了儒家的养气、中和，道家的守静致柔和佛家的禅定参悟之说，以一种几近完美的运动形式来诠释华夏民族古老的哲学思想，凝结了中国传统文化为人处事的人生智慧。武术具有改变人的气质、养我浩然正气的功能，是追求完美和谐人生境界的大“道”。

武术是蕴含丰富传统文化的体育项目，而很多人却片面地把“武术”等同于“拳脚”，认为“习武”就是“练拳”，仅把健体防身当作武术的最高追求。

武术能实现防身健体，更能够以武入道、以武悟道、以武证道。武术可以陶冶人的性格，对世间万物的态度、身体素质、思维理念都能在修习武术的过程中得到提升。

河南是少林拳、太极拳两大特色武术拳种的发源地，以少林拳、太极拳为主体内容构成的中原武术文化是中华武术文化的重要组成部分，更是中原文化的重要元素。了解中原武术文化对于认识把握中国武术文化具有重要意义。

在这一章中将回答以下问题：

●什么是抱拳礼？在什么场合下行抱拳礼？

●什么是武术？它与国外的搏击有什么区别？

●中原指的是哪个地方？中原武术文化有哪些特征？

●本课程的主要内容是什么？我们应该如何学习？

第一节　武术基础

崇德尚武，为国为民。

欢迎大家和我一起学习“中原文化·武术篇”这门课程，一同了解中原武术、中原武林人、中原武术文化和中原精神。也希望和大家一起崇德尚武，为国为民，在学业上、生活上都有所成就。

在武林中有句话：“学拳先学礼。”也有人称作“学拳先学理”，是说学拳应先学拳理之意。这里我们讲学拳先学礼，是从武德层面来讲的。是说学拳的人首先要学会有礼貌、讲礼节。

一、抱拳礼

武林中人见面常用的行礼方式是抱拳礼。

讲这个礼仪规范之前，先讲一下关于拳头的知识。

（一）拳头

拳头是武林人士拥有话语权的资本。

拳头的握法是：四指并拢、弯屈，指尖贴住掌心，拇指弯屈后贴在食指和中指的第二指骨外侧。

拳头分为拳心、拳背、拳轮、拳面、拳眼。

拳心就是指手心的一面，也就是五指弯屈的一面。

拳背是指手背的一面，也就是拳心的反面。

拳轮是指小指一边的圆孔位置。

拳面就是握拳后除拇指外，其余四指根节所组成的平面。

拳眼是指虎口处，拇、食指屈卷而形成的圆孔。

拳头

要特别注意出拳的过程是在击中目标时才将拳头握紧。在保持实战姿势的情况下，每当与对手对峙时或者出拳前，都没有必要，也不应当处于将拳握紧的状态，而应当放松，自然地半握，有时在做防守等动作中还需将手掌张开。拳握紧后，应使拳面与腕关节成垂直状态，使拳背表面同腕关节尽量保持在一个平面上，为此应将拳稍向内屈。拳握得越紧，越不容易受伤。

知道了拳头，下面讲讲与拳头有关的抱拳礼。

思考题：武林人士见面如何行礼？正确的握拳方法是什么？

（二）抱拳礼含义与做法

抱拳礼也称作抱拳揖礼，是古代军礼。起源于周朝，现在武术界普遍应用，施“抱拳礼”是武术界的礼节，是武术界人士的见面礼仪形式。

下面我们看一下这个礼节的含义和具体的做法。

抱拳礼

1.“抱拳礼”具体含义

（1）左手为掌，四指并拢表示德、智、体、美“四育”齐备，象征高尚情操，拇指弯曲表示不自大，不骄傲，不以“老大”自居。

（2）右手为拳，表示习武者勇敢刚毅的品格。

（3）左掌掩右拳相抱，表示“止戈为武”“勇不滋乱”“武不犯禁”，以此来约束、节制勇武的意思。

两臂屈圆，表示五湖四海（可泛指五洲四洋），天下武林是一家，谦虚团结，以武会友。

（4）左掌为文，右拳为武，文武兼学，恭候师友前辈指教。

2. 抱拳礼行礼方式与应用方法

左脚上前一步，右脚跟上，并步的同时，右手握拳，左手四指并拢伸直成掌自然覆裹右拳面上，左手拇指屈拢扣右手虎口，右手拳面向左手，拳顶对着左掌中指下端；两手环抱胸前，左指尖与下颌平齐，右拳眼斜对胸窝置于胸前，屈臂成圆，肘尖略下垂，拳掌与胸相距20~30厘米，头正、身直，目视受礼者。

抱拳礼，以前多为将士、江湖人士所用。我们在影视剧中经常看到，那些闯荡江湖者，在街头卖艺的时候，常常向观众一边行礼一边说：“各位看客，走过路过，不要错过。兄弟初来乍到，借贵方宝地一用，有钱的捧个钱场，没钱的捧个人场……”一般就是行的这个抱拳礼。

流传到今天，抱拳礼成了习武之人在与武术相关的活动中应用较多的礼节。比如武术表演时，表演者在表演开始前，都应向主席台的贵宾、领导和现场观众行“抱拳礼”或“鞠躬礼”；表演结束后，行“鞠躬礼”。武术活动中，被人介绍时，也应行“抱拳礼”或“鞠躬礼”。

抱拳礼在现实社会的实用价值体现在三个方面：一可以正身（一施礼，是告诉别人我是武林人士），二可以修型（可约束自己，习武之人就要按习武的规矩说话办事），三可以练功，终为行道。尊天敬地，遵守世间道，修养性命。

中国人习惯于拱手为礼，避免与他人手部接触，西方人多握手，近距离接触。这应该就是经过长期形成的中西方文化的不同。典型的武术文化表现出了谦恭、谨慎等个性色彩，生活在自己的圈子里，交手即与人为战。

思考题：抱拳礼的含义是什么？“抱拳礼”与“拱手礼”有什么区别？

小卡片

武术竞赛礼仪

1. 武术竞赛开幕式、闭幕式仪式

武术比赛开幕式上，当主持人宣布大会开幕，全体人员起立面向国旗方向肃穆站立。升国旗，唱国歌。闭幕式举行降旗仪式时，全体人员唱国歌。

2. 运动员礼节

套路运动员听到上场比赛的点名时，应向裁判长行“抱拳礼”，然后走到裁判长的右侧半场完成相同方向的起势和收势。听到宣布最后得分时，也应向裁判行“抱拳礼”，以示答谢。

散打运动员上场当被介绍时，先面向裁判长原地行“抱拳礼”；再转向观众行鞠躬礼。场上裁判检查护具完毕，双方运动员面对面，互行“鞠躬礼”。比赛结束，双方运动员上场。当听到宣布最后胜负时，应先向裁判长行“鞠躬礼”，然后转向观众行“鞠躬礼”，再面向对手行“鞠躬礼”。

3. 裁判员礼节

裁判员穿着统一的服装，佩戴统一的裁判标志。比赛开始，广播员介绍技术监督委员会成员时，起立行“抱拳礼”；介绍仲裁委员会时，被介绍者原地行“抱拳礼”；当介绍总裁判长、裁判员时，被介绍者左脚向前一步，右脚跟上并步站立，行“抱拳礼”。礼毕，右脚后退一步，左脚向后与右脚并步站立。

在比赛开始或结束时，当运动员向裁判长行“抱拳礼”或“鞠躬礼”时，裁判长应点头示意，以示还礼。

二、武术的概念

武术界的见面礼多是抱拳礼。那么什么是武术呢？在随机采访中发现同学们对此的回答可谓五花八门。

思考题：什么是武术？国外的格斗技术也是武术吗？

确切地讲，武术，俗称功夫，是中华民族关于攻防格斗的专门技术。在古时候武术被称为“拳勇”“技勇”，又称“技击”。

大家注意，武术，它是有特指的。一般地，我们不能把其他国家的格斗技术称作武术。武术是中华民族关于攻防格斗的专门技术，而且不仅仅局限于攻防格斗。武术的内容是博大精深的。

比如说，你要学武术，那你就要考虑是学内家拳还是外家拳，选择了学内家拳，那你是学太极拳，还是形意拳、八卦掌？如果选择学太极拳，那你是选择学杨式太极拳还是陈式太极拳，还是武式、吴式、孙式太极拳？

武术具有自卫与养生的双重功能，是非物质文化遗产的精华，到20世纪初期又叫“国术”，与中医、国画、京剧一起并称为四大国粹。

武术又称为“武功”，它包括招法与功力两个内容。

招法指攻防格斗的方法，一般以单式（散手）或套路的形式演练。

功力指在实战中实施招法的能力和本领，包括内功、硬功等。民间有教拳不教功之说。拳谚说：“练拳不练功，到老一场空。”可见功在武术传承中的重要性。

内功以修炼精、气、神为主，功成后整体内壮。

硬功多为锻炼躯体某一局部的刚猛之力，如点石功、铁膝盖之类，也可以锻炼躯体抗打击的能力，如排打功、金钟罩等功法。

如果习武之人仅学会若干招式，而没有经过功力训练，那么他是无法保证招式的实施的。真的动起手来，充其量只能战胜一般的人，一旦遇上强手，必败无疑。所以习武在演练招法的同时，大都要习练若干功法，以便使自己的招法更具威力。

武术中的招式和功法都是它外在的表现形式，它内在还蕴藏着十分丰富的文化内涵，我们在后面的课程中会讲到这些知识。

思考题：学习武术，招数重要还是功力重要？

第二节　中原武术文化的概念及特征

前面讲到武术蕴藏着丰富的文化内涵，可以这样说：如果你选择了学武术，实际上就选择了学习武术文化，选择了以拳悟道。就像一个美女选择嫁给一位帅哥，她不仅仅是选择了这个帅哥，她实际上是选择了这个帅哥的家族，这个家族的文化等等。

那么，什么是中原武术文化呢？弄清这个问题，首先我们要弄懂什么是中原。

一、中原的概念

“中原”一词早在春秋时已被时人用于口语，但它最初只是一个形容词。本意为“天下至中的原野”，其范围东踞芒砀之险峻，西依连绵之秦岭，南亘蜿蜒之大别，北依太行之巍峨，巍巍嵩岳，屹踞中立，黄河浩浩荡荡横贯其间。名山大川，交相辉映；平原沃野，人民殷富。作为重农的中华民族，中国绝大多数政治家、军事家都看重中原，“逐鹿中原”成为群雄纷争的代名词，建都定鼎于中原则成为英雄豪杰们的终生追求。中天而立的优越地理形势使中原成为中华文明的发祥地和华夏民族的中心、摇篮。

广义上的中原，是指以河洛地区为中心的黄河中下游地区。包括今河南省、山西省东南部、河北省南部、山东省西部、江苏省西北部、安徽省北部等广大区域。狭义上的中原指今河南省。

当与外族对应时，中原又泛指中国。

思考题：中原可以等同于中国吗？

二、中原武术文化的概念与特征

所谓中原武术文化，是指以武术为形态反映中原人关于格斗、养生的知识、技术、哲学、道德、习俗等，是通过武术形态表现出来的中原人思维方式和行动方式。它是中原人的智慧和情感，是中原人对生命、生活所持有的价值观和态度。

中原武术文化具有传统文化、民间文化、通俗文化、江湖文化等文化特征。

1. 中原武术的传统文化特征

传统的东西具有历史悠久，变异缓慢，多元包容的特点。这些特点在中原武术文化中都有所体现。

从历史悠久的体现看：中原武术的发源可以追溯到原始社会的农耕渔猎。在这片区域上发生过黄帝蚩尤大战，春秋无义战，产生了庄子的导引术，可以说个个都称得上历史悠久。

当今在中原大地上流传的80多种传统武术拳种门派，发展轨迹清晰的，可追溯到宋朝、明朝，至少也到明末清初。历史悠久，由此可见。

从变异缓慢的体现上看："传统"在悠久的历史中虽有变异，但相当缓慢。就如"忠孝"思想，在社会剧烈的变革中屡遭批判，但至今仍是不得不提倡。武术文化也是如此。在千百年中，武术有着超稳定的惰性力。"踢打摔拿"的技击法则，"内练一口气，外练筋骨皮"的练习原则，"天人合一""五行生克"等哲学思想，"仁义礼智信"的武德教育，几乎一成不变。

从多元、包容与同化体现上看：中原武术有少林拳、太极拳、苌家拳等40余个拳种门派，各成体系，又相互融合，多元性和包容性、同化性非常明显。

武术功能的多元性由来已久。原始社会始有的对抗功用，操练武舞的壮威振气功用，舞刀为戏的娱乐功用，打场卖艺的生存功用以及强身功用、修身养性功用、延年益寿功用等等。功能的多元化，使得传统武术技术体系和技术形式也呈现多元化。

从传统武术技术的形成与演变中不难看出，传统武术从不抱残守缺、固步自封，而总是能以非凡的包容精神来丰富和完善自己。正是这种包容精神，使得武术具有极强的适应环境的能力和生存能力，它能亲和舞蹈、艺术、军事、医药等等，能亲和东西南北不同地域不同层次的人群及其人文文化，实现了数千年来自身的生存，这种有容乃大、兼容并包的精神也表现在不同文化背景的武术技术之间的吸纳与同化上，如同整体的中国传统文化一样，在它与外来文化交汇撞击时，既能包容吸纳，又能保持以自我为主体的创新、融合，使包容、同化、并存相结合，甚至是国外的佛教文化和武技都能成为其吸纳的养分。各拳种门派和运动形式虽经几千年的交融演变和发展，却始终保持一贯的体系和特点，这也是其他古代文化所罕见的。

2. 中原武术的民间文化特征

民间文化是相对官场文化而言的。

儒释道三家思想杂糅并存是千百年来民间文化的一个显著特征。

中原武术如同民间文化一样是由儒家思想占主导

武术崇尚武德，在武德教育中充满着儒家“仁义礼智信”的教义和三纲五常的准则。比如说在武术技术的发展中，切磋时讲究“点到为止”，交往中突出“以武会友”，为人处世重在“手德口德”。

大家知道，儒家思想导致我们民族性格中忍让、谦逊、循规蹈矩等色彩过于强烈。这一点也影响到了武林。武林中也是以“真人不露相”为典范，反对争强好胜、霸气外露等行为。

对武术本身，反映在讲究内外兼修，调息养气，不去强调激烈的对抗。所以，在中原乃至全中国最能普及的武术项目是什么呢？大家知道吗？对，是太极拳。是这些弱对抗性的，慢节奏的，和缓型的，技巧型的，蕴含着儒家思想文化内涵的各类太极拳。儒家思想对武术和武术人的影响可谓极深极深啊。

中原武术如同民间文化一样也杂糅着道教、佛教的思想

道教是中国土生土长的民间宗教，认为世界上的万事万物都是由互相矛盾的双方组成的，互相依存、互相转换。这些朴素的辩证法思想是道家思想的精华。

武术对道家朴素辩证法思想的运用非常到位，引进了阴阳虚实、刚柔快慢、攻防进退等概念，并用到武术实践操作中。而“天人合一”“形神合一”“内外合一”“阴阳五行”“太极八卦”等等也都与道家观点相关。

思考题：太极拳受什么思想影响大？少林拳呢？

武术与佛教的关联，更多的是表面的、外在的依附。

比如说在拳种名称上的体现：“金刚拳”“罗汉拳”“佛家拳”“大悲拳”等。

在演练形式上的体现：起势、收势均以双掌合十，演练之中会有“童子拜佛”“金刚捣锥”“罗汉坐禅”等模仿佛像动作的亮相。

在武人绰号中的体现：“粉面金刚”（耿继善，形意拳大师）、“铁脚佛”（尚云祥）等等。

武术与佛教的内在关联，似乎只体现在“拳禅合一”等方面，而拳禅合一其实是天人合一的引申。

中原武术的民间文化性还体现在融合着民间文化的中医术理。

在理论方面，中医和武术关于阴阳、五行生克、经络俞穴、奇经八脉、养气练气、子午流注等等的认识几乎如出一辙。

在医术方面，武术中早有伤科骨科，可以运用针灸、拔罐、刮痧、推拿、正骨以及中药治疗跌打损伤、外伤内创。

中医“治未病”的理念、方法同武术的健身养生惊人一致。中医创造的五禽戏与武术家创造的八段锦、易筋经功效难分上下，正是武医同源。

过去一些老武术家几乎都有几手疗伤的本事。我们熟知的黄飞鸿就开有宝芝林医馆。

思考题：学习武术，需要懂得中医吗?

3. 中原武术的江湖文化特征

江湖文化的显著特征是宗法制、关系网和神秘化。

中原武术中有严格的宗法制度和关系网

中原武术流派的形成就是家族血缘宗法的产物，武术的传承是讲究世系、辈分的，师徒传承往往在相对狭窄、相对封闭的状态下进行。

武术传承中用宗法制度将没有血缘关系的人纳入“家族”的轨道，通过拜师、结拜、入伙、结盟等形式，实行有效的管理。所谓“一日为师，终身为父”，在宗法制度之下，传承双方因此建立起一种模拟血缘关系，织成一张相对稳定而亲近的关系网。这种方式保证了“教学质量”，使宝贵的经验和技能得以代代延续。互相照应、互相提携、共谋利益，以此维系武术界—武林—武术人的生存空间。

中原武术的神秘色彩

中原武术中充满了神奇和隐秘。体现在武术哲理上，比如阴阳、两仪、四象、八卦、太极的寓意，比如天人合一、形神合一、内外合一、拳禅合一等的拳理论述；体现在习练和技击的内容上，比如点穴功、飞檐走壁功、金钟罩铁布衫功，比如技击上讲究后发先至、以静制动、柔能克刚、四两拨千斤；体现在各种轶事传说上，比如“鸟不飞绝技”，比如“半步崩拳打天下”等；体现在传承上，师父总有秘籍绝招等不肯示人，不入室难以得到，成为入室弟子也未必能够得到。弟子为得到真传，务必虔诚再虔诚。到底哪位弟子得到那些“真传”，彼此之间也不清楚，真乃神秘莫测。

4. 中原武术的通俗文化特征

体现在以下两点：

第一，中原武术传承中大量运用通俗文学形式。武术在拳理拳法等技术层面上，广泛使用谚语、顺口溜、打油诗等通俗文学形式，帮助习武者记忆、理解和应用。这些有的对广大习武者的学习训练起到了启发和引导作用，如“内练一口气，外练筋骨皮”“要练功，不能松，要练武，别怕苦”等；有的用适当的夸张强调某些方面的重要性，如“枪如游龙，棍似旋风”；有的用形象的比喻来强调所练习的某些方面，如“立如松，坐如钟”等。

在拳术发源、发展历史层面上，大量运用神话、传说、民间故事、古代名将，增强神秘感和吸引力。比如武当派内家拳，传为张三丰“夜梦玄帝授之拳法”，而形意拳则相传为岳飞所创。

在宣传武术文化的层面上，有大量通俗武侠小说，如《三侠五义》《小五义》《太极杨舍命偷拳》《童林传》等等。真实与杜撰混杂在一起，从而使武术更加神秘莫测，也更加通俗，易于被大众接受。

第二，中原武术圈内外对武侠和武侠文化的向往崇拜。武侠文化是通俗文化的一部分，中国人对武侠的崇拜由来已久。

那么什么是武侠呢？武侠的意义首先是侠，其次是武，合起来是拥有武功的侠客。侠者，俜也。俜，使，使命。我们所说的侠客，其含义应该是把维护社会正义作为自己使命的人士。

早在战国时期，侠客就产生并发展成一股势力。当时的韩非子就提出了“侠以武犯禁”的观点，反映当时的侠客确实有凭着卓绝武功冲击社会制度的现象。我们从司马迁写《史记》时单列出“游侠列传”，足见当时的影响之巨大。

武侠受到社会的瞩目是因为其崇德尚武的精神。传统武德是非常讲究快意恩仇的，也就是有恩必谢，有仇必报；讲究重承诺，“言必信，行必果”；讲究重义气，“为朋友两肋插刀”。

史载西汉时期，洛阳人剧孟是非常有名的游侠。因为他常年行侠仗义，人称“豪侠”。他喜欢打抱不平，但凡遇到有人以大欺小、恃强凌弱，他都会上前帮助。

除了行侠仗义，剧孟还爱好周济穷人。穷人或朋友遇到困难，剧孟是来者不拒，有钱给钱，要力出力，人人尊敬。

汉景帝时期发生了七国之乱，周亚夫带兵平叛。周亚夫在打到洛阳之后，惊讶地发现洛阳这个地方因为剧孟的威望安然无恙。在和剧孟交谈之后，周亚夫又取得剧孟承诺帮助朝廷平定叛乱。这样七国之乱很快就被平定了。战后，汉景帝并没有给予剧孟任何封赏，但是剧孟的名字还是在西汉流传了下来，就连司马迁在撰写《史记》的时候也将剧孟的事迹记载了下来。

在剧孟死后，前来送葬吊唁的马车多达上千乘，人员不计其数，远远超过一个诸侯下葬的程度，而在统计剧孟家产的时候，其家产居然不足十金。正所谓财散人聚。

武术圈内圈外，很多人有浓厚的侠义文化人格，心中有个武侠梦，幻想能练就超人功力，从而行侠仗义，扶危济困，抱打不平，梦想成为绿林好汉。这大多是受通俗文化中的武侠文化影响的结果。

可见，中原武术文化具有传统文化、民间文化、通俗文化、江湖文化等文化特征，真正称得上博大精深。

思考题：为什么有“儒以文乱法，侠以武犯禁”之说？

三、对待中原武术文化应采取的态度

前面我们讲了武术文化的概念与特征，知道了武术文化具备传统文化、民间文化、江湖文化、通俗文化的诸多特征。但归根结底武术文化是传统文化的重要组成部分。

传统文化有优有劣。劣质传统文化终究要被摒弃，如一夫多妻制、女人裹小脚、太监制度等等，早已被抛入历史的垃圾堆中。武术亦然，那些有损健康、不科学的练功方法，那些已没有实用价值的搏杀技术，那些过于保守、神秘的拳种门派，那些制约武术发展的宗法制度，以及那些已没有时代意义的内容，在历史长河中逐渐无声无息了，这就是优胜劣汰，吐故纳新。

中原武术文化作为非物质文化遗产具有活态性质，它需要在活性流变中以人为核心地世代相传。如果某一代人不重视保护和传承，就会造成武术文化的断层或失传，这种历史教训是不应忘记的。著名作家冯骥才说过：“如果文化消失了，民族也就没有了。”这振聋发聩的提醒，我们不能不重视。

对待优秀的传统文化，我们应当以积极态度传承它，保护它，发扬它。同样对优秀的文化传统也要建设与更新，才能沟通好民族文化的血脉。当代武术人在这方面一直在努力，其中的优秀者完全可称作蕴含传统味道的现代人，让我们为他们点赞。

思考题：重视武术，就是重视传统文化吗？

第三节　本课程主要内容及学习目的、方法

前面我们讲了武术、武术文化的基本概念和武术文化特征，学了武术界见面的基本礼节——抱拳礼，对武术及武术文化有了一个基本的认识。那么这门课的主要内容是什么？从这门课当中我们能学到什么？我们能否学到几个绝招，万一遇到意外是不是也能比划两下？

下面，就回答这些问题。

本课旨在以武林中人独特的生命方式为主线，努力探讨武术的文化内涵。

整个课程主要讲授作为国粹的传统武术的历史渊源、发展概况、武术流派及特点、武术修炼的科学之道、武林人士气质特征、武术家临敌心态、武学境界、武术的哲学基础、武术与养生、武术与现代人生等。采取实景拍摄，配合大量音视频，让学生在对传统武术了解的基础上，理解中原武术文化的深厚内涵，增强民族自豪感、自信心，培育崇德尚武的精神，培养文化自信、自觉。

本课的目的在于试图通过讲课的方式展现武术文化特有的内涵和精髓，探讨产生武术的民族文化氛围及武林中人的心理气质特点，研究技击和武术内功的原理及其规律性。加深学生对中华武术文化内涵的理解与认识，帮助学生树立社会责任感和正确的人生价值观，同时，自觉加入到以拳悟道、以拳入道、开启智慧的武术研练和中华武术文化的传承中。初步掌握基本的防身健体技能，增强学生的身心健康。只要认真学习，认真训练，相信大家会从中得到自己所想要的。

本课的学习方法：采取混合式教学模式，在线自主学习与见面互动课相结合的方式。武术是身体化很强的技能，建议学员在学习理论的同时，应该积极

参与实践练习。本课程随章节穿插了一些操作性很强的动作视频，大家可以参考学习。

【本章小结】

（1）行抱拳礼是武林人士武德素养的一个外在表现。运用时要注意场合。

（2）武术是中华民族关于攻防格斗的专门技术。一般我们不能把其他国家的格斗技术称作武术。武术是攻防格斗的专门技术，但又不仅仅局限于攻防格斗。武术在内容上是博大精深的。

（3）中原武术文化，是指以武术为形态反映中原人关于格斗、养生的知识、技术、哲学、道德、习俗等，是通过武术形态表现出来的中原人思维方式和行为方式。它是中原人的智慧和情感，是中原人对生命、生活所持有的价值观和态度。

（4）中原武术文化具有传统文化、民间文化、通俗文化、江湖文化等文化特征。对此要给予正确的理解。

（5）对待中原武术文化中的优秀、精华部分，我们应当以积极态度传承它，保护它，发扬它。同时，对优秀的文化传统也要建设与更新，才能沟通好民族文化的血脉。

（6）本课程主要讲授作为国粹的传统武术历史渊源、发展概况、武术流派及特点、武术修炼科学之道、武林人士气质特征、武术家临敌心态、武学境界、武术的哲学基础、武术与养生、武术与现代人生等。

（7）本课程试图通过讲课展现武术文化特有的内涵和精髓，探讨产生武术的民族文化氛围及武林中人的心理气质特点，研究技击和武术内功的原理及其规律性。加深学生对中华武术文化内涵的理解与认识，让学生在对传统武术了解的基础上，理解中原武术文化的深厚内涵，增强民族自豪感、自信心，培育崇德尚武的精神，培养文化自信、自觉。帮助学生树立社会责任感和正确的人生价值观，同时，自觉加入到以拳悟道、以拳入道、开启智慧的武术研练和中华武术文化的传承中。初步掌握基本的防身健体技能，增强学生的身心健康。

【复习题】

1. 选择题

（1）拳头分为拳心、拳背、拳轮等<u>D</u>部分。

A. 三　　B. 四　　C. 六　　D. 五

（2）武术又称为功夫，与<u>A</u>、国画、京剧并称为我国四大国粹。

A. 中医　　B. 书法　　C. 中药　　D. 造纸

（3）“中原”一词早在<u>A</u>时已被时人用于口语，本意为“天下至中的原野”。

A. 春秋　　B. 商朝　　C. 汉朝　　D. 夏朝

（4）太极拳是<u>A</u>拳种。

A. 内家　　B. 外家　　C. 内外家兼具

（5）广义上的中原，是指以<u>A</u>地区为中心的黄河中下游地区。

A. 河洛　　B. 河南　　C. 郑州　　D. 洛阳

（6）西汉时期，洛阳人剧孟是非常有名的<u>A</u>。

A. 游侠　　B. 武术家　　C. 官吏　　D. 恶棍

2. 判断题

（1）抱拳礼起源于唐朝。（错）

（2）泰拳是武术的一种。（错）

（3）行抱拳礼时左手为掌。（对）

（4）中原武术文化具有民间文化、通俗文化等文化特征。（对）

（5）中医创造的五禽戏与武术家创造的易筋经功效难分上下，正是武医同源。（对）

3. 讨论题

（1）中原的地理范围包括哪些地方？你是如何看待中原武术文化的？

（2）武术与国外格斗术的区别有哪些？

（3）学习中原武术文化的意义是什么？

第二章　中原武术概说

【学习要求】

通过本章的学习，清楚了解中原武术的源流与发展，掌握中原武术流派及其特点。

世界上的资源是有限的，而人的欲望是无限的，资源的有限性和人的欲望的无限性是一对矛盾。为了满足自己的欲望，或者说当初纯粹是为了自己的生存，出现了这种可以强行占有资源的武术。

饱受自然馈赠的中原地区，向来是兵家必争之地。长期的战争蹂躏着这里的政治经济和文化，同时附带地丰富了中原武术的内容，催生了少林拳、太极拳、苌家拳等不同的武术流派，形成了富有地域文化特征的中原武术。

在本章中，我们将着重回答以下问题：

●为什么说武术产生于中原？

●内家拳、外家拳是如何划分的？

●武术是如何成为国粹的？

●中原武术有哪些特点？

第一节　中原武术源流

崇德尚武，为国为民。

中原武术源远流长。之所以诞生在中原腹地，有其历史必然性。武术发展过程中的兴衰，反映着统治者对它的态度，也反映着武术人的努力与坚守。在这一节中，我们讲述中原武术的起源及发展脉络，以期引起武术爱好者的思考。

一、中原武术的起源

（一）一般起源

关于武术的起源，历来有不少神奇的传说，但那多是后人的附会。实际上，武术是中国古代人类为了生存进行的自觉或不自觉的自我管理的结果。

武术产生于古代人类与大自然的搏斗以及部落之间的战争。也就是说，武术产生的基础在于人与自然、人与人的争斗之中。原始社会人类在狩猪的生产活动中，生产工具成为后来的武术器械，夏商青铜武器的发展丰富了武术文化的兵器史篇，逐渐积累的劈、砍、刺等生产技能是武术技术形成的基础。武术作为独立的社会文化现象，是同中华民族文明的产生同步的。

从广义上讲，凡是运用拳脚或使用器械的格斗形式都多少与武术有些关系。但是，由一般的打斗而上升为武术，其间必然要经过一个由低到高、去粗存精的漫长发展历程。恰如两个人拳来脚往，互相打斗，扭作一团，虽则是动武，却算不上武术。既然称之为“术”，那就必然有路数、有招法可循，而这必定是一个漫长的过程。

思考题：为什么武术的诞生与中原有关？

（二）文化起源

武术不是一个拳种，它更像是一个文化概念。前面说过，你选择学拳不是简单地学招式，而是选择了学文化。

武术的雏形与阶级、国家产生之后的战争有关，这些战争是中华民族“皇天后土”文化的反映。

我们一再说，中原武术是中华民族文化特有的产物，这是为什么呢？

我们来审视一下我们这个民族。我们作为长期自给自足的农耕文明民族，与渔猎游牧民族是不同的，渔猎游牧经济有更多的商品交换，商品交换中需要坚持公正、平等的原则，并因此而产生了社会契约或法律制度。

农耕民族商品交换少，吃的是自己生产的，穿的是自己纺织的，住的房子是自己盖的，不需要远行。我在农村长大，小时候我就有这样的想法，我觉得农民可以自己生存，同时觉得过得好与不好都是自己的问题。人与人之间的关系没有严格意义的平等概念，只有贵贱之别，遇到问题觉得有“天”在。

“天”被农耕民族神化为无需证明的正义、公理，对社会的精神控制只能靠所谓的“天理”，一切归于天。但这种控制实在是太有限了，不断有人用武力挑战旧的“天理”，同时证明自己的“天理”。虽然皇帝称自己为天子，向民众灌输“君权神授”的思想，所谓“普天之下，莫非王土；率土之滨，莫非王臣”，但有能力、有机会的人则不信这个邪。历史上第一个布衣皇帝刘邦造反成功，上台后又在“天”上做文章，给自己找统治依据。但刘邦毕竟留下了“皇帝轮流坐，明年到我家”的革命信条。汉朝后期的起义者号称“苍天已死，黄天当立”，揭竿而起。可以说，大家都认为自己是天的儿子，无数“天的儿子们”打得不可开交。这时候，武术在中国的诞生变得十分必要，武功高强之人可以借“天”之名实现自己的利益，失败之人则只能“顺应天命”，正所谓成王败寇。

同时，农耕社会中，土地是财富的象征。对土地的追求是国家统一的内驱力。比起其他民族，中国人更需要一种搏杀的技术，捍卫天理，保护自己。武术就是在无数的以“天”之名，图“地”之实的战争中产生的。中国4500年的历史，有记载的战争3791次，争天理，争地域。频繁的战争促进了徒手搏斗技艺的产生。所以，中原武术是中原人“皇天后土”文化滋润的结果，是所有融入中国传统文化的拳法的总称，具有高度的系统性和概括性。

几千年来，这个主题不曾变过，武术的发展也不曾中断，最终成为一种艺术。我甚至认为也只有中华民族这样的农耕民族才可能创造武术，就像只有中华民族这样的农耕民族才会修长城一样。这个民族尊天为父，奉地为母，而在皇天后土间，生存着一群恃武自强的人。

这就是中原武术的文化起源。

有意思的是，“武术”一词最早出现时，就是代表军事意义的。这个词在历史上的第一个记载出自南朝宋的太子舍人（官职名，秘书、侍从）颜延之（公元384—456），他作了首四言诗《皇太子释奠会作》：“偃闭武术，阐扬文令。庶士倾风，万流仰镜。”意思是“废止武术，促进文学。使百姓佩服，大家仰慕好的榜样”。但是此句中的“武术”应该是指“军事”。后来，武术的军事含义就逐渐发展成为功夫了。

思考题：武术一词出现时与现今的含义有什么不同？

二、中原武术的发展

中原地区历来是兵家必争之地，因此自古便盛行尚武之风。

安阳殷都被称为中华第一都，最早的文字“甲骨文”和世界最大的青铜器“司母戊大方鼎”就出土在这里。殷墟甲骨文“戈”演化出来我国古汉语文字“國”，就是以古兵器“戈”守卫在四周城墙内的表意字，它突出体现了中国古都的习武记录和当时的军事堡垒作用。

甲骨文中的“鬥”字（斗之繁写）作“”，显然是二人相搏之形。《说文》中“鬥”字作“”，释为“两士相对，兵杖在后，象斗之形”。《史记·殷本纪》载：殷纣王“资辨捷疾，闻见甚敏。材力过人，手格猛兽。”这均表明殷代徒手搏击术正在发展中。

殷墟出土的兵器还有刀、钺、斧、戚、簇、弓形器等，都可以说明殷人使用兵器之广泛，使我们能更清晰地了解早期的武术文化形态和尚武精神。

小卡片

武术器械递接方法

递接器械是武术活动中的一个常见动作，但这个动作也有一定的礼仪规范。向对方递交器械时，刀尖、剑尖向下，将“把”递给对方，切忌刀尖或剑尖指向对方。枪、棍垂直离地约20厘米递给对方，切忌枪尖朝向对方，以失礼节。

殷商神本文化与宗法制影响了武术拳种及传承方式的形成；六艺之射、御为武术教育形成的雏形。殷墟卜辞中有“新射”“庠射三百”和“登射三百”。“新射”就是对未经训练的“新手”教授射艺，“庠”就是习射的学校。“丁酉卜：其呼以多方小子小臣其教戒”（郭沫若《殷契粹编》），甲骨文象形字“戒”，为一人双手执戈戒备待敌之意，故殷代“教戒”意为传授武艺之事。

《礼记》云：“孟冬之月，天子乃命将帅讲武，习射御角力。”又云：“凡执技论力，适四方，裸股肱，决射御。”周代冬季军训，选拔武士，“角力”是一项重要内容。“执技论力”中，无疑必有徒手格斗技能一项。徒手搏斗不光是人与人，也包括人与兽。

西周时期的武舞，常以模拟战胜对手过程的方式来表达自己喜悦的心情，并以此展示自己的军事实力，炫耀自己取得的辉煌战果。另外，在当时，武舞也常被当作一种搏杀技术的训练方式，并以集体的武舞演练方式来增强军队的士气。

战国时代，就有“齐愍以技击强，魏惠以武卒奋”的记载（《汉书·刑法志》）。“魏惠”是魏惠王（公元前370—前319年在位）的年号，当时魏国的国都在大梁（今河南开封）。这是中国历史上真正有尚武精神的时代。上至帝王，下至百姓，都有尚武之风。譬如庄子记：“昔赵文王喜剑，剑士夹门而客三千余人，日夜相击于前”；再如孟子记齐王曰：“寡人有疾，寡人好勇”；司马迁《史记·秦本纪》：“武王有力好戏，力士任鄙、乌获、孟贲皆至大官。王与孟贲举鼎，绝膑。”这个秦武王绝对是武痴，居然跟大力士比赛举鼎，一不小心死了。这些是帝王的例子，至于布衣百姓，有尚武的君王做榜样，我们尽可想而知之。

中原地区又是古代行气术的重要发源地。行气，又称导引，今通称气功。道家气功是我国各种气功中影响最大的一支，大概是源于老聃和庄周，而这两位先哲都是中原人。老庄的行气理论与阴阳五行学说相结合，其后成为中国武术内功训练的基本理论。庄子在《刻意篇》中所言的导引动作，可视为行气与武术相结合的雏形。

到秦汉时，手搏、剑道已经很盛行。但秦代是限制武术发展的一个朝代。历史记载，在秦始皇统一六国之时，就尽收天下兵器，铸成12个铜人，以此防止人民习武造反。但这些措施显然没有成功，秦末，陈胜、吴广揭竿而起，一场轰轰烈烈的农民大起义使不可一世的大秦帝国只传及二世便走向了终结。

汉时，农兵不分，武术在这一阶段有所发展。据《史记·游侠列传》记载，西汉初年，河南又先后出现过几位名垂青史的大侠，像洛阳的剧孟、陈地的周庸、梁地的韩无辟、阳翟的薛兄、颍川的韩孺、轵地的郭解等等，虽屡遭官府杀戮，而游侠之风不止。史称中原多任侠之风，绝非虚言。

对于侠客，李白诗中描述道：“十步杀一人，千里不留行。事了拂衣去，深藏身与名。”可见侠客并不是受雇者，不隶属于统治阶级的任何一个部门，他们身手不凡，来去无踪，却从来没有企图用武力控制或者协助控制当时的社会。

侠客与骑士、武士不同，侠客遵循的不是儒学思想中的“忠”，而是“仁”与道家哲学，这种差别单是从三者所用的武器上便可略窥一二。骑士用长矛，攻击半径大，将自己包围在一个大圆中，以自我为中心；武士用大刀，刃锋利无比，刀身刚硬不可摧，一刀杀一人，刀一出鞘不是你死便是我亡；侠客用剑，刚中带柔，舞时游刃有余，往往点到即止，处处留三分余地。正是这种特性使得侠客不可能在中华的正史上大放异彩，只在人们目光不可及的地方轻轻拔剑，悄悄改变着历史的走向。武侠精神也成为华夏儿女无法泯灭的一个基因和符号。

思考题：我们今天还需要武侠吗？为什么？

在河南出土的汉画像石中，有不少有关古代中原武术的珍贵资料，如郑州出土的“剑戟对刺图”，唐河出土的“击剑图”，南阳出土的“舞剑图”和“空手夺枪图”等，反映出当时的武术已经出现了单练套路和对练套路，达到了相当高的技术水平。在这样的历史土壤中，中原武术较早走向成熟是合情合理的。

三国时魏文帝曹丕在《典论·自序》中记载了当时的剑术“四方之法各异，唯京师为善”，还创造了与将军邓展斗剑“三中其臂”而不败的纪录。

北魏孝文帝时期，少林寺开始矗立在中原。随之而行的是少林武术始现萌芽。

隋末唐初（公元620年），由于少林寺僧帮助唐王李世民军队获胜，受到李世民登基以后的封赏，自此，少林寺名声大振，习武之风更加兴盛，“昼习经曲，夜练武略”的少林宗风代代相传不止，成为少林武术成名于世和持续发展的动力。

公元702年，武则天首创武举制，开创了以武取才的先例。

思考题：为什么是武则天创立了武举制？

唐代武举制的内容包括了作为一个军队将官所必须具备的身体素质及军事武艺（包括弓、刀、石、马、步、箭），促进了中原地区群众性的练武活动。

宋朝初建，实行尚文抑武的政策，曾“禁民私有兵器”，“禁河北诸州民弃农业、学禁呪（音义同咒）枪剑、跳棒之技者”。然而仍是禁不住。宋朝民间反而最为昌盛，开始有了使拳、踢脚、弄棍、打套子等表演，宫廷中则有“枪对牌”“剑对牌”等对练项目。武术渐以套路运动为主。受到宋理学家倡导“主静”的影响，对抗性的攻防技术开始分化。可以说宋朝的民间习武活动是如今传统武术的根源。靖康之难，二帝被俘，河南产生了一位“还我河山”的民族英雄岳飞，他的教射师父则是周同。

内忧外患下，宋代广大人民常结社习武以求自保。如“角抵社”“英略社”“弓箭社”都是比较大的民间习武组织。“十八般武艺”一词也出现于宋代的典籍之中。据宋华岳《翠微北征录》载：“臣闻军器三十有六而弓为称首，武艺一十有八而弓为第一。”原意虽是强调弓箭在征战中的重要性，但也反映当时的兵器远不止 18 种。在《说岳全传》《杨家将》《水浒传》等几部古代小说中，都描写了众多武艺高强、功夫独到的男将女杰，这也可让我们对宋代武术的发展情况窥见一斑。

元朝为加强民族统治，严禁汉族人习武，连“角抵”也在禁止之列。而且严禁民间私藏武器，连菜刀都是几户人家共用一把。但那时的少林寺因为宗教的原因，使得以寺院功夫为主的中原武术保留了下来。

虽然元朝统治者在禁武上无所不用其极，但武术不仅没禁住，反而在元末大起义中涌现出常遇春、胡大海、沐英（《大明英烈传》中，称徐达、汤和、常遇春、胡大海、沐英为明朝开国五虎将）等武艺高强的勇将。元朝统治也只维持了八十多年。

明朝是我国武术全面大发展的时代。明太祖朱元璋主张“武官习礼仪，文人学骑射”。这样，明朝不但拳法众多，而且器械套路也更加丰富多彩，开始有势有法，有拳谱歌诀。由于明朝的文武全才之风，使武术家著书立说达到鼎盛，而且图文并茂，保留了珍贵的武学遗产，为后世研究武术提供了重要依据。据统计，重要的武术专著有戚继光的《纪效新书》、唐顺之的《武编》、何良臣的《阵记》、茅元仪的《武备志》等。后来又出现“内”“外”家之说，可以说明朝是武术集大成、大发展时期。

思考题：明朝时武术发展比较快的原因是什么？

清初，清政府为避免人民反抗也曾严禁民间习武，所以清朝的武术活动不如明朝。他们对反抗者的镇压是极其残酷的。但由于武术在民间已有广泛的群众基础，加之当时存在许多反清复明组织，人民群众习武练功以图推翻满清统治之风反而使各种流派的武术更加纷呈于世。以地区分有南派、北派；以山川分有少林派、武当派；以宗教分有佛家的外功、道家的内功；以门类分有太极门、形意门、八卦门、迷踪门，还有长拳类和短打类。民间武术发展成众多的门派、拳种，达到前所未有的程度。武术流派林立，象征着武术事业的兴旺发达。但也存在各派之间缺乏交流，不能相互弥补长短的不足。

正是在明清时期，中原人在总结实战经验的基础上，提升中国传统武学理论，创编出了一些著名的拳种，这其中就有太极拳、苌家拳、心意六合拳等。

反清秘密组织的壮大和民间武术门派林立的局面，迫使清政府采取“禁教不禁拳”的态度，也就是严禁反清秘密结社活动，宽容民间习武活动。这无疑助长了民间练武的风气，民间武术不仅受到武人的重视，而且进入到文人的生活。文人习武多了起来，王公贵族和八旗子弟也将习练民间武术作为休闲活动之一。

思考题：为什么少数民族统治中原时大都禁武而又禁而不止？

晚清以来，开封的查拳、猴拳、梅花拳，安阳的弹腿，豫东的洪拳，淮阳的六步拳，博爱月山寺的八极拳，朱仙镇回民的汤瓶拳以及博爱王堡的枪法（系明万历年间由唐村太极宫董秉乾所传），汜水、陕县、禹县的弹弓，淮阳回民的棍术，长垣的六合枪，开封的剑术与跤术，滑县的虎尾镰，鹿邑的跤术，等等，都曾名噪一时。所有这些，都是中原武术文化的宝贵资源。

1927年，在西北旧军人张之江的首倡、辛亥元老李烈钧的帮助下，又联合蔡元培、于右任、冯玉祥、何应钦、林森等12人作为发起人，经蒋介石同意，成立了“国术研究馆”，归国民政府直接领导。

1927年3月15日，国民政府公报第41期刊载174号令，批文确定其全称为“国民政府直属国立南京中央国术研究馆”，简称“央馆”。1928年6月更名为“中央国术馆”，成为民国时期主管国术的中央行政机构之一。由此确定了中央国术馆的官办性质：国民政府直属，财政部国库拨经费，由政府要员担任领导人。将武术改称国术，纳入国粹范畴，与中医（国医）、国画、京剧（国剧）并列为四大国粹，从而大大提高了武术的社会地位和在民众心目中的地位。

思考题：国民政府成立中央国术馆有什么历史意义？

中央国术馆做了几件堪称中国武术发展史上里程碑的事。

第一件是制定了中国武术史上开天辟地的条例法规。如《中央国术馆组织大纲》《省市国术馆组织大纲》《县国术馆组织大纲》《国术国考条例》。依据《组织大纲》，国民政府通令各级行政区设立相应的国术馆。1933年，全国省市、县建立国术馆三百余个，形成一个自上而下的组织系统。

第二件是组织了全国性武术比赛。中央国术馆分别于1928年、1929年主持了两届全国国术国考，也就是全国性武术运动会，这也是首开先河。特别是1929年，由中央国术馆倡议，在杭州举办的国术游艺大会，堪称千古一会。来自全国各地的武林人士齐聚杭州，不分年龄，不分级别，不分拳种，随机抽签配对比赛，最后决出武林第一高手。

第三件是让武术走出国门。1936年，民国政府派中国武术代表团出席了1936年柏林奥运会，反响强烈，赞誉不绝。当地报刊给予隆重报道。武术队员中有 4 名来自中原的河南。

第四件是编写了大量的武术教材，在让武术教学摆脱口传心授的模式上做了探索，至今，武术书籍的插图还在采用当时的画法。

随着中央国术馆的成立，各省、市也纷纷成立相应的组织。

据武术家、武汉体育学院教授刘玉华回忆：[①]河南省国术馆初建于1928年，早在1925年，开封城内的武术爱好者就已自发组织了数十个武术社，如孟广泰、何福同在开封宋门关、南柴池、杏花营等地组织少林武术社；刘振兴在开封东大寺组建东大寺武术社；朱小廷在开封北大寺组建北大寺武术社；陈敬忠组建太极拳社；刘舜臣、徐有组建中州武术社；孙霁虹组建培英武术社，社址在开封北泰山庙门慈云庵等地。这些武术社学员众多，都是利用晚上时间以庙宇寺院为场地进行武术教学和锻炼的。学员不交学费，每人每晚只收两个铜板的灯油费和茶水费，老师也没有任何报酬。“河南省国术馆”就是在群众性武术活动广泛开展的基础上由旧政府委派陈泮岭组建的。

河南省国术馆的发展史可分两个阶段：第一阶段，1927年冬，陈泮岭发起创办了“河南武术社”，1928年秋改为“河南省国术馆”。馆址先设在开封龙亭，后迁到开封东北城角的贡院。馆长陈泮岭，副馆长刘丕显。国术馆曾举办了五期“河南省国术馆国术人员训练班”，每次应考报名人数都在千名左右。每期录取学员100名，其中80名享受公费待遇（供给伙食、运动短裤、背心等），其余20名为自费。每期学习时间为8个月。课程以技击为主，如摔跤、搏击、短兵、长兵、套路以及专业理论、国术概论等；文化课开有语文、三民

①李诚. 习武必读［M］. 北京：北京体育学院出版社，1991：212-215.

主义、常识等；另外开有军事训练等课。

国术人员训练班在国术馆直接领导下，设有教务、总务等部门；任课教员多是从全国各地请来的名家。国术馆还办有小学生业余武术学习班，利用下午时间进行训练（类似现在的业余体校）；教师刘玉华。

河南省国术馆成立后，相继成立了市、县级的国术馆数十个。每次举办省国术比赛或选拔参加全国性国术比赛的运动员，都是从省市、县国术馆以及各武术社选拔人员参加比赛。

当时，在省国术馆的领导下，曾举办了以实战为主的五届河南省国术省考和参加全国运动会的选拔赛，省考优胜者授予“武士”称号，并发给奖状和奖章。在第十六、第十七、第十八届华北运动会，第一、第二届中央国术馆考及第五、第六届全运会上，河南省均取得了优异成绩。

河南省国术馆在开展武术运动方面起到了一定的作用，培养了一批武术人才。

1936年在柏林举行的第十一届奥运会上，中国武术队进行了表演，受到国外的一致好评，也是我国武术在国外打响的第一炮。这次参加奥运会的中国武术队成员共有9名，其中4名是河南人，他们是刘玉华、金石生、寇运兴、张文广（代表南京），四人中有两人（刘玉华、金石生）是河南省国术馆国术人员训练班的学员。

第二阶段，抗日胜利后，1946年冬，河南省国术馆又恢复了之前的职能工作。

这一阶段省国术馆主要搞了如下工作：

第一，开展群众性的武术活动。1948年曾组织开封城关武术表演赛和摔跤赛。

第二，研究武术规则和教材。1948年第七届全运会武术比赛规则就是由河南省国术馆提供的；同时还研究了太极拳推手规则。

第三，1947年春，由于国民党反动统治愈加腐败，物价上涨，民不聊生，人心涣散，省国术馆秘书、视导员、会计、总务科长、教务科长等先后离去，该馆的历史也就宣告结束了。

民国时期，河南最著名的武术民间团体是培英武术社。它是民国三年（1914年）由孙霁红在河南省开封创办的，该社主要传授弹腿门、少林门、苌家罗汉拳、太极门等拳种器械、对练、摔跤、举石担、石锁等。培英武术社是近代河南第一个私人创办的武术团体，为河南和国家培养了很多武术人才。

新中国成立后，党和政府关心人民健康，重视优秀民族文化遗产的继承和发展，还在高等师范院校及体育学院开设武术专业，并组织专业人员在继承传统拳术的基础上，广采众家之长，整理出简化太极拳、中级长拳、初级长拳以及器械套路。这些措施极大地推动了武术的普及和研究工作，使武术运动得到了长足的发展。

1956年中国武术协会成立，为中原武术的发展开拓了广阔的道路。

在“文革”中，武术停止了一切的活动和发展。1978年11月16日，邓小平同志为日本友人题写了“太极拳好”，揭开了新时期太极拳发展的序幕。

目前，我国武术行业管理机构主要有三个：国家体育总局武术运动管理中心、中国武术协会、国家体育总局武术研究院。其中，武术运动管理中心和武术研究院均是国家体育总局下属的机构，中国武术协会则是全国性群众体育社会团体。一般来说，三个机构办公地点设在一起，负责人由同一人担任，实行“三块牌子一套人马”。

武术运动管理中心于1994年设立，对武术运动项目实行全面管理，出台了多项法规性文件，规范了武术管理。中国武术协会以社团形式组织开展了全国武术工作，并代表中国参加国际武术活动。设立于1985年的武术研究院，一开始行使着对全国武术的行政管理职能，在武术运动管理中心成立后，便转向对武术的技术、理论、政策、资料和气功进行研究，并负责各拳种的认定工作，先后完成了多项武术基础研究。

1982—1986年，国家体委进行了一轮大范围拳种挖掘工作，认定了129种拳种，基本涵盖了主要的拳种。例如，太极拳认定了陈、杨、吴、武、孙五大主要流派。

思考题：对于太极拳，你还知道有哪些流派，它们经过认定了吗？

当时，国家体委提出“源流有序、拳理明晰、风格独特、自成体系”的要求，这成为认定拳种的基本标准。

1991年，国家体委武术研究院选择其中71个内容较翔实的拳种，出版了《中国武术拳械录》一书，记载了拳种的源流、拳理、特点以及功法、套路、对抗形式等。

组织机构的完善无疑促进着中原武术文化的发展。而中原武术文化孕育了新中国第一代的河南籍武术名家常振芳、张文广、刘玉华。

1982年，《少林寺》电影的播映，促进了中原武术的传播和发展。

1991年，郑州开始举办郑州国际少林武术节，2004年升格为世界传统武术节，主办方也变更为国家体育总局和河南省政府，这次盛会吸引了世界五大洲60多个国家的运动员参赛。

1992年起，河南焦作市温县开始举办国际太极拳年会，当年参加的有美国、英国、法国、日本、意大利、德国、韩国、新加坡、马来西亚、澳大利亚、波兰、瑞典、瑞士、西班牙等23个国家和地区太极拳组织的343名太极拳运动员，2005年起更名为“中国焦作国际太极拳交流大赛”，规模进一步扩大。

河南是武术大省，每两年一届的郑州世界传统武术节和焦作国际太极拳年会的成功举办为河南增添了不少光彩。对于两个拳种的大型赛事活动，我们不能仅限于大会本身，而要千方百计地利用这两个国际大舞台，把河南推向世界，让中国武术走向世界。

今日的中州大地，仍然沿袭传承习武的风俗，武术活动在民间广泛开展，武术社团活动轰轰烈烈，民办武术学校遍及全省，目前，河南省内武术学校已达600余所，在校学生达十余万人，在全国名列前茅。2004年10月，在郑州举行的首届世界传统武术节上，“龙腾少林——迎宾武术长廊”的大型迎宾式是这次武术节的一个亮点，这次活动在登封举行，少林武术是主要表演形式。迎宾路线从登封市标开始到少林寺，全长共18.5公里。在沿途的公路上以及路两侧的山坡上、丛林中、沟壑内共设立了351个武术表演方阵，来自登封武术学校的四万多名训练有素的学生参加了表演。像这样在一次活动中出动人数众多，并且参与队员个个训练有素的情况，只有在河南省才能看到，况且这 4 万人的表演队伍，仅是登封当地武术学校的部分学生数目，可见中州习武者之多。规模巨大、气势恢宏的迎宾活动，充分展示了中州武术文化的风采，展示了中州武术活动良好的群众基础。这充分表明，武术馆校已成为河南民办教育的典范，成为中州大地一道奇特亮丽的风景线和武术文化现象。

中原武术的发展积极地推动着中国武术的发展。竞技武术的部分项目将会传播到奥运会，成为奥运会大家庭中的一员。

目前国际性武术赛事已经有世界武术锦标赛、亚洲武术锦标赛、欧洲武术锦标赛等。武术套路、武术散打分别在1990年和1998年成为亚运会正式比赛项目。1999年6月，在汉城举行的国际奥委会第109次大会上决定承认国际武术联合会，2020年1月，国际奥委会在瑞士召开执委会会议，会上通过了将武术列入第四届青奥会的决定。这也是武术首次被列入奥运会系列运动的正式比赛项目，这是武术走向世界的重要里程碑。

思考题：武术迟迟未能成为奥运会比赛项目的原因是什么？需要做些什么工作？

党的十八大以来，习近平总书记明确提出"我们要坚定中国特色社会主义道路自信、理论自信、制度自信，说到底是要坚持文化自信。文化自信是更基本、更深沉、更持久的力量。"实现中国梦的精神动力更是高度重视"文化自信"。

2016年10月25日，中共中央、国务院印发《"健康中国2030"规划纲要》明确提出扶持太极拳发展。特别是国家体育总局2017年3月9日颁布并计划实施的"太极拳健康工程"明确指出，2030年我国将建立起以"太极拳健康工程"为核心的公共服务体系。完成社区、乡镇太极拳辅导站点的基本覆盖，实现"六进目标"，即进学校、进社区、进乡镇、进企业、进机关、进军营；实现太极拳习练人数近亿人；促进政府、社会和市场等多元主体协同合作的运行机制基本形成，推动太极拳事业和太极拳产业协调发展，扶持重点企业做大、做强太极拳文化品牌，使其成为具有国际竞争力的文化企业；保护好太极拳核心的文化遗产，服务国家战略，推动太极拳文化"走出去"。

世界的武术看中国，中国的武术看河南，河南武术文化发展的好坏，对中国武术文化乃至整个中国文化的发展都会造成很大的影响。中国武术在中国文化中的特殊地位，河南武术在中国武术中的特殊地位，都对我们思考与谋划河南的武术文化发展问题提出了很高的要求。

第二节　中原武术流派

拳种流派特点各异，是由于地理、人文等不同环境因素造成的。了解中原武术流派，当然离不开中国武术流派。下面我们从中国武术流派入手，来谈谈中原武术流派。

概括来看，关于中国武术流派有以下几种划分的方法：

一、武术有传统武术和竞技武术之分

中国武术分为传统武术和竞技武术，也有人把竞技武术称作国标武术。

传统武术是由古代战争所发展出来的徒手和器械格斗术。其内容有踢、打、摔、拿、柔术等等，又称为国术，其本质是一种格斗技能。

竞技武术是由传统武术演化而来的体育运动，具有竞技和表演性质，本质上接近于体育。竞技武术划分为散打和套路，散打又叫散手，是武术的擂台形式，套路则为武术的表演形式。竞技武术、传统武术都具有极其广泛的群众基础。

中原武术处在这个武术大框架内，自然也有传统武术与竞技武术之分。

思考题：你喜欢竞技武术吗？为什么？

二、武术有南派北派之说

南派即指我国长江一带架势小而拳势紧凑的拳术。南派武术迅疾紧凑，寸劲短打、阔幅沉马（大幅度的松沉马步），动作细腻，这是由于南方多水，小桥流水，竹林小径的环境熏陶而成。

北派即指鲁豫等一带架势大而拳势宽敞的拳术。北派拳术气势雄劲，大开大合，蹿纵跳跃，舒展大方，这是由于北方平原多，地势空旷，气候严寒造成的。

三、武术有“南拳北腿”之说

这种说法是基于南北方人体格上的差别形成的。北方人身高腿长，体格健壮，拳法上常用砸、崩、捶，出手也强调抡、冲、撞等，善用腿法；南方人身材相对矮小，善用拳头短打。当然这并不是绝对的，例如，起源自北方的八卦掌就很少用腿攻击，而南方的咏春拳却有不少的腿击技巧。

思考题：传统功夫为什么不提倡用高腿？

四、武术有拳系之说

这些拳系是按地域命名的，如以黄河中下游为中心的少林拳系；以闽粤为中心的南拳拳系；以四川为中心的峨眉拳系；以湖北、福建为中心的武当拳系；以晋、冀、豫三省为中心的形意拳系；以北京为中心的八卦掌拳系；以北京和河南为中心的太极拳系。

其中，少林拳系在全国影响最大，其次是太极拳系和南拳拳系，而武当拳系因传人甚少，至今谱系不甚旺盛。

五、武术有内家、外家之说

（一）以练功的关注点区分

内家：重练气，主修内功为重（以意导气，以气引领四肢百骸）。任何招式都是以用意领先，拳脚随后，更讲究以柔克刚，料敌在先。内家拳将道教性命炼养之旨融于拳法中，具有贵柔尚意的特点，以心息相依、运行匀缓、意到气到、动静自如、以柔克刚、灵活婉转、莫测端倪为行拳要领。 例如，太极拳、形意拳、八卦掌、武当拳就是最典型的内家拳。

外家：着重练筋骨皮（先强筋壮骨，增加打击力度和抗击打能力），主修外功。它更讲究以力量和速度克敌，以招式为先，例如，少林拳、洪拳、查拳、长拳、弹腿、通臂拳、鹰爪拳、螳螂拳、地躺拳等都属于外家拳。

（二）以宗教来源区分

佛教是外来的，那些以佛教作为理论基础、起初由那些方外之人练习的拳术叫外家拳；道教是本土的，以道教作为理论基础的拳术叫内家拳。

思考题：哪一种说法更科学一些呢？

中原地区，武术门类有80多种。从地理位置上讲，属北派武术。但由于历史上战乱不断，天下豪杰汇聚于此，在这里诞生了外家拳（少林拳）、内家拳（太极拳）两大代表拳系，并进一步诞生了兼具二者特点的苌家拳。

人们说“功夫”时会脱口而出“天下功夫出少林”，人们以武会友切磋“推手”时自然要去寻根太极拳。中国武术很早就讲“气功”，但系统论述武术气功的著作，要数荥阳汜水人苌乃周的《培养中气论》为贵，这些都是中原武术文化的精髓。

第三节　中原武术的特点

中原作为内外家两大拳种发源地，体现了中原文化开放、融合的特点。实际上，这也是中国传统文化的映射。中原武术在长期的历史演变中，逐渐形成了自己的运动规律和技术风格。这种特点又对整个中国武术风格特点产生了很深的影响。

一、奇妙的搏击术

（一）招式精妙

武术最初作为军事训练手段，与古代军事斗争紧密相连，技击性非常明显。搏斗运动集中体现了武术攻防格斗的特点，目的在于战胜对方。套路运动尽管在技术规格、运动幅度等方面与攻防技术的原形有所变化，但仍保留了技击的含义，踢、打、摔、拿、击、刺是套路的技术核心。搏斗和套路中的招式运用都体现出了避实击虚的武学思想，具有很高的技击价值。

即便是动作舒展大方、平衡与跳跃动作较多，被认为华而不实、技击性不强的华拳，其实战技击能力也不容小觑。当年年仅14岁的蔡龙云凭着扎实的少林拳和华拳功夫，以“连环拳”“迎面三腿”的绝招，将体格魁梧、不可一世的西洋拳击界名手马索洛夫击倒在地。这场比赛总共进行了5分钟，计两个半回合，蔡龙云竟将对手打了十三个跟斗。时隔3年，蔡龙云又击败了有“黑狮”之称的美国重量级拳手鲁塞尔。

传统武术中有很多所谓的绝招。比如“上打咽喉下打阴，左右两肋并中心；上鼻下臁兼两眼，脑后一击要人魂”。这些技击绝招是真正的出手伤人的技术，由于杀伤力太强，在当今格斗擂台上多是被禁止使用的。

（二）内功神奇

大体上，内功分两类。一类是以意行气，讲究意气力三合，主练精气神。武术以技击为中心，以健身自卫为目的，但它的练功原则却是始于养气，而终于中和守静之道。拳脚招法形之于外，柔和静敛固之于内，外猛而内和，外动而内静，外放而内敛，并非一味好勇斗狠，争强好胜。不少练武的人都有过这种体会，当他发劲时，心境倒分外平静；在与人交手的刹那间，倒往往会产生一种难以言喻的轻松与畅快。这是一种很奇怪的现象。外观的刚猛凌厉与内在的平和柔静在某种境界中统一起来，心如明镜，止水无波，拳如箭发，视人如草，这才是武学境界的极致。

另一类是练硬气功。比如铁布衫、金钟罩等。硬气功大致可以分为两类：一类是攻击型硬气功，另一类是防守型硬气功。攻击型硬气功，据说可以借助真气的破坏性，用较小的力量达到较大的伤害，并且这种伤害是不可逆的，所以在武术界似乎都有个不成文的规矩，不到生死相搏的时候一般不用。防守型硬气功用得比较普遍，通过真气辅助加强局部气血运行，配合外部的击打刺激，使被练的部位皮糙肉厚，除了眼睛和裆部，硬气功全身没有明显的弱点，抗击打能力大大提高。据说用了铁布衫，常常不怎么躲避别人的进攻，而是在别人进攻时顺势反攻。现代的抗击打训练一般都是训练肌肉，让肌肉变得结实，从而达到抗击打的目的。对于没有肌肉或者肌肉单薄的部位，如头部，就只能通过保护来减少伤害。所以现代搏击都是双手护于胸前，保护脸部和下颌，但是攻击的时候，下颌就露出来了。

知识拓展

为什么现代格斗中很少用硬气功呢？

首先，硬气功的练习比较复杂，时间也比较漫长。而现代格斗吃的是青春饭，时间等不起，年纪大了功夫练成了，体能却跟不上了。

其次，硬气功与内家拳相似，那就是伴随进攻过程需要不断调整体内气的分布。现代搏击的速度越来越快，要在瞬息万变的搏击过程中同时兼顾外部的攻防和体内气的调动，脑力有些吃不消、跟不上。

再次，营养跟不上，硬气功其实很消耗营养，诸如铁布衫等都重视营养，但大多达不到要求。

最后，气的调用，综合格斗选手，身体原本的气都用来调节肌肉的运动，而硬气功的气在内用的同时，还得用来穿出体外攻击对方。调节肌肉消耗不了多少气，而直接用气进攻，耗气就多得多，身体的气损耗就很大，即便对手没把自己打倒，自己也无力再攻了，只能退出比赛。气的培养，比通经更复杂，更需要时间，这就成为硬气功用于格斗的最大障碍了。

（三）尚智不尚力

中国人历来津津乐道的是刘邦式的智谋，而不是项羽式的匹夫之勇。有所为，有所不为，因而以巧制胜，以柔克刚，以弱胜强。老子说："天下之至柔，驰骋天下之至坚。坚强居下，柔弱居上。""柔胜刚，弱胜强。"这种弱者哲学，在西方是不被接受和不可理解的。然而，中国武术，几千年来却是在这种"弱胜强"的哲学理念指导下发展完善的。终于出现了诸如太极拳这样"以柔克刚""以小力胜大力""以静制动"的技术。不但有"弱胜强"的技击理论，而且有实现的技术方法。《孙子兵法》讲的就是"弱胜强，智胜力"，它说："形人而我无形""虚实不测，是以无形"；又说："微乎微乎！至于无形。神乎神乎！至于无声。故，能为敌司命。"这些理念都融入中国武术。几千年来，我们的先辈在中国特定的历史环境下，经过血的洗礼，总结出了从理论到方法系统完善的、专门对付强大敌人的技击方法——中华武术。这就是中国武术的本质，它的一切都是出其不意的“形人而我无形”之技。如此，它才能做到“弱胜强”。是除中国以外世界上没有的！在这方面，我们的祖先留下了大量的经典史料、文献和方法。世界搏击理论一律是“强胜弱，大打小，快胜慢，有力打无力”。唯中国技击理论，反其道而行之，王宗岳在《太极拳论》中说：“斯技旁门甚多，虽势有区别，概不外乎壮欺弱，慢让快耳。有力打无力，手慢让手快，是皆先天自然之能，非关学力而有为也。”这种哲学理念，仅中国一家。

西方技击术，完全建立在先天自然之能的体力基础上，人练得皮粗肉糙，以力降人。中国的技击术讲究以智胜人、顺势借力。比如太极拳以舍己从人为技击理念和太极推手训练的基本要求，实在是一种高深功夫境界。

思考题：西方的技击术与中国武术有哪些区别？

二、讲究内外兼修

如果说，武术只是具有神奇的一面，那么它还不足以为世人所称道，更重要的是中国武术在长期的发展中蕴含了中国传统文化的精髓。中国武术和中国传统文化的融合，使中国武术不仅具有神奇的一面，而且提高了品质，具有了高层次的文化精神境界，这就是不少人把太极拳称为“哲学拳”的原因。

武术是中华民族的宝贵文化遗产之一，也是民族传统文化在武技一道的体现。中国武术是民族智慧的结晶，其思想核心是儒家的中和养气之说，同时又融合了道家的守静致柔、释家的禅定参悟等诸多理论，从而构成了一个博大精深的武学体系，形成了世界上独一无二的“武文化”。

中国古人具备实用理性思维方式，对于做人特别重视，加上中国古代社会的政治高度集中和经济高度分散的特殊历史背景等因素，使武术与传统文化的关系非常紧密，使武术客观上成了中国文化整体的一个重要符号。正是因此，很多外国人学习中国武术，除了是要满足其掌握武术技法的需要以外，更多的是想通过练习中国武术来深入学习和体验完整的中国传统文化。

中国武术精神，内核是中国的民族精神，是中国民族精神在武术实践中的落实。不蕴含中国民族精神的武术不能被称为中国武术，所有的中国武术都必须也必然蕴含着积极的民族精神，因此，练习中国武术，体验中国武术文化，本身就是一个培养中国民族精神的过程。

中国武术浸润着民族的性格气质，蕴含着中华民族对搏击之道的独特悟解。它既不同于那种张扬自我、崇尚刚猛的欧美拳击，又不同于极具岛国文化特色的日本空手道，也不同于带有浓烈热带丛林气息的泰拳。

武术既讲究形体规范，又追求精神传意，内外合一，练习时要求把内在的精气神与外部的形体动作紧密相合，做到“心动形随”“形断意连”，体现了我们内外合一、形神兼备的民族风格。

武术既讲究形体规范，又追求精神传意、内外合一，练习时要求把内在的精气神与外部的形体动作紧密相合，做到“心动形随”“形断意连”。

相对于中国传统文化而言，武术是一个更封闭的系统。两千多年来，中国武术的发展几乎没有接受过任何外来影响，大概只有印度瑜伽内功（属佛教密宗）和明代中期倭刀刀法的传入是仅有的两个例外。鸦片战争以后，当西方新思潮汹涌东来之际，中国的一些武林高手却以屡败西洋拳师的辉煌战绩显示了中国武术的实际价值，从而为逐渐解体的中国传统文化保存下一块圣地，使中国武术成为迄今为止在中国文化总体结构中最纯净、最正统，也最富于民族特色、最能反映民族个性气质的领域之一。

武术的文化精神由来已久，我们从武术的“武”字就可以进行分析。“武”字可以拆分成“止”和“戈”两个字。戈是古代的一种长兵器，动干戈就是打斗，就是战争，止字就是停止的止，就是不要动武。那么，为什么武字的结构竟是“止戈”呢？《说文解字》的解释是：“楚庄王曰，夫武，定功戢兵，故止戈为武。”“戢兵”就是把兵器收藏起来，也就是说，武的本义是收兵，所以“止戈”为“武”。从这里可以看出，武术的精神底蕴就是止戈，就是不要动武。或者说，武术追求的最高境界并不是单纯的胜负，而是中国儒家学说的“致中和”的精神，是道家学说中“无为无不为”的精神。金庸先生在武侠小说中，写到武功的最高境界就是没有任何招式，所谓无招胜有招。这是深深契合中国武术的文化精神而作出的结论。

千百年的习武实践和多年的科学研究说明，武术注重内外兼修，长期练习可以提高锻炼者的骨密度与骨硬度，对预防骨质疏松具有非常明显的作用。同时，练习武术能有效提高血液中的含氧量，提高血管的活力，从而降低心血管疾病的发生率，提高心脑血管的工作能力；武术运动作为一种低强度、长时间的有氧运动，可以使人体在锻炼身体的同时消耗脂肪，并增大肺活量，降低血黏稠，防止动脉硬化，从而达到降血压的目的，对于预防和治疗高血压有积极的作用。通过内在神情的贯注和呼吸的配合以及人体各个器官的参与，对人体的反应速度、力量、敏捷、耐力都有良好的促进作用。注重调息运气和意念活动，长期练习对治疗多种慢性疾病和调节人体内环境平衡均有良好的医疗保健作用。

思考题：金庸先生的武侠小说对中国武术的影响有哪些？

三、广泛的适应性

武术的练习形式丰富多样，有竞技对抗性的散手、推手、短兵，有各种拳术、器械和对练，还有与其相适应的各种练功方法。它们有不同的动作结构、技术要求和运动强度，分别适应不同年龄、性别、体质的人的需要。

武术的修炼途径一般是基本功—拳路器械—内功。它只能渐进，不能速成。这是中国武术的两个特质决定的，一是中国传统武术对基本功要求高，二是中国武术以内功为根基，重视养生的作用和道德修养，即养气、立德。

四、本德性

武术的修炼以立德养性为本，主张养气合道，文事武备，反对好勇斗狠，凶残暴戾。养气以太和为旨，气合于理，拳合于道，气愈充盈而争强好胜之心愈浮消。功夫愈高，脾气愈好。

所谓学艺先学礼，习武先习德。自强不息与厚德载物是来自于儒家的一种积极向上、宽厚待人的入世道德观念。武德是习武之人做人做事的基本依据，鼓舞人们要发愤图强、要行侠仗义、要报效国家、要立功立德，以实现生命的价值和创造生命的意义。练武不仅是为了掌握技击技术或健身娱乐，还要以道德观念作为武技的准则，更要形成一种正确的人生态度，把品德修养列为习武之先决条件。

拳谚有云：未曾学艺先识礼，未曾习武先明德。这正是强调武术的本德性。

思考题：武术传承中如何把握学习者的品德？

五、极具观赏性

武术还具有审美价值和健身价值。武术的绝大部分套路动作都具有一定的观赏价值。武术寓健美灵敏于攻防动作之中，套路的编排讲究动静结合，起伏变化，具有独特的节奏感和韵律美。特别是太极拳，讲究凝神静气、身气合一、中正安舒、刚柔相济、劲若抽丝和绵绵相续。从外形看动作柔和，但柔中寓刚，绵里藏针，外柔内刚，阴阳转换，这不仅有外形美，还有一种精神美。看武学大家打太极拳，如行云流水，浑身上下都有和谐的美感。又如形意拳讲究内三合与外三合，全身动作浑如一个整体，有一种整体的美感。劈挂拳、八极拳、查拳、华拳诸拳种节奏明快，动作大方舒展，发力或冷脆或沉实，均富于阳刚之美。蛇拳蜿蜒游走，多以指掌吞吐发力，富于阴柔之美。

武术以较大的力度、较快的速度，在特定的时空条件下重现攻防动作的组合变换，并且具有一定的难度，可以充分展示人类勇于拼搏和富于进取的精神气质。

这种美学风格的多样性和高度的观赏价值，更是世界上其他任何搏击术所无法比拟的。当然，如果过分追求武术的观赏价值，那就会容易产生舞蹈化的倾向，从而削弱武术的技击作用。

思考题：你赞同武术体操化、舞蹈化倾向吗？

六、极具辐射性

中原武术是中原人创造的，但它们并不保守。它们不断地向四周辐射，对周边地区产生影响。比如南少林武术就是明代后期传入南方的少林武术。而陈式太极拳则衍生出杨式等多种流派，使太极拳学传遍天下。

近年来，河南省武术协会非常重视武术文化对外交流工作，在双方互信、自愿的基础上，分别与马来西亚吉隆坡武术协会、瑞典武术协会、挪威武术总会等多个国家和地区建立了国际友好合作关系，并正式签署“建立国际友好武术协会合作交流意向书”，双方每年都要进行互访、交流、比赛等活动。

中国武术向国外的传播，成绩斐然。有史料记载，明代，中国武术通过民间和官方路径传到日本、朝鲜，经他们改造后，形成了今天的柔道、空手道、剑道等。

近代为中国武术国际传播贡献最大的是精武体育会和中央国术馆。

由陈士英、霍元甲创立于1910年的群众社团组织——精武体育会向国际传播最为成功。设立有海外分会，遍及越南、新加坡等东南亚国家，甚至成立有“精武女子体育会”，提倡女子武技，扩大了武术的传播受众。

成立于1928年的中央国术馆，由张之江任馆长。中央国术馆主要通过武术表演进行国际交流，所到之处受到热烈欢迎。1936年，德国柏林举办第11届奥运会，在张之江建议下，中央国术馆组建了一支武术队参加奥运会表演，队员们炉火纯青的技艺、出神入化的表演，轰动了德国。

新中国主要通过建立国际、洲际武术组织、举办武术国际比赛，作为传播武术的重要方式和手段。1985年，在西安举行了第一届国际武术邀请赛，并成立了国际武术联合会筹备委员会。至1998年，国际武联拥有5个洲际会员组织，标志着武术在世界范围内的发展，开始走向联合统一的道路。国际武术运动跨入了新的发展阶段。武术的国际传播出现了新局面。

思考题：对比跆拳道、瑜伽在中国的推广，你认为武术走向世界还有哪些工作要做？

【本章小结】

（1）考察中原武术的起源，不能不考虑它的文化性，中原地区的文化赋予了中原武术独特的特点。

（2）中原武术的发展，离不开历代统治者在中原的博弈。统治者在夺取政权的过程中依靠武术，自己建立政权后又限制民间练习武术，这一点尤其以少数民族政权为甚。

（3）武则天首创武举制度，给武者创造了出人头地的机会；国民政府建立中央国术馆，赋予武术国术的地位，无疑对中原武术的推动起了不可估量的作用。

（4）中原武术流派众多，以少林拳为代表的外家拳，以太极拳为代表的内家拳，是河南的文化名片，也引领着中国武术的发展。

（5）人文、地理的不同，造就了不同的武术流派，也赋予了各种武术流派各种属性，奇妙的搏击属性，内外兼修的文化属性，广泛的适用性，严谨的本德性，威力四射的辐射性，构成了中原武术的特点，为其进一步发展奠定了基础。

【复习题】

1. 选择题

（1）武术有传统武术和<u>A</u>武术之分。

A. 竞技　　B. 比赛　　C. 表演　　D. 散打

（2）从地理位置上讲，少林拳系是以<u>C</u>为中心的。

A. 闽粤　　B. 四川　　C. 黄河中下游　　D. 湖北、福建

（3）武术有内外家之分，最典型的内家拳是<u>A</u>。

A. 太极拳　　B. 形意拳　　C. 八卦掌　　D. 武当拳

（4）武术产生于古代人类与<u>D</u>的搏斗以及部落之间的争斗。

A. 动物　　B. 人　　C. 野兽　　D. 大自然

（5）公元702年，<u>C</u>首创武举制，开创了以武取才的先例，促进了中原地区群众性的练武活动。

A. 隋文帝　　B. 李世民　　C. 武则天　　D. 隋炀帝

（6）武术中的内功，可分为两类，一类是练精气神，一类是练<u>D</u>。

A. 铁布衫　　B. 金钟罩　　C. 二指禅　　D. 硬功

2. 判断题

（1）中原地区历来是兵家必争之地，因此自古便盛行尚武之风。（对）

（2）明代出现了戚继光的武术专著《纪效新书》，是武术集大成大发展时期。（对）

（3）1978年11月16日，邓小平同志为美国友人题写了“太极拳好”。（错）

（4）1936年，在柏林举办的第11届奥运会上表演的中国武术代表团11人中有4人来自中原的河南。（对）

（5）中原地区，武术门类有80多种。（对）

（6）中原地区诞生了外家拳（少林拳）、内家拳（太极拳）两大代表拳系。（对）

3. 讨论题

（1）武术是如何产生的？

（2）你认为中华武术都有哪些特点？

第三章　中原武术撷英

【学习要求】

掌握中原武术的代表性拳种，知道其特点；了解少林寺与少林拳的关系，正确认识太极拳的产生和发展现状；知道太极拳流派，能够区分陈式、杨式太极拳特点。

武术是“皇天后土”文化滋润的结果。在这种文化影响下，那些有能力的人不甘寂寞，使得中原地区战乱不断，从而也决定了武术必定在这里形成大的气候。所以，中原地区成为许多武术拳种的发源地也就不足为奇了。

据有关方面统计，按照“源流有序，拳理清晰，风格独特，自成体系”的统计标准，中国目前有拳种约129个。其中，包含中原地区以少林拳、陈式太极拳、苌家拳三大拳种为代表的大小拳种80多个。这在世界上也是非常少见的。根据这百余种拳术的特点，人们又把它们分为内家拳和外家拳两大类。

一般来说，人们都知道，外家拳的代表性拳种是少林拳，内家拳的代表性拳种是太极拳，这两种拳都诞生在中原。许多人还不知道的是除了这两大武术拳种之外，中原还诞生了形气合一、以养中气见长的苌家拳。还有诞生在山西的心意拳传到河南之后，则以另一个面目出现，如今在中原也发展得红红火火。

中原武术的现状是中国武术现状的一个缩影。本章中我们将介绍少林拳、太极拳、苌家拳、河南派形意拳的诞生与发展现状，并着重讨论以下问题：

- 为什么说“天下武功出少林”？
- 太极拳是怎么来的，陈式太极拳与杨式太极拳是什么样的关系？
- 苌家拳有什么特点，现状如何？
- 河南派形意拳指的是什么？
- 中原各地还有哪些武术流派？

第一节　拳禅一体的少林拳

崇德尚武，为国为民。

前面我们讲了武术的起源。大家会注意到，中原是武术拳种荟萃之地，也是以此为中心向四面八方发散之地。一句“天下功夫出少林”，就很好地说明了这个事实。在“一带一路”建设大背景下，弄清少林拳的产生与发展，探讨少林拳的特点，对于我们学习、传承、推广少林功夫及少林武术文化，继而让中国传统文化走向世界有着重要作用。

一、少林寺与少林拳

（一）少林寺

少林寺，是公元495年（北魏孝文帝太和十九年）孝文帝为安置印度僧人跋陀前来嵩山落迹传教而建。由于建寺于河南省嵩山支脉少室山阴的密林丛中，故名嵩山少林寺。

跋陀禅师主持少林寺后，四方学者闻风皆至，徒众数百。其中不乏一些会武术或其他技能的人。像惠光和尚，十二岁时在洛阳城天街的井栏上反踢毽子，一口气能连续反踢500次，跋陀感到很惊奇，就把他剃度为小和尚，作为自己的弟子。跋陀禅师为创建少林寺、翻译佛经、传授佛法做出了巨大贡献，少林拳谱中留有跋陀传授方便铲和一路大刀的记载。

开创少林寺的是高僧跋陀，但真正奠定少林基业的，是另一位印度高僧达摩。达摩面壁九年，终成禅宗初祖。少林寺遂成禅宗祖庭。千古禅灯，一直传到今天。

少林寺常住院建筑在河南登封少溪河北岸，从山门到千佛殿，共七进院落，总面积约57600平方米，主要包括常住院、塔林和初祖庵等。常住院的建筑沿中轴线自南向北依次是山门、天王殿、大雄宝殿、藏经阁（法堂）方丈院、立雪亭、千佛殿。另外，寺西有塔林，北有初祖庵、达摩洞、甘露台，西南有二祖庵，东北有广慧庵。

寺周还有同光禅师塔、法如禅师塔和法华禅师塔等古塔10余座。

少林寺的不少文物是少林拳起源的历史见证。如白衣殿内的“少林拳谱”壁画，描绘了当年少林寺和尚练拳习武的真实情景：宏伟的寺院，张灯结彩，三十个身着短装，精神奕奕的健壮武僧，分成十五对，在演练少林拳，拳打脚踢，栩栩如生。除了行拳图外，殿内还有寺僧演练器械、挥舞棍棒的壁画，南北两壁有少林武术的“锤谱”，画面突出两个武僧摆开对打的架势，冲拳、拨掌对练。千佛殿是当年少林寺的练功房，地堂上还有四十八个寺僧“站桩”练拳的遗迹，砖铺的地面上留下两行直径约四五十厘米的锅底状圆坑，一个个间隔约两米半，据说是众僧苦心学艺，两脚踏踩而成，反映了古代少林寺僧苦练少林功夫的真实史迹。

除嵩山少林寺外，相传少林寺先后在全国各地建立了十几个分院。明代在福建九莲山又建立了一座少林寺，也以发展少林拳术著名，满清灭明后，不少拥明人士，不满外族统治，削发为僧投入少林寺，达宗和尚结交三山五岳英雄，创立佛教洪门，培育和发展洪门子弟，极力鼓吹反清复明，秉正除奸，南少林寺成为反清复明的大本营，洪门弟子的聚义厅，上上下下闪耀着精武强兵的刀光剑影，苦练杀敌本领。后来由于叛徒告密，遭到清政府派兵镇压，寺院被清兵烧毁。

思考题：想一想，僧人们为什么爱在深山里建寺修行呢？

（二）少林拳

少林寺

与少林寺齐名的是少林拳。

少林拳是中国传统拳种之一，得名于少林寺，是在中国古代健身术的基础上，吸收各种武艺之长而形成的古老拳术。作为一个最有影响力的流派，少林拳风格独特、动作刚健有力、朴实无华、擅长技击，在武术界中独树一帜，享誉天下。

少林拳从诞生之日开始，便与佛教的禅宗关系紧密。禅宗的禅法称为“壁观”，僧众们经常面壁打坐，参悟佛法。时间一长，不免周身疲惫，精神萎靡，加上达摩与弟子们居于深山密林之中，常受毒蛇禽兽的威胁。为保持身体康健，达摩和弟子们被迫不断地起来抻筋拔骨，舒展四肢，并模拟山民捕猎动物的各种姿势，创造了多种“活身法”和防身法。其中《易筋经》《洗髓经》《罗汉十八手》举世闻名。

而最晚于两汉时期，中原地区的武功已发展到相当水平，行气导引之术也已积累了比较丰富的经验。少林寺的和尚多数来自中原民间，不少人在出家之前就精通武术，一些武艺高强的人士不满封建制度，看破红尘，削发为僧，成为僧兵队伍的骨干，入寺之后又在僧众之间相互切磋传授。

少林寺僧又一向有兼收并蓄、善于学习的传统，经常到各地邀请武林高手到寺中传授拳法、棍法，发展少林功夫。所以能够广泛吸收僧俗两界的武功精华，不断总结提高，并有所发展创造。

少林武技名显于世，始于隋末唐初，少林寺方丈为了保护庙宇的安全，从寺僧中选出身强力壮、勇敢灵巧或善于拳击械斗者组织成一支专门队伍。最初，他们的任务是护寺，以后，寺僧参与了政治活动，武僧也进一步发展成僧兵。寺养僧兵，形成武僧。开始了有组织、严格的僧兵训练，操练棍棒。每日晨光熹微，武僧们同起而习之，冬练三九，夏练三伏，长年不断地刻苦练习武艺，对少林武术的发扬和提高起了很大的作用。

武僧昙宗、志操、惠汤等13人，技艺超群，应秦王李世民邀请，参加讨伐王世充的战役。出师大捷，解救了李世民，打败了王世充，活捉了王仁则。李世民登基后，重赏少林寺僧，赐少林寺大量庄田银两，扩建少林寺，准许少林寺成立僧兵队伍。昙宗被封为大将军，其余的人“时危聊作将，事定复为僧”。少林功夫，经受了实际战斗的考验，拳艺更有发展，开创了少林功夫的新时期。

少林寺极盛时期，占地一万余亩，大殿十四座，房屋多达五千间，寺僧发展到2000余众，其中武艺高强的僧兵多达500余人。

北宋时，少林高僧福居邀请18家武林高手入寺献艺。福居博采众长，去粗存精，汇成《少林拳谱》。在吸收各家武艺之长后，少林寺武功又逐步发展成为包括马战、步战、轻功、气功、徒手以及各种器械等许多种套路的武术流派，后代弟子结合中华民族固有之武技精华，融会贯通，发展充实成为名扬中外的少林功夫。

传说宋代的开国皇帝赵匡胤和民族英雄岳飞等人，也得过少林真传，赵匡胤喜爱拳术，传下太祖长拳，曾将他的拳书藏于少林寺。古代《少林拳术精义》一书说岳飞神力得自某高僧，高僧所授岳飞的神勇力法在反金卫国中功勋卓著。

金元之际，少林高僧觉远又与兰州高手李叟、洛阳名师白玉峰（后在少林寺出家，法号秋月）定交，三人同归少林，他们精心研究少林拳法，注意拳法的整理和传授，将少林拳中的“罗汉十八手”发展为七十二手，以后又发展到一百七十三手，第一次系统地整理出一套少林拳法。

从隋唐到金元，是少林武术不断发展并逐渐走向成熟的时期。

少林寺以武功名扬天下是在明清时期。明朝嘉靖年间，倭寇窜扰东南沿海，少林派武僧月空率领一众武僧勇赴沙场，开赴松江前线御倭抗敌，在战斗中，人人奋勇当先英勇杀敌，手持铁棒击杀倭寇甚多，屡挫敌焰，先后有30余人为国捐躯，用鲜血和生命为少林寺谱写了光荣的篇章。现在少林寺碑林与塔林中的石刻上，仍有当年爱国僧兵作战的记载。朝廷为表彰其功绩，在少林寺前建立旗杆和石狮。

嘉靖四十年（1561年），抗倭名将俞大猷（福建晋江人，其武功学于泉州）途经少林寺，指点拳术和棍法，并从寺中选人亲自传授武艺，历时三年有余，使少林棍术水平有了明显提高。后来，茅元仪在《武备志》中将少林棍术列为诸家棍法之首。至此，少林棍术已被公认为武术正宗。

明末清初之际，少林武术广泛吸收了北方许多拳派的精华，同时也吸收了南方的棍术和枪术，在本寺武功的基础上加以融合提炼，终于形成了内容广博、技艺精湛的少林拳系，全面取得了武术正宗的崇高地位。

辛亥革命前后，少林寺功夫进一步在民间发展，各地武馆林立，不少爱国志士为了推翻清朝统治，积极学习少林功夫。当时武术往往被用来作为革命的实战手段，许多地方纷纷建立“大刀队”“梭标队”，练武成风，在反清斗争中屡建奇功。

新中国成立后，党和政府非常重视少林武术的发展，许多省、市成立了武术协会和体校武术训练班，进一步推广和发展少林武术，少林功夫受到人们的景仰和喜爱，深深扎根于民众之中。改革开放之后，少林功夫再振声威，一个个武术训练班如雨后春笋开办起来，继承和发展我国少林武术遗产，并为国家培养了大批武术人才，在出国表演交流中为国家赢得了荣誉。

少林功夫并非一人所创，而是凝结了千百万人民的心血。少林武术在漫长的岁月中由中华民族无数武林高手发展流传下来，是中华民族智慧的结晶。

少林原分五大流派，有河南（嵩山）少林、福建少林、广东少林、峨眉少林和武当少林，每派中又分许多小派和门别，派别实繁。从地域上又可分为北少林和南少林两大流派。

有人说，少林有七十二般绝技，其实少林寺的密宗功夫远远不止这个数目，至少有一百二十种，像铁头功、铁裆功、铁喉功等都是鲜为人知的功法。作为外家拳的代表，兵器中虽是“一百零八般兵器”，但僧众最得意的技法还是棍，这与少林的精神不谋而合。“出家人以慈悲为怀”，棍，既不是利器，也没有那么多的修饰，简简单单一根白蜡杆，便在虎虎生风中将敌人制服在地。招式朴实无华，不取他人性命，却又不失杀伤力。出家人的与世无争尽显无疑。

综合以上，少林寺禅武合一，少林文化博大精深，以禅入武，习武修禅。“拳以寺名，寺以拳显”，一禅一武，闻名世界。

正所谓：退则参禅养性修道行，进则护寺报国救众生！

思考题：为什么说少林功夫是武术高手集体智慧的结晶？

二、少林门派的特点

作为一个最有影响的外家拳流派，少林拳法刚武勇猛，讲究内练精气神，外练手眼身，在武术界中独树一帜，享誉天下。少林拳在中国武术中分布范围最广，国内外都有习练者，有天下功夫出少林之说。

少林门派是中国武术中内容丰富、包含拳种最多的武术门派，武功套路据说高达700种以上。

少林派的功夫按性质大致可分为内功、外功、硬功、轻功、气功等。内功以练精气为主；外功、硬功多指锻炼身体某一局部的猛力；轻功专练纵跳和超距；气功包括练气和养气。

少林派的功夫按技法又分拳术、棍术、枪术、刀术、剑术、技击散打、器械和器械对练等共一百多种。

这些套路和软硬功夫，由于年代久远，散失很多，据不完全统计流传至今的有如下主要套路：

（一）拳术

少林派拳术有罗汉拳、小洪拳、大洪拳、老洪拳、少林五拳、五战拳、朝阳拳、连环拳、功力拳、潭腿、柔拳、六合拳、圆功拳、内功拳、太祖长拳、炮拳、地躺拳、少林拳、梅花拳、通背拳、观潮拳、金刚拳、七星拳、练步拳、醉八仙、猴拳、心意拳、长锤拳、五虎拳、伏虎拳、黑虎拳、大通臂、长关东拳、青龙出海拳、翻子拳、鹰爪拳、少林罗汉拳等。

对练拳术有三合拳、咬手六合拳、开手六合拳、耳把六合拳、踢打六合拳、走马六合拳、十五合里外横炮、二十四炮、少林对拳、一百零八对拳、华拳对练、接潭腿等。

少林派拳的特点是结构紧密，招式变化多，实用而灵活，刚健有力，勇猛快速，短小精悍，攻防兼备，以攻击为主。动作时，步催、身催、手催，出手快，落点狠，连续攻击，以迅疾见功夫。在练习少林拳时，不受场地限制，有“拳打卧牛之地”之说，可在狭小的范围内充分发挥威力，克敌制胜。

步法：步法要求稳固、进退灵活。运动多为直线往返，有拳打一条线之说。所有套路起落、进退、反侧、收纵都要求在一条线上活动。步架要求进步低，退步高，轻灵稳固，抬腿踢脚，轻如惊鸿、重如泰山，落步生根。

眼法：眼法讲究以目视目，眼注一点，兼顾上下左右。

手法：手臂击出曲而不曲、直而不直，曲防时含有攻意，直攻时含有守意。

身法：头竖不偏，随身变转，开胸直腰，进退出入，一切自如，动作整体表现为全身上下内外协调一致。起横落顺，掌握重心，不失平衡。

运气要气沉丹田。拳打一口气。缓急神其术，尽在一呼吸。其动作迅如闪电，转似轮旋，站如钉立，跳似轻飞。内外相合，以力催力。少林拳分南北两派，南派重拳，北派重腿，每派还分许多小派。

（二）棍术

少林派棍术有猿猴棍、风火棍、齐眉棍、大杆子、旗门棍、小夜叉棍、大夜叉棍、少林棍、小梅花棍、云阳棍、劈山棍、阴手棍、阳手棍、五虎擒羊棍等。

对练棍术有排棍、穿梭棍、六合杆、破棍十二路等。棍打一大片，一扫一劈全身着力。棍练起来虎虎生威，节奏生动，棍法密集，快速勇猛。它既能强身健体，又能克敌制胜，在历代抗敌御侮中，少林棍曾发挥过重要作用。

（三）枪术

枪是兵器之王。少林派枪术有少林枪、五虎枪、夜战枪、提炉枪、拦门枪、金花双舌枪、担拦枪、十三枪、十八名枪、二十一名枪、二十四名枪、二十七名枪、三十一名暴花枪、三十六枪、四十八名枪、八十四枪、六门枪势、十枪架、六路花枪、秘授枪谱三十六点、豹花枪等。

对练枪术有枪对枪、对手枪、战枪、双刀对枪、六合枪、三十六枪破法对练、二十一名枪对刺等。

少林枪术有一首歌诀是："身法秀如猫、扎枪如斗虎，枪扎一条线、枪出如射箭，收枪如捺虎、跳步如登山，压枪如按虎、挑枪如挑龙，两眼要高看、身法要自然，拦、拿、亢、点、崩、挑、拨，各种用法奥妙全。"

（四）刀术

刀是历代重要兵器之一，其中大刀被誉为"百兵之帅"。"刀如猛虎、枪似蛟龙"，刀术的演练一招一式都要有威武、凛冽的气概。

少林的刀有春秋大刀、梅花刀、少林单刀、少林双刀、奋勇刀、纵扑刀、雪片刀、提炉大刀、抱月刀、劈山刀、少林一路大刀、二路大刀、六合单刀、座山刀、六路双刀、八路双刀、太祖卧龙刀、马门单刀、燕尾单刀、梅花双发刀、地堂双刀、滚堂刀、单刀长行刀、五虎少林追风刀等。

对练刀术有刀对刀、二合双刀、对劈单刀、对劈大刀、单刀进双刀等。刀的使用特点是缠头裹脑、翻转劈扫、撩挂云刺、托架抹挑等，并有单刀看手、双刀看走、大刀看顶手，劈、撩、斩、刺似猛虎之说。

（五）剑术

剑术矫健、优美、豪放，自古至今流传深远。

少林派剑术有达摩剑、乾坤剑、连环剑、太乙剑、二堂剑、五堂剑、龙形剑、飞龙剑、白猿剑、绨袍剑、刘玄德双剑、青锋剑、行龙剑、武林双剑等。

对练剑术有二堂剑、五堂剑对刺、少林剑对刺等。剑诀："剑是青龙剑，走剑要平善，气要随剑行，两眼顾剑尖，气沉两足稳，身法须自然，剑行如飞燕，剑落如停风，剑收如花絮，剑刺如钢钉。"

（六）其他兵器械类

少林武术器械有长的、短的、硬的、软的、带尖、带刺、带钩、带刃的，多种多样，古有十八般兵器之说，近计不易胜数。除上述刀、枪、剑、棍以外，还有三股叉（南方又称大钯）、方便铲、套三环、峨眉刺、月牙铲、和戟镰、秀圈、方天画戟、双锤、大斧、双斧、三节棍、梢子棍、七节鞭、九节鞭、双鞭、刀里加鞭、绳标、虎头双钩、草镰、五合草镰、六合战链、戟头钩、梅花单拐、六合双拐、马牙刺、乌龟圈、双锏、日月狼牙乾坤圈、禅杖、大槊、风魔杖以及盾牌、弩等。

（七）器械对练及器械拳术对练套路

包括空手夺刀、空手夺枪、单刀对枪、空手夺匕首、棍穿枪、草镰合枪、梢子棍合枪、刀对枪、双刀进枪、眉齐棍合枪、单拐进枪、双拐破枪、拐子合齐眉棍、虎头钩进枪、马牙刺合枪、乌龟圈合枪、套三环合枪、方便铲合枪、月牙铲破双枪、九节鞭对棍、钢鞭对九节鞭、月牙合枪、月牙合锏、三节棍进枪、方天画戟进枪、三英战吕布、空手夺刀枪、和戟链进枪、三股叉进枪、大刀封枪、三节棍破双枪、峨眉刺进枪等。

（八）技击散打

少林派技击散打有闪战移身把、心意把、虎扑把、游龙飞步、丹凤朝阳、十字乱把、老君抱葫芦、仙人摘茄、叶底偷桃、脑后砍瓜、黑虎偷心、老猴搬枝、金丝缠法、应门铁扇子、拨步炮、少鬼擹枪等。

（九）气功

气功是少林功夫的一大类，少林寺流传的气功有“易筋经”“小武功”“站桩功”“益寿阴阳法”“混元一气功”等。更有世间少有的金钟罩、铁布衫、二指禅、一指禅等。

（十）软硬功夫

软硬功夫练法有多种，有卸骨法、擒拿法、点穴秘法、短打手法、各种用药法、救治法等。

少林功夫是十分宝贵的民族传统文化。因是以禅入武，习武修禅，最高境界是禅武合一，也就是武术禅。

禅是武的内在精髓，是对武的思想约束。禅武合一使修炼者达到了内修外化，进退有度，有益人生。

思考题：少林门派的功夫种类为什么那么多？

三、天下武功出少林

中华武术门派众多，追根溯源，大多都与少林寺有或多或少的关系。因此，有人感叹道：“天下功夫出少林”。这种结果，除了少林寺僧人本身努力的原因之外，还有以下因素：

第一，是数代当政者对少林寺的宽容和扶持，促进了少林寺武学的发展。

地理位置上，嵩山地处中原腹地，南北交通要道，自古以来就是兵家必争之地。为了保护少林寺的安全，历代当政者大多允许少林寺拥有自己的常规武装力量，即少林僧兵，允许少林寺光明正大地练习武术。这本身就促进了少林武术的发展。

都有哪些当政者鼓励少林寺练习武术的故事呢？我们来看：

隋末唐初（公元620年），李渊、李世民父子为了争霸天下，与盘踞在洛阳的隋朝大将王世充交战。在战斗的紧要关头，以昙宗为首的少林寺僧，活捉了王世充的侄子王仁则，并将其捆绑送至唐营，此举对唐军是一个极大的鼓舞，对王世充军队是一个重大的打击。不久，王世充投降，李世民军队获胜。李世民登基之后，为了感谢少林寺僧的帮助，数次下诏给予表扬，并且特别给予"封昙宗为大将军，赐田四十顷，水碾一具"的嘉奖。这次战斗给了少林武僧习武成名的机会，揭开了少林武术光辉灿烂的一页。贞观以后，不少名僧甚至还被唐王邀请到皇室参政议政。习武之风更加兴盛。少林寺僧"昼习经曲，夜练武略，修文不忘武备"，修佛习武成了少林寺世代相传的独特宗风，寺院武功在这一时期得到迅速发展，这也是少林武术成名于世和持续发展的动力。

北宋年间，福居和尚做少林主持时，受官府允许，曾邀请全国武术名流云集少林寺，举办类似于会武的大会，虚心与各派切磋技艺，取长补短，融会贯通，不仅使少林功夫名扬天下，而且确立了它无与伦比的地位。

思考题：金庸先生武侠小说中的武林大会与此有关系吗？

元朝，崇尚佛教，少林寺与皇家关系更加密切，元世祖命福裕大和尚住持少林寺，并统领嵩岳一带所有寺院。此时的少林寺，人数经常保持在两千人左右。寺僧习武队伍中，如智庵、智聚、子安、党训等，都是当时身怀绝技的名僧。

明朝，少林寺僧受命参与抗倭卫国的战争中，以棍为杀敌武器的"本寺武僧屡经调遣，奋勇杀敌"[①]。从嘉靖到成化的一百年间，少林寺僧先后三十多次应诏抗倭戍边。如顾炎武的《日知录》记述："嘉靖中，少林僧月空受都督万表檄，御倭于松江，其徒三十余人，自为部伍，持铁棒击杀倭甚众，皆战死。"

民国时期，少林武术曾是"国术研究馆"主要学习和研究的内容之一。但

①见少林寺万历二十三年七月碑文。

1928年，国民军冯玉祥部石友三与建国军樊钟秀战于河南，石友三攻占少林寺后，为泄私愤，便纵火焚寺，大火持续40余天，殿堂楼阁等古建筑全被夷为平地，大量珍贵文物也一同化为灰烬，给少林寺带来了灭顶之灾。

新中国成立后，政府不但拨专款修复少林寺，而且对少林武术的发展也十分重视。

第二，是广大志士仁人的融入。

寺院是相对的一方净土，一些武林高手常常会隐身其中。

历史上或因朝代更替，或因逃避斗争迫害，一些仁人志士遁入少林寺内。比如明末时，不少文人感叹国事日非，内忧外患，遂自觉习武，以图报国，一时文人习武之风大盛。满族入侵中原时，这些人纷纷参与武装抗清。失败以后，一些志士仁人耻于留辫子当新朝臣民，纷纷遁迹山林，削发为僧。他们大多有较高的文化素养，又有深厚的武术功底。在这样的历史背景下，民间的俗界武功与原有的少林武功再次交流融合，寺院武功在这一时期得到了迅速发展，使少林武功日臻精湛，成为中国武术史上一个引人注目的现象。

后来，一些有抱负的少林寺僧又投入社会活动中，或成为政治活动家，或在功夫上开宗立派，又壮大了少林功夫的名声，少林寺成为武术的集散地，来源于民间，又广泛散播于民间，促进了少林功夫的发展。

根据历史记载和民间传说，宋太祖赵匡胤、明太祖朱元璋、梁山泊英雄武松和鲁智深、开国功臣许世友等都在少林寺学练过拳。著名的作家鲁迅和中华革命的先驱孙中山先生也特意为少林寺撰写过文章。

第三，是少林武功作为匡扶正义的符号而让少林功夫美名远扬。

北宋末年，金兵南侵，少林寺武僧宗印受命率“尊胜队”和“净胜队”两军，进发潼关，与金兵对垒，报效国家。

明末之时，大批倭寇侵犯我以福建和广东为主的东南沿海地区，少林寺便数次派出僧兵前去援救，并与抗倭名将戚继光和俞大猷的明朝部队合作，共同抗击沿海来犯之敌，前后有16次之多。少林武僧战绩卓著，遂使少林威名传遍天下。盛名之下，少林武功渐渐演化为匡扶正义的文化符号。

第四，是历史上三次大的移民，使得少林功夫南移，扩大了其影响。

第一次是在两晋之间，当时就有一部分北方人辗转到福建。第二次是在唐末。第三次是在两宋之际，这些从北方移居他乡的人被称为“客家人”。其中尤其以第三次最盛。北宋靖康二年，金攻破宋都东京，掳走徽、钦二帝，也就是当时的“靖康之耻”。不久，北宋灭亡，南宋建立。北方汉人迁居南方，其总数达百万人之多。这三次南迁的主要起点都是以河南为主的中原地区。众所周知，少林寺就在河南境内，因此北派武功带入南方也是理所当然。随着经济重心的不断南移和大规模的民族融合、文化等多方面的交流，这就为南拳的兴起和完善提供了得天独厚的条件。

翻阅历史，我们会发现，南派拳术中大多都与少林寺有关系。比如黄飞鸿的洪拳，还有现在热遍全国的咏春拳都与少林有关系。咏春拳，少林嫡传武技之一，少林六点半棍更为练习咏春拳所必修的兵器。

小卡片

真实的黄飞鸿

黄飞鸿（1856年7月—1925年4月），原名黄锡祥，字达云，号飞鸿。生于佛山市南海县，黄飞鸿是清朝末年的洪拳大师，岭南武术界一代宗师。自幼随父黄麒英（晚清“广东十虎”之一）习得虎拳、鹤拳，尽得家传功夫。传其平生绝技有双飞砣、子母刀、罗汉袍、无影脚、铁线拳、单双虎爪、工字伏虎拳、罗汉金钱镖、四象标龙棍和瑶家大耙等。尤精虎形诸势，故在武林中享有“虎痴”之雅号。曾先后被提督吴全美、黑旗军首领刘永福等聘为军中技击教练。

清中叶，广东洪拳与刘、蔡、李、莫并称为五大名拳。黄飞鸿对洪拳进行了较为全面的整理，对洪拳的普及和振兴起到了重要的作用。

黄飞鸿医术精湛。光绪年中，他在广州仁安里设“宝芝林”医药馆，医治跌打损伤，其驳骨疗伤之技，时称一绝。

黄飞鸿还将民间传统艺术醒狮进行挖掘、整理，在原有的南派醒狮技艺的基础上，融舞蹈、武术、杂技、力度、美学于一体，形成新一派醒狮。

第五，是由少林拳理而悟出的内家拳更让少林辉煌。

内家拳一词，最早出现于明末清初学者黄宗羲收入于《南雷文案》中的一篇文章《王征南墓志铭》。这篇作于康熙八年（1669年）的文章中称：

“少林以拳勇名天下。然主于搏人。人亦得以乘之。有所谓内家拳者。以静制动。犯者应手即仆。故别少林为外家。” 这里黄宗羲提到“内家拳”名称和概念，是迄今发现的最早的文字记载，所说的以静制动的内家拳显然是相对于主动搏击人的少林拳而言。这里内家拳是同少林拳并列的一个拳种。

黄宗羲之子黄百家在《内拳家法》中的记载同黄宗羲的说法基本一致。他说：“张三丰既精于少林，复从而翻之，是名内家。得其一二者，足以胜少林。”可以这样说，内家拳是对少林拳的创新与发展。

第六，是《少林寺》电影让少林功夫美名远扬。

1982年，香港中原影业公司根据少林寺十三武僧助唐王李世民击败王世充，拍出了功夫片《少林寺》。这部片子当时创下一个亿的票房，《少林寺》上演后，在全国掀起一股“武术热”，每年来少林寺、郑州、登封求师学艺的人达数万人。少林武术空前繁荣，少林寺、少林武术获得了极高的精神地位。

少林功夫对当时的青少年产生了很深远的影响，一些热血青年学生甚至弃学，偷偷跑到少林寺学习武功。而造成这一切的原因仅仅是他们觉得觉远和尚等众和尚功夫了得，而他们就单纯地崇拜着，私底下也偷偷地按照电影里的镜头反复练习。影响人们的还有少林寺和尚那种精神：为了正义而不怕牺牲、为了大众的利益而牺牲自我……同时还有就是生动形象地阐释了“君子报仇，十年未晚”的思想。

《少林寺》里的少林功夫不但在中国引起了巨大的反响，而且在国际上也备受推崇。一时间外国人对中国少林功夫、中国文化产生了浓厚的兴趣。少林寺从此也热闹非凡，来参观、游览的人络绎不绝。日本、韩国、东南亚等地的人们对少林武功推崇之至，欧美武术热爱者们都伸着大拇指称少林寺为“功夫圣地”。

近年来，少林武功的名气如日中天，以“少林”冠名的各种武馆遍布大江南北。俄罗斯总统普京曾专门到少林寺参观，观看少林拳。

由于以上因素，少林寺、少林武功的名气如日中天。很多练武者以能与少林扯上关系为荣，以“少林”冠名的各种武馆遍布世界，要说天下武功出少林，少林神功盖天下，真的不虚此言。

小卡片

电影《少林寺》

《少林寺》于1982年1月21日在中国香港公映。

该片由张鑫炎执导，薛后、卢兆璋编剧，李连杰、于海、丁岚、计春华、于承惠联袂主演。中原电影制片公司制作。

该片讲述的是隋唐年间，隋将王世充的侄子王仁则（于承惠 饰）在督建河防工事时，杀死了起来反抗的神腿张，神腿张的儿子小虎（李连杰饰）逃亡至少林寺被少林武僧昙宗所救。小虎为报父仇，拜昙宗为师，习武少林，并落发为沙弥，法号觉远。一日，李世民偷渡黄河被王仁则兵马围困，觉远等施计解救。王仁则诬陷少林寺内有人通敌谋反，准备灭掉少林。众僧浴血奋战，昙宗战死。此时李世民率兵返回攻陷洛阳，王兵哗变，王仁则被觉远手刃。为继承昙宗遗志，觉远受戒为僧，肩负武林统领。唐太宗谕立僧兵，并立碑表彰众僧义勇。自此，少林习武风盛，名传四海，威震四方。

《少林寺》是一部在武打电影史上具有划时代意义的作品，它一反旧式武打片中那种纯表演的花架与镜头技巧的卖弄，通过李连杰和他的一班武术队员们朴素真实的功夫让观众真正欣赏到了中国功夫。片中李连杰的一招一式刚柔相济，于海的螳螂拳出神入化，胡坚强的地趟拳腾落舒展，于承惠的醉剑游龙似凤，还有那武戏的对打，都值得琢磨。《少林寺》的轰动成了李连杰的成名之作，他饰演的光头和尚觉远的形象已成为一个时代的印记。

《少林寺》中演员的拳脚功夫个个了得，没有令人目眩的特技，令世人看到了中国功夫真正的魅力，在全世界掀起了武术热。1982年，内地公映后，以0.1元钱的票价创下了1.6亿多元的票房纪录。

以今天的眼光来看，电影《少林寺》在剧情上也多少存在着一些不合理的地方，但瑕不掩瑜。影片一镜到底的拍摄手法，酣畅淋漓的动作功夫，以及那深入人心、匡扶正义的武僧形象，都说明了《少林寺》确实是中国电影史上一部时代佳作。

第二节 中定圆活的太极拳

在中国武术发展史上，大开大合、偏刚偏直的少林拳独霸武林多年，一直到明末清初，一反传统武术特点，以“以柔克刚”“舍己从人”“四两拨千斤”为风格特点的太极拳面世，给武术拳种丛林注入了新的生机。太极拳的技击理念是技击术的革命，是对武术技击理论的创新和发展，与中国人的性格特征更符合，更值得人们去研究和关注。

一、太极拳的概念与起源

（一）太极拳的概念

太极拳，国家级非物质文化遗产，是以中国传统儒、道哲学中的太极、阴阳辩证理念为核心思想，集颐养性情、强身健体、技击对抗等多种功能为一体，结合易学的阴阳五行之变化，中医经络学，古代的导引术和吐纳术形成的一种内外兼修、缓慢轻灵、刚柔相济的传统拳术。

（二）太极拳的起源

关于太极拳起源的问题的确有待深入研究。现在综合起来大致有以下几种说法：

第一种说法：明末清初河南温县陈家沟陈王廷所创。

陈王廷创拳说目前是主流，2007年3月20—22日，“中国民间文化之乡专家组”专程到温县陈家沟进行了实地考察，通过专题汇报、观看录像、审查史料、古迹考查、专家论证，最后一致认为，温县陈家沟是中国太极拳的发源地，焦作市温县被中国武术协会命名为“中国武术太极拳发源地”，这是目前官方认可的。牌子就挂在温县陈家沟。

陈王廷大概生活在1600—1680年，明末武庠生，清初文庠生，曾任温县“乡兵守备”，在山东扫荡群匪。在他年老隐居期间，依据祖传之拳术，博采众家之精华，结合太极阴阳之理，创造了一套刚柔相济的太极拳。但这一说法一直以来都遭到质疑，因为陈王廷创拳说最重要的证据来自《陈氏家谱》，陈王廷名字旁注有“陈氏拳手刀枪创始之人也”，他的一首遗词中确有“造拳”一语，但没说造的是太极拳，很多人认为他造的可能是陈家世传的“炮锤”。

第二种说法：元末明初武当山道士张三丰所创。

张三丰创拳说，经金庸所著的《倚天屠龙记》和李连杰主演的《太极张三丰》的强化家喻户晓。实际上，明清史料中连张三丰死而复生这样的神异都有记载，就是没提他会拳脚。把他和太极拳联系起来大概是20世纪的事情。比起少林功夫、太祖长拳，太极拳诞生较晚，但人们为了凸显一件东西的分量，喜欢往久远、往名人身上联系，就像成书于战国时期的医书《内经》非要署黄帝的名才觉得更有公信力一样，这一点可谓是文武殊途同归。

第三种说法：王宗岳创拳说。

有关王宗岳的争论没有停止过。原因是武氏太极拳的创始人武禹襄，在1852年见到一篇署名为王宗岳的《太极拳论》，这篇文章是太极拳经典文献。许多人认为杨露禅和武禹襄正是依据此文的理论对学自陈家沟的拳法进行了改造和完善，并将所练之拳命名为“太极拳”。但就是这样一个对太极拳发展做出重大理论贡献的人，人们的认识也不一致，只推测他大概是乾隆年间人，持陈王廷创拳说的认为他学自陈家沟；也有人干脆否认王宗岳的存在，认为那只是个假托的名字。

第四种说法：认为太极拳古已有之。大约自南朝韩拱月、程灵洗开始，经唐朝的许宣平、李道子，宋朝的程珌，元朝的张三丰，明清的王宗岳、蒋发，清中叶的陈长兴发展起来的，至河北广平府杨露禅扬名于世。

还有一种观点认为，根据2003年在焦作博爱县唐村发现、编纂于清康熙五十五年（1716年）的《李氏家谱》记载，认定太极拳前身系唐初吴道子的太极养生功，明末时唐村李仲、李岩与温县陈家沟陈王廷表兄弟三人在此基础上创编了十三势拳和无极功、通北拳等。李家这一脉最后传给了清乾隆年间写出《太极拳论》的王宗岳。持此观点的以程峰（河南济源人，焦作师范高等专科学校教授）、魏美智（河南博爱人，博爱县地名办公室工作）等为代表。

思考题：你认为太极拳的创立最有可能的是哪一种情形？

小卡片

陈家沟

陈家沟原名常阳村。明洪武年间，山西泽州人陈卜举家搬迁到这里，因为村中有三条南北走向的深沟，随着陈氏人丁兴旺，改为陈家沟。

明末清初，陈家沟陈氏第九世陈王廷（1600—1680）年老在家，“闷来时造拳”“教下些弟子儿孙”，留下陈家拳法。至十六世清末岁贡生陈鑫（1849—1929）著《陈氏太极拳图说》，全面总结了陈氏数代宗师所积累的传承实录和实践心得，为陈式太极拳的传承与弘扬做出了卓越的贡献。

清嘉庆年间，陈氏第十四世陈长兴摒弃门户之见，将陈家拳传给外姓人杨露禅，杨露禅学成入京与人比武未遇敌手，被誉为“杨无敌”。太极拳始扬名于世。

至于太极拳这个名称是什么时候出现的，也有两种说法。

其一是说，1864年，同治、光绪二帝帝师翁同龢在观看杨露禅武艺后曾大加赞赏：“杨进退神速、虚实莫测、身似猿猴、手如运球，犹太极浑圆一体也”，并书赠“手捧太极震寰宇，胸怀绝技压群英”相祝贺。自此，杨露禅所创的杨式太极拳名扬天下，使太极拳从民间武术登上了华夏武术的大雅殿堂，成为国粹。

其二是说，武禹襄偶然拿到了王宗岳的《太极拳论》以后，将书上的描述与现实中人们练习的拳术对照后，发现有一种拳术的特点就如同书中所述，这种讲究虚实变换，打起来如同行云流水般的拳术才被称作太极拳。

从学术研究角度来看，目前还很难断定究竟是何人何时何地创造的太极拳，但是可以肯定的是，太极拳绝非一蹴而就，必然有一个萌生、发展、壮大、成形的过程，是经过数代人努力形成的，他们就包括武术大家陈清平、陈长兴、杨露禅、武禹襄、吴鉴泉、孙禄堂等宗师，是他们的追求、发展、完善，最终形成了中华民族的精粹——太极拳。这也正说明了太极拳的源远流长，博大精深。

还可以肯定地说，陈式太极拳是河南省温县陈家沟人所创编。并且陈式太极拳问世之初，只在本家族内部传承，大概直到清朝咸丰、同治年间（1851—1874年）才逐渐外传，并以北京为中心，衍化出杨、武、孙、吴四大流派，迅速流布全国。如果说直到清朝中期之时，太极拳还只是一个拳种的话，那么到了清末民初，杨、武、孙、吴各成一派，成了五花竞放之势，大名鼎鼎的太极拳系才算真正形成。它是中国诸大拳系中形成最晚的一个，但恐怕也正因为如此，它又成为中国诸大拳系中最富有活力的一支。

太极拳的拳理拳法，归纳起来有下列三个方面的来源：

一是综合吸收了明代名家拳法。明代武术极为盛行，出现了很多名家、专著和新拳种，太极拳就是吸取了当时各家拳法之长，特别是戚继光的三十二势长拳而编成的。

二是结合了道家导引、吐纳之术。太极拳讲究意念引导，气沉丹田，讲究心静体松、重在内壮，所以被称为“内家拳”之一。

三是运用了中国古代的阴阳学说和中医经络学说。以意行气，通任督二脉，练带脉、冲脉。各式传统太极拳也皆以阴阳五行学说来概括和解释拳法中各种矛盾变化。

太极拳的出现是中国武术史上一次了不起的革命。它把技击与导引吐纳之术合二为一，以意念为指导，以经络为基础，以螺旋、缠绕为基本运动形式，以意行气，劲由内换，柔中有刚，刚柔相济，使中国武术步入了更高的文化境界。

在技击原则上，太极拳是一种重在防御、以守为攻、以退为进的拳术，用老子的话说，就是“不敢为主而为客，不敢进寸而退尺”。

思考题：为什么说太极拳的出现是中国武术史上的一次革命？

二、太极拳的特点

（一）太极拳具有浓厚的传统文化内涵

太极拳创造之初是根植于传统哲学、医学、拳学以及众多的古典文化基础上，随着哲学全面而深刻的渗透，形成了独特的拳术运动思想，同时兼收并蓄古代医学、兵学、美学等，逐渐形成了融拳、哲、医三理于一身，具有技击和健身等多重功能的优秀传统运动项目。到目前为止，在中国的诸大拳系中，太极拳始终具有文化层次上的明显优势。太极拳在明末清初一经产生，就极大地丰富了中原文化，并在较短的时间里很快成为中原文化的核心内容，有力地巩固了中原文化在中国文化中的地位。太极拳以中国传统文化理论为基础而创编，致使太极拳的发展必然具有其独特的文化特色。不仅如此，太极拳还对繁荣和丰富中国民族文化产生着巨大而深远的影响。研究太极拳的著作，不仅数量繁多，而且有理论深度。文化优势，大概就是太极拳的活力所在吧！

从拳理方面看，太极拳是一种拳术运动，符合拳理，具有技击性。这里的拳理是指太极拳动作本身符合攻防规律，具有攻防含义，能产生一定的攻防实效，这是太极拳运动与体操、舞蹈、导引等其他运动的本质区别。不管太极拳的技击功能是否在衰退，有一点不能否认，从动作属性来看，太极拳必须是以练习技击动作为手段，来实现健身、技击等多重功能。作为太极拳动作所具有的技击性必须保留在套路里，体现在动作中，这将成为太极拳区别于其他运动的本质特点，是衡量太极拳动作正确与否必不可少的一条原则。换句话讲，就是太极拳动作必须符合拳理，这也正是太极拳之所以称为“拳”的道理所在。

太极拳强调黏。太极的黏是通过系统的推手训练而获得的听劲、黏劲，是太极拳为中华武术训练系统做出的最大、最有效的训练方法。

太极拳强调“虚中”。太极拳、八卦掌、形意拳本质如一，都崇尚“中和”，但是技法却各有特色。其中，太极拳讲究“虚中”，八卦掌讲究“空中”，形意拳讲究“诚中”。

太极拳修炼者的身体中线或者重心是虚幻不定的，能随着对手而变，而且多半还是借助对手的力量而改变，始终让对手摸不准、打不实。因为移动整个躯干或者身体重心要比移动局部要费力得多，所以，直接快速躲闪对手的进攻非常费劲，但是，如果有人推上一把，则要容易得多。因此，太极拳要求习练者训练好身体的灵敏度和弹性，以能在不受伤害的情况下吸收对手进攻时传递过来的能量为己所用，从而能在对手进攻之时借助对手的力量顺势调整自己的中线或者重心，始终不让对手打实。

太极拳的防守极为有趣，既不与对手硬顶，那容易造成伤害；也不一下子闪得远远的避开对手攻击，那样不经济。只稍微调整中线的位置正好避开对手的攻击即可，而且，调整中线位置的力量还有一部分是由对手进攻时给来的。显然，太极拳的防守无疑是最经济、省力的，而且，这样的防守非常有利于发现对手的空当并实施有效的反击。

从哲理方面看，太极拳具有很深的哲理性，充满辨证思想。太极拳讲求以静制动，以柔克刚，以弱胜强，以慢胜快，以少胜多，以巧胜拙，最忌以拙力死拼滥打，最忌硬顶硬抗。这是一种蕴含着深奥哲理、充满了智慧的拳种，它集中体现了中国人的处世之道，体现了中国人对人生、对宇宙的悟解，可谓中国传统文化的一种特殊表现形态。从哲学角度来看，太极拳被誉为“哲拳”，这不仅是由于太极拳的称谓带有浓厚的哲学意味，也不仅是由于太极拳动作要领蕴含着深刻的哲学思想，而是由于传统哲学思想对太极拳的全面渗透，形成了独特的运动思想、特别的技术要求、突出的价值功能，是一种特殊的拳术。正如杨澄甫所说：“中国之拳术，虽派别繁多，要知皆寓有哲理之技术……太极拳，乃柔中寓刚，绵里藏针之艺术，于技术上、生理上、力学上，都有相当之哲理存也。”如果说哲学对各门拳术都有影响，那么对太极拳的影响则是最全面、最系统、最深刻的，恐怕没有哪一门拳术能与之相媲美，从古老的《周易》到宋明理学的古典哲学，都对太极拳具有不同程度的影响。

从医理方面看，太极拳吸收了传统医学的经络、俞穴、气血、导引、藏象等理论，符合医理，具有健身性。传统医学的导引吐纳之术被太极拳直接吸收，“形与神俱，不可分离”“独立守神，肌肉若一”的医理，被太极拳吸收为“形神兼备”“内外兼修”“以意导动”的拳术特点。

（二）太极拳是高度和谐的身心运动

从运动角度看，太极拳的特点是意识（心）、呼吸（息）、动作（身）三者和谐统一的运动，不同于简单的机械式周期性运动，也不同于相对静止的纯气功式运动，还不同于无攻防含义的导引运动。运动时要求用意识引导动作（注意是具有攻防技击性的动作），所谓“内不动，外不发”，同时配合呼吸，使身心同动，产生高度和谐精微的运动，做到“神为主帅，身为驱使”“动之则分，静之则合”“一动无有不动，一静无有不静”“动中求静”“气如车轮，腰如轴”“如环无端，绵绵不断”“专气致柔，纯任自然”“静如山岳，动若江河”等，所有运动过程都是阴阳对立的统一体。

（三）陈式太极拳的技术特点

陈式太极拳主要技术特点如下：①缠丝劲明显，动作呈弧形螺旋，一动内外俱动；②刚柔相济，柔中寓刚；③动作要和呼吸运气相结合；④快慢相间；⑤套路架子分高、中、低三种，适合各种年龄的人演练。

陈式太极拳

（四）杨式太极拳及特点

杨式太极拳是杨露禅在陈式太极拳和大洪拳基础上，结合道家修炼方法进行综合改造，创编出的一套不同于其他内家拳的新拳法。因此，杨家祖辈几代以及他们的传人，都认可自己所练太极拳的道家渊源，并坚持推崇敬重本门太极拳的先祖——张三丰。这些无论是在杨家祖传《三十二目古拳谱》中，还是在其他杨式太极拳著述里都有明确的表达。

24式太极拳

杨式太极拳特点除了姿势舒展大方、速度缓匀、刚柔内含外，尤注重“以格致参入技击”，讲求修心，格物致知，应物自然，无为而为，诸事顺遂，舍己从人，不战而胜，“入于不见不闻之化境”，是对太极拳精髓的最准确的表述。

小卡片

真实的杨露禅

杨露禅（1799—1872年），直隶省广平府人，杨式太极拳创始人。杨露禅自幼习洪拳，后到河南温县陈家沟跟从陈长兴学拳十八年，艺成后返回家乡永年县设坛教拳，名震乡里。后来又被荐到北京教拳。杨露蝉到北京后，清代王公贝勒等从其学拳者很多，被任命为旗营武术教师。被请至王府授拳时，因众多弟子大都出身高贵，礼遇有加，使得太极拳的社会地位和影响力非同一般。因每在与别的门派武者比武较量时，武艺高超，所向无敌，遂被誉为打遍京城“杨无敌”。杨露禅所教拳架，后经其子、孙修改，定型而成杨式太极拳，并发展成大架、小架两种套路。其特点是姿势舒展大方、速度缓匀、刚柔内含、轻沉兼有，在京、津一带影响很大。

三、太极拳的运动形式

根据太极拳完整的技术体系和运动属性，我们可以将其分为：

（一）功法运动

太极拳运动包括必要的基本功（如柔功）和特殊功法（如站桩功、意功、劲功等）。功法运动主要是为学练太极拳打基础，即从心理方面和生理方面做准备，一般从桩功开始练习，获得必要的身心能力。

（二）套路运动

套路运动包括徒手、器械两类。一般要先练徒手套路，后练器械套路。套路运动目前已成为习练太极拳的主体内容，许多拳家都认为盘架子（练套路）十分重要。

（三）推手运动

推手运动是用来检查套路练习的正确与否的，掌握“知彼”功夫，实现太极拳“用”的功能。

推手

从步法上分有定步、活步、自由步；从手的参与数目上分有单推手、双推手；从方向、角度上讲又分为四正、大捋推手等。

（四）散手运动

包括太极拳特有的散手方法以及其他功夫如点穴、抓闭等技法。散手运动应建立在以上各项运动基础上，否则，难以掌握太极拳的散手方法和特点。

以上各种运动形式既相互独立，又相互联系，不能完全割裂开，可以相互交叉练习，如边练套路边练推手，互相参证，提高拳艺。

思考题：为什么历史上实战性很强的太极拳，今天好像不能实战了？

第三节　形气合一的苌家拳

有人说，少林拳太过于刚直勇猛，太极拳又显得有些过于阴柔。有没有风格特点介于二者之间的拳术呢？如果说有的话，当然首推苌家拳。苌家拳诞生于河南荥阳汜水，在地理位置上处于少林拳发源地登封少林寺、陈式太极拳发源地温县陈家沟之间。独特的地理位置，两种不同风格的拳种，给苌家拳打上了独特的烙印。对此，不可不重视。

一、苌家拳的概念

作为少林、太极两大拳系的发源地，中原不仅以其丰厚的武术资源对全国产生了强大的辐射作用，同时又以其博大的胸怀，对其他地域的武术文化表现出高度的包容性和吸纳融汇能力。苌家拳就是一个例证。

“苌家拳”又称“苌门拳”“苌氏武技”，由清代乾隆年间河南荥阳汜水人苌乃周（1724—1783年）所创，是以培养中气为拳技学理、以二十四字拳为基本技术内容、自成体系的内功拳派。苌家拳现存内容分为桩功功法和套路两大类。桩功功法包括文修和武练两种。套路包括拳术、器械和对练三种。苌家拳是河南影响较大的三大著名拳种之一，流行于荥阳、巩义、新密、开封、安阳等地。迄今已有200多年的历史，目前仍经常出现在民间及武术比赛中。

苌乃周，字洛臣，汜水县苌家村（今荥阳市王村镇后新庄）人，出身于世代书香门第。苌乃周是岁贡生，但自幼即痴迷武术，读书之暇，唯以练武为乐。他每次出门，必用手抓门前的一棵树的树干，久而久之，树皮都被抓掉了。虽屡遭兄长训诫，而痴情不减。初无师承，后遇蜀人梁道，与其谈技击诸术。通过向梁道学习，得悟阴阳相生、刚柔相济之理，武功大进。

明末时，又有虎牢关人张八以武功驰名。相传张八刀枪剑戟，无不精通。尤其是他的神拳二十九势，世无敌者，时称“神手张八”。苌乃周非常敬仰他，私下尊张八为师，尽得其术，后来又得到少林派传人、精罗汉拳法的洛阳人闫圣道指点，颇有进益。

苌乃周又拜焦作博爱唐村李鹤林为师，研习千载寺太极拳法，并曾造访温县陈家沟，为陈氏第十二世陈继夏所败，二人遂定交，苌乃周从陈继夏学得太极内劲，同时将自己创编的子午鸳鸯钺套路传给陈继夏。

苌乃周深研易经，洞彻道家哲学的阴阳起伏之理，在融汇少林、太极、峨眉三大拳派精华的基础上，苌乃周独出机杼，勇于探索，于少林、太极之外自创出独具一格的苌家拳。苌家拳拳法以正大淳厚的功力、奇幻莫测的技击打法、独有的形神风格套路而自成体系。《汜水县志》记载：“时拳棒术最发达，乃周既著名四海，英杰联袂来谒，一时轰动远近。”

苌乃周思想颇为开明，他一反历来武林中视武技为私秘的门户之见的传统，合少林、太极、峨眉诸家之长，取其精华，创编新拳，而且一一著书立说，广传弟子。苌乃周撰有《养炼全书》，含《二十四字拳谱》《中气论》《龙虎斗》《吕仙剑谱》四种；另撰有《青龙出海谱》（附《猿猴棒》）、《三十六枪谱》《猴势谱》等。苌乃周所著各书，每个动作均绘图说明，并附有歌诀短文，详析其动作转折及用法，以便读者照式练习。

思考题：总结苌乃周创立苌家拳的过程，你有什么启示？

二、苌家拳的特点

苌乃周武学思想的核心是炼气之说。他著有《中气论》数十篇，详论炼气诀窍、手法打法，是中国武术内功的宝贵文献。

苌乃周独创“二十四字拳”，即阴、阳、承、停、擎、沉、开、入、尽、崩、创、劈、牵、推、敌、吃、粘、随、闪、惊、勾、连、进、退，又有“二十四字正势”与“二十四字偏势”之分，每一个字均代表一个动作。这套二十四字拳，完全从实战出发，摒弃一切花哨的动作，不纵不跳，不求美观，而务求技击效果。

苌氏武功技法精湛而实用，苌氏武技功法、套路、拳理以其独特的魅力深受武林名家推崇。苌家拳拳法基本功有推手功、单鞭功、斜行功、闪手功、四式连环套路等入门功法。拳法套路有似猛虎神威形象的白虎拳、黑虎拳；似游龙翻腾的青龙出海拳；似毒蛇阴狠的双蛇拳；苦练拳法一百零八式的炮拳；快攻直进、连环技击的二十四大战拳；注重养身练气、开筋摧骨的二十四式气拳；式式刚力突现、凶猛于形的二十四字功力拳，犹如猿猴轻灵、刚柔相济的猿猴拳等多种。兵器套路可用“稀绝”来形容其精奇不凡，有神奇的三十六枪；有吕祖双剑演化而来的苌氏双剑、单剑；有形似猿猴动态、轻灵实用的猿猴三十六棒、二十四棒；有功法全面的一百零八枪。

苌家拳招式、动作的形体表现为：头如蜻蜓点水，拳似山羊抵头，腰如鸡鸣卷尾，脚似紫燕穿林。在格斗技击应变中，与敌交手意到、气到，阴阳循环，行气、发力刚柔相济，节节贯穿，以内达外，虚实变幻，使敌不知我之虚实，我见势借力打力、破敌重心，以神气震惊敌胆，招式连环疾快，使敌不及应变而被击倒。有些动作颇为奇特，乍看似不雅训，而恰得击人之要。

苌家拳

苌乃周所传弟子众多，以柴如桂、高六庚、李发文三人最为著名，另有傅小德、姚老九、张玉琳、秦成宗、唐清廉等亦以拳技著称，再传弟子中以刘廷琳、张书林最为出色，而荆方中、席太山则以私淑弟子而成名。苌氏后裔中，苌连登、苌德普、苌克俭等皆为一代名师。

乾隆四十八年，59岁的苌乃周去世。河南巡抚徐攀桂吊赠诗云："南游楚蜀西游秦，不见成皋苌洛臣（苌乃周字洛臣）。回首梁垣都是梦，满门桃李竞如神。拳宗武穆根源正，枪接桓侯衣钵真。盖世英雄今渺矣，升堂入室有三人。"

思考题：苌家拳没有少林拳、太极拳那样广泛流传的原因是什么？

第四节　河南派形意拳

在中原大大小小的几十个拳种中，形意拳因其硬打硬进的凌厉攻击风格、朴素易练的特点受到人们热爱。形意拳由山西人姬际可于明末清初创立，后经河南新安人王自诚、洛阳人马学礼传承推广，在中原大地以心意六合拳、心意拳之名传播开来。为便于描述，这里称为河南派形意拳。

一、河南派形意拳由来

如果说太极拳以轻灵圆活的风格在内家拳中独领风骚的话，那么形意拳则以其硬打硬进、电闪雷鸣般的风格在内家拳中独树一帜。

形意拳又叫心意拳或心意六合拳，与太极拳、八卦掌并称为内家三大拳种之一。形意拳基本属于象形拳，系摹仿一些动物的捕食及自卫动作创编的，即所谓"象形而取意"。

形意拳出现于明末清初之际，创始人系山西人姬际可。旧时有人说形意拳为达摩所创，或说为岳飞所创，均为附会之辞。

姬际可字龙峰（一说为隆丰），祖籍山西洪洞，明初迁居蒲州（今山西永济）。姬际可生活在明末清初，遭逢乱世。相传他早年曾到河南嵩山少林寺学艺十年，颇得少林秘传，尤精枪术。他考虑到眼下正逢乱世，尚可执枪护身，倘若处于太平之世，不带兵刃，一旦遇到不测，将何以自卫？于是他潜心钻研，变枪为拳，取"以意为始，以形为终"之意，创编出形意拳，在晋中教授子弟，人称"际可拳"。据乾隆五十五年（1790年）手抄本《姬氏族谱·卷二》记载，姬际可"技勇绝伦，老年破流寇于村西，手歼渠魁，人号'神枪'"。

姬际可的首传弟子，除了他的六个儿子以外，还有一位"南山郑氏"。南山郑氏再传安徽贵池人曹曰玮（字继武）。曹曰玮系康熙甲戌科（1694年）武状元，官至陕西兴汉镇总兵，于康熙四十五年（1706年）卒于任。曹曰玮传新安人王自诚，王自诚又传山西祁县人戴龙邦及河南洛阳人马学礼。

戴氏乃祁县首富，其产业素有“一座南山半座城”之称。戴龙邦回山西原籍后，传其子文英、文雄，于是形意拳又回传山西，形成山西一派。戴文雄传直隶（今河北省）深县人李洛能（商人，名飞羽）。李洛能晚年回直隶原籍，传授弟子较多，由此形成河北一派。

马学礼是河南派形意拳最具代表性的传承人物。马学礼是回族，祖居洛阳东北邙山脚下的马坡村。因为儿子不爱习武，马学礼就把技艺传给外甥马兴、马三元，以及南阳人张志诚，由此形成河南一派。河南派形意衍化为两支：一支为马兴所传的洛阳系，一支为张志诚所传的南阳系。

马兴乃文武全才，他熟读兵书，曾任四品武职。马兴把舅父马学礼的每一个单把（即单式）发展成一个小套路，变成左右二式的单趟拳法，并创编了一些套路，使河南派形意日臻丰富完善，形成独特风格。马兴撰有《洛阳圣行心意六合拳谱》，珍藏于家，可惜在抗日战争期间遗失。马兴传儿子马梅虎，以及刘万义（马梅虎的表弟，其拳艺多由马梅虎代父传授）等。

马梅虎传人甚多，较著名的有金乐、巴诚义、马文升、张家盈、张四辈、孙福生、孙茂林、孙大来等。在此之前，河南派形意只在回民内部传授，人称“教门拳”，从马梅虎起才打破了这个规矩，传给汉民。马梅虎的汉族弟子有吴抓子、权天才等。刘万义传女儿大翠，以及马梦乐、马振太等。

洛阳一系至今仍主要在洛阳地区流传，拳路较多。

张志诚所传的南阳系流传较广，今河南各地（除洛阳外）的形意拳名师，多是南阳一系的传人，并远传至其他省市。

张志诚择徒极严，得其真传者只有李政一人。李政是张志诚的外甥，河南鲁山人，以保镖为业。李政传朋友张聚（鲁山人），张聚又传给外甥（一说表侄）买壮图（鲁山人）。买壮图是商人，常来往于鲁山、周口之间，传人较多，较著名的有舞阳丁兆祥、郏县李宝森、西安安大庆（买之朋友，撰有《守洞尘技》），以及周口的袁凤仪（原习少林拳）、尚学礼（原为袁凤仪之徒，习少林拳）等。安大庆传宝鼎（西安人，字显庭，武庠生）。1921年，宝鼎在川北盐署任职时，在三台创办“潼川积健武术社”，免费授拳，于是河南派形意传入四川，形成四川一支。宝鼎著有《内功十三段图说》和《心意拳谱》。

袁凤仪曾创办“万胜镖局”，传杨殿卿、卢嵩高、宋国宾。杨、卢、宋都是周口人，人称“周口三杰”。杨殿卿晚年迁居西安，传其子洪顺、洪生。卢嵩高晚年定居上海，传其子卢波，另有马贻芳、裴锡荣、解兴邦、孙少甫、周凯龙、李敬臣、凌汉兴、杨肇基、王守熙、徐文忠、吴永铭、于化龙、张兆元等。这是河南派形意在上海的一支。

宋国宾是汉族人，经其“把兄弟”卢嵩高极力引荐，才被袁凤仪破例收为徒弟。1927年，宋国宾任职蚌埠码头关卡，兼任消防队教官，其徒弟多是码头工人，如何顺成、蒋安坡、李克俭、唐学英等。这是河南派形意在安徽的一支。尚学礼曾在上海租界当过十多年门卫，后在开封清真寺教拳，其传人有尚青癸（尚学礼过继之子）、穆廷斌、吕瑞芳（丁兆祥之外甥）、周作民、王效荣等，多定居河南。

从姬际可创拳到清末民初这二百多年间，形意拳的内容不断丰富完善，其拳理也逐步深化。

据考证，戴龙邦在姬际可创拳的基础上，增编了五行拳，李洛能创立了三体式，河南派形意更增编了定身拳、玄妙拳等多种拳路。拳理也从戴龙邦起为之一变，取道家炼气养生之说为基础，使形意拳褪去佛门色彩，发展成道家拳派。

李洛能把“心意六合拳”改名为“形意拳”，使之名实相符。如今，只有河南派的一些拳师还沿用“心意六合拳”或“心意拳”的旧称。

思考题：形意拳传承脉络有什么特点？

二、河南形意拳的特点

形意拳基本属于象形拳，即所谓“象形而取意”，动作少而简朴。山西、河北两派的形意拳以十二形为主，河南形意拳以十形为主。

在实战中，山西、河北两派形意多用梢节，即拳掌击敌，而河南派形意更注意发挥中节、根节的作用，擅以肘膝和肩胯击敌。

马学礼所传河南心意六合拳雄浑质朴，动作简练，狠毒迅猛，势势虎扑，把把鹰捉（心意拳的起源有一说是前辈见鹰熊相斗，感而悟之，以熊形为守，以鹰形为攻，阴阳相承，所以形意拳又叫鹰熊竞志。熊形起钻，鹰形落翻。这个起钻落翻的大宗旨就是现在的鹰捉），恨天无把，恨地无环。起如蛰龙升天，落如劈雷击地之气势。

马梅虎是河南派形意拳的第三代名师，他定下了严格的传拳门规：凡忤逆不孝、贪财如命、逞能欺人、贪酒好色者，概不得传；不求千式有，只要一招精；功成艺就，绝不许在街头卖艺求钱。

形意拳虽属内家拳派，但素以骠悍雄劲、勇猛快速著称。其动作雄浑质朴，整齐划一，简练实用，讲究短打近用，快攻直取，与太极拳的风格迥然有别。

在技击原则上，形意拳主张先发制人，主动进攻，抢占中门，硬打硬进。

形意拳极重视胆气，拳经云：“五行合一处，放胆必成功。”又云：“视人如蒿草，打人如走路。”在交手时，则要求“遇敌犹如火烧身，硬打硬进无遮拦”，“面前来手如不见，胸前来肘若无闻”，“拳打三节不见形，如见形影不为能”，“起如风，落如箭，打倒还嫌慢”，“不招不架，只是一下”，争取在最短时间内解决战斗。

然而，形意拳毕竟是内家拳，它的拳法理论依然与道家思想有关，与武当、太极、八卦诸拳种同出一源，而有异曲同工、殊途同归之妙。与太极拳系一样，都是以其潜在的文化优势而显示出旺盛的生命力。

形意讲究六合拳拳理，六合即心与意合、意与气合、气与力合、手与足合、肘与膝合、肩与胯合。天人合一，物我同然。一动无不动，一合无不合。鸡腿、龙身、熊背、虎抱头、鹰捉、雷声，五行相生相克，循环不息。

形意拳在中国武术理论上的最大贡献，是提出了武学的三大境界，即炼精化气、炼气化神、炼神还虚，首次厘清了武术功力的层次差别，从而大大丰富了中国武术的理论宝库。这里三大境界的名称，都是形意前辈从道家“内丹派”那里借来的。

形意拳是一种比较简约的拳法，没有任何花架子，也很少有跳跃动作。它的主要拳路，如五行拳、十二形等，都是单练式，一左一右，反复演练，简朴实用，毫无华丽气息，几乎没有什么观赏价值。但是，由于习拳者每天都要将这些简单的动作重复数十次乃至上百次，日积月累，年复一年，可达数万次之多，所以一旦与人交手，在速度、力量、准确性诸方面均可达到惊人的地步。

形意拳以少胜多，以拙胜巧，同时又讲究以快打慢，以刚摧柔，鲜明地体现了近二百年来中国武术由博而约、由繁而简的发展趋势，因此能够在诸大拳系的激烈竞争中脱颖而出，后来居上。

到了清末，形意拳系以晋、冀、豫三省为中心正式形成，当之无愧地跻身于全国七大拳系之列。目前，形意拳系已经涵盖了大半个中国，并远传海外。在美国传播河南派形意的是于化龙（周口人）及其弟子徐谷鸣。

形意拳之所以能广泛传播，除了动作简约、适于实战等因素外，还与该拳系历代传人不保守并致力于理论研究大有关系。从王自诚、戴龙邦起，历代高手大都有拳论传世，于拳理、拳法的研究步步深入，时有创新，形成了比较完整的武学体系。

除了上述少林、太极、形意、苌家四大拳派以外，中原各地还流传着许多别的拳法和独门武技，在当地自成一家，世代相传。此外，还有不少拳论拳谱，或散落于民间，或被图书馆收藏而束之高阁。所有这些，都是中原武术文化的宝贵资源，尚有待于发掘与研究。

思考题：河南形意拳与其他地方形意拳有明显区别吗？

【本章小结】

（1）有1500多年历史的少林寺，最突出的特点是一禅一拳，是名副其实的禅宗祖庭，也是威震天下的少林拳的圣地，有"拳以寺名，寺以拳显"之实。这里面电影《少林寺》的宣传作用功不可没。

（2）少林拳法刚武勇猛，讲究内练精气神，外练手眼身，在武术界中独树一帜。少林派的功夫按技法又分拳术、棍术、枪术、刀术、剑术、技击散打、器械和器械对练等共一百多种，丰富多彩，适合各类人等练习。这也是少林武术经久不衰的重要原因之一。

（3）少林武功能广泛发展，与少林武术崇尚武德、安邦靖世、保家卫国的文化特征有关。凭此少林寺获得了统治者的支持，志士仁人的融入，并且辐射四方，威名远扬，天下武功出少林，绝非浪得虚名。

（4）越来越多的证据证明太极拳产生于河南。有意思的是，武术传人杨季子写的诗中说"谁料豫北陈家拳，却赖冀南杨家传"。历史证明，开放是成就大业的王道。

（5）以松柔圆活整为特征的太极拳，在历史上技击是其基本属性，健身只是它的第二属性，不然不会有杨无敌之说。时代的发展，太极拳的养生健身属性，具有更重要的地位，但绝不能因此而否定太极拳的技击作用。

（6）苌家拳和《苌氏武技书》在河南省影响较大，是中原武术文化的一大瑰宝，苌家拳的诞生地荥阳地理位置上处在少林寺和陈家沟的中间。优越的地理环境为其形成奠定了基础，创始人广博的学识和精湛的武技为其形成提供了可能，使得其拳术特点上具有少林拳的刚猛以及太极拳的柔顺。但最终没有发展起来，与其自身体系的复杂性，发展当中缺乏创新性，官方宣传支持力度不足都有关系，如果不加大对其研究力度和实施保护性推广，这一优秀的传统武术文化有可能在不远的将来从中华武术文化的名录中消失。

（7）在河南，形意拳更多地以心意拳和心意六合拳的名义活跃于社会，其简单朴实的风格，成就了一个个武术大师。正所谓越是简单的越复杂、越高级。提示我们对于武技的追求，千招会不如一门精，千招会是核心基础，一招精是必然，传武的实战技术是横竖互克和互生，是涵盖众多技术的集合和提炼，绝不是一招克一招的单一动作。

【复习题】

1. 选择题

（1）创于中原影响全国的三大拳种是少林拳、苌家拳和__A__。

A. 太极拳　　B. 梅花拳　　C. 形意拳　　D. 八极拳

（2）国内五大太极拳流派是陈式、武式、吴式、孙式和__A__。

A. 杨式　　B. 赵堡式　　C. 李式　　D. 和式

（3）位于河南省嵩山的__B__是公元495年来中国传教的印度僧人跋陀所开建的。

A. 中岳庙　　B. 少林寺　　C. 嵩阳书院　　D. 嵩岳寺塔

（4）明朝嘉靖年间，抗倭名将__A__途经少林寺，曾为少林指点棍术，使少林棍术水平明显提高。后来，茅元仪在其军事专著《武备志》中将少林棍术列为诸家棍法之首。

A. 俞大猷　　B. 戚继光　　C. 胡宗宪　　D. 谭纶

（5）相传，明末清初山西人__C__曾到河南嵩山少林寺学艺，尤精枪术。他潜心钻研，变枪为拳，取“以意为始，以形为终”之意，创编出心意六合拳，后演化为形意拳。

A. 李洛能　　B. 马学礼　　C. 姬际可　　D. 戴龙邦

（6）功夫片《少林寺》是1982年香港中原影业公司根据__D__少林寺十三武

僧助唐王李世民击败王世充而拍出的，电影播出后，少林寺在全国声名陡起。

A. 唐末宋初　　B. 元末明初　　C. 明末清初　　D. 隋末唐初

2. 判断题

（1）北宋时，少林高僧福居邀请十八家武林高手入寺献艺，汇成《少林拳谱》。（对）

（2）少林派拳的特点是结构紧密、招式变化多，实用而灵活。（对）

（3）开国功臣许世友在少林寺学练过拳。（对）

（4）历史上三次大的移民起点都在河南，使得少林功夫南移，扩大了其影响。（对）

（5）内家拳一词，最早出现于明末清初学者黄百家收入于《南雷文案》中的一篇文章《王征南墓志铭》。（错）

（6）陈式太极拳是河南省温县陈家沟人创编。后来衍化出杨、武、孙、吴四大流派，迅速流布全国。（对）

（7）苌家拳由唐代乾隆年间河南荥阳汜水人苌乃周所创。（错）

3. 讨论题

（1）为什么说“天下功夫出少林”？

（2）讨论太极拳的起源问题。

第四章 武术修炼科学之道

【学习要求】

学习本章内容后，能够清楚了解武术修炼的基本原则，知晓武术修炼的基本方法。

对于武术爱好者来讲，最大的苦恼是不知晓武术的科学修炼之道。面对大量的武功修炼秘籍以及雪片似的武馆招生广告，不知道哪些是真的，哪些又是假的，自己到底应该听谁的，应该跟谁学，实在无所适从。

的确，武术于世界，乃至国人，还尚属一种神秘存在。都是血肉之躯，为何武术家能够动辄掷人丈外，放人于谈笑之间？其中奥秘，拥有者不肯示之于人，因为得来实属不易。偶有倾囊相授者，学者由于认知关系，并不以宝视之。最终，许多武术爱好者穷究终生，不能得其一二。

那么，武术修炼的科学之道到底应该如何走呢？

在本章中，我们将着重回答以下问题：

●武术爱好者修炼武术时应当遵循的原则是什么？

●为什么中和在武术修炼中的地位那么重要？

●如何学习站桩功？

●武术家发的力由哪些力组成？

●“意”在武术中真的那么重要吗？

●如何理解“虚”与“实”？

崇德尚武，为国为民。

在中国人的各种情结中，有一个情结总是挥之不去。那就是：每当遇到困难的时候，总是想自己如果是一个大侠就好了，有一身好功夫就什么都不怕了。进而会想，好功夫是如何练出来的？有没有一些规律性的东西？

在本章中，我就带领大家探讨武术修炼问题，试图讲明一些规律。或许，你还真能从中开悟，练上一招半式，成为一名武林高手呢。

下面我们讲武术修炼的基本原则。

第一节　中和原则

拳谚有云："低头哈腰，功夫不高。"武术修炼中，有经验的老师强调最多的就是身法端正。身法如同排兵布阵中的阵法，阵法一旦乱了，必打败仗。身法要是不正，别说实现防身，就是求健身也不可得。正身法，塑身形，理心态，当从中和入手。

一、中和与站桩

拳之至理是"中和"。中和的内涵是什么？

中和，指中正平和。

《礼记·中庸》："喜怒哀乐之未发谓之中，发而皆中节谓之和；中也者，天下之大本也，和也者，天下之达道也。致中和，天地位焉，万物育焉。"喜怒哀乐没有发作失控（此言不因个人情绪而左右正见），叫作中；喜怒哀乐情绪表现出来的时候，都恰到好处，叫作和。君子能够做到中，是天下最大的根本；做到和，天下才能归于道。人们的道德修养能达到中和的境界，做到完美的程度，天地都会赋予他应有的位置，万物都会养育他。可见，中和就是不偏不倚，务本、固本、乐本、折中调和的处世原则。以后引申为符合中庸之道的道德修身境界的一种原则。

中庸之道是中国文化的精髓，作为一种方法论，它已经深深渗透到了与中国文化有关的每一个元素和成分之中，成为构成普遍的文化心理和社会心理的核心要素之一。每个置身于中国文化视野中的社会成员，无论你愿不愿意，承不承认，你都无法摆脱那与生俱来的中庸的思维模式和价值观。因此，正确地认识中庸之道，并加以合理的应用，既是一种智慧，也是一种无可回避的文化责任。

中庸思想起源很早。约成书于公元前5世纪、相传为孔子所编的上古之书《尚书》中就已经记载了很多关于古代圣王执中、行中的例子。如《盘庚篇》的“各设中于乃心”，《吕刑》的“罔非在中”，《诏诰》《洛诰》的“时中”，《酒诰》的“作稽中德”等。

在《尚书·大禹谟》中，有被宋儒称为“十六字心传”的那一著名的箴言：“人心惟危，道心惟微，惟精惟一，允执厥中。”这几句话的意思是人心是危险难测的，道心是幽微难明的，只有自己一心一意，精诚恳切地秉行中正、中和之道，才能治理好国家。

《尚书·洪范》记载，周武王向殷代的遗臣箕子请教国事，箕子提出九条大法，其中就有中道的思想：“无偏无颇，无偏无党，王道荡荡。”由此，我们可以把《尚书》中强调“执中”的政治智慧，看作中庸之道的思想源头。

“中庸”一词，语出《论语·雍也》。孔子说：“中庸之为德也，其至矣乎！民鲜久矣。”意思是，中庸乃至高的道德修养境界，长久以来，很少有人能做得到。孔子这样推许的“中庸”，其含义到底是什么？其境界到底又有多高呢？朱熹解释说：“子程子曰：不偏之谓中，不易之谓庸。中者天下之正道，庸者天下之定理。”“中庸者，不偏不倚，无过不及，而平常之理，乃天命所当然，精微之极致也。”这样，中庸一词的含义就是，中是一种凡事都追求不偏不倚，无过不及的最为恰当的状态；庸，则是说这样做是不可更易的常理。概括而言，中庸的含义就是，中是一种常理。

另一种解释来自汉代的郑玄。他注解说：“中庸者，以其记中和之为用也；庸，用也。”意思是，中庸，就是中道之运用。这两种解释，在“中”的含义为中道上没有差别，只是在“庸”的含义上有一点分歧，而这一点分歧实际并不是本质性的。如果一定要从文字学的角度分析，参照许慎《说文解字》的说法，“中，内也；上下通也”，“庸，用也”，则“中庸”的本义就是中道的运用，郑玄的解释更符合中庸的本意。

大家可以根据以上的意思，理解一下“中原”的这个“中”字的含义。大家说，中不中？中原的中是内陆的意思，中不中的中，意思就是上下相通与否。

一言以蔽之，中和，就是中正、平和，恰到好处。

武术的修炼要按照中正、平和的原则去修。在形体和精神上实现中和，是练拳人高境界的追求。判断一个人拳练得好与不好的标准之一就是看他身法是否中正安舒。身法中正，则有进步的可能，否则，下很大的精力，效果却是事倍功半。

站桩修炼就是实现中和的锁钥。那么什么是站桩呢？它在武功修炼中又有什么作用？

早在二千年前，即在《内经·素问》一书中有这样的记载："上古有真人焉，提挈天地，把握阴阳，呼吸精气，独立守神，肌肉若一，故能寿蔽天地。"一般认为，这是对站桩功的最早记载。

站桩即身体如木桩般站立不动，是中国武术体系中的一个重要组成部分。站桩是通过正确的身法训练，实现外静内动，周身合一，从外形到内在上达到中和，为武术搏击打下基础。

站桩能塑形、正身法，能让人保持中和的状态，它是练武的基础，很多武术门派都有站桩练劲的功法，如少林拳法的"马步桩"、形意拳的"三体式站桩"、太极拳的"浑圆桩""无极桩"等。站桩的流派很多，有中医桩法、峨眉桩法、武当桩法、少林桩法等。其形式分为躺桩、坐桩和站桩。

站桩在历代武术流派中受到武者的重视，有所谓"未习拳，先蹲三年桩"，形意拳中有"万法源于三体式"之说，而在一些年轻的拳种如大成拳、卢式结构中，更是将站桩推到了无以复加的地位。

"站如松，坐如钟"，这是我国古代养生家们所倡导的保健方法。站桩能够调整恢复和加强人体各个器官组织的机能、神经系统的机能，促进血液循环，加强各个系统的新陈代谢作用。经现代医学研究证实：人在直立时，腰椎间盘的负荷为最小。由此可见，人体直立是最佳的姿势。

人站着的时候，血液循环比坐着时快30%，因此精神比较振奋。有科学家论证，人之所以有语言能力，关键不在头脑而是双脚，原因是人能够直立走路，呼吸可以控制自如，才能开始说话。

"站立不动姿如树，周身放松内气足，炼至骨节通灵处，遍体气血任行流。”[①]实践证明，通过桩功的修炼，可以调节呼吸，畅通气血，舒和筋骨，温养肌肉，疏通经络，使神经系统得到充分的休息、调整和锻炼，以促进体内各系统的新陈代谢，增强腿部力量和肌肉的韧性，改善内脏器官功能，从而达到养生、祛病、强身和益智的目的。

思考题：站桩能够强身的原理是什么?

二、站桩体验

无极桩的站法是：两脚跟相抵，两脚呈90° 站立，两臂自然下垂，中指贴裤缝，虚领顶劲，含胸拔背，舌抵上腭，谷道（肛门）微上提，两眼平视前方。

站桩时，身型要正，从头到脚，都要达到“提挈天地，把握阴阳，呼吸精气，独立守神，肌肉若一”的要求。特别是头、背、腰、膝、骨这些关键节点，一定要做到位。

臀部的位置和感觉，可以想象自己如同坐在板凳上一般舒适。

腰部放松，命门后凸。肌肉放松，没有什么僵硬点。

把自己想象成一只闲庭踱步的老虎，腹部要松柔，背部稍微绷紧些。可以用手轻轻触摸双侧腹股沟，这个地方必须要松软。

脚趾抓地，有稳固重心的作用，大脚趾是肝经循行起始的位置，主血主筋，脚掌心轻轻地贴着地面，要像踩蚂蚁。

练好站桩，头部、腰部是最为关键的两个身形部位。

武术理论家们认为，头为至高清虚之地，站桩时头要中正，顶要虚悬。中正者，不前俯后仰，不左右倾斜；虚悬者，意注百会，“悬命于天”。头部中正虚悬不仅是周身中正之关键，而且可以诱导气机上升以养脑营神，使神主宰全身活动之机能增强。《灵枢·海论篇》中说：“脑为髓之海，髓海有余则轻劲多力，自过其度；髓海不足，则脑转耳鸣，胫酸眩冒，目无所见，懈怠安卧。”

做到头中正，可以对着大镜子练站桩，逐渐调整。做到顶虚悬的关键是

①张东宝. 站立不动姿如树·遍体气血任行流——简介浑圆功中的浑圆桩练法［J］. 气功杂志，2000（10）.

用意不用力。如果说头中正主要是指形的话，那么顶虚悬就是主要指意，是意注头顶而上悬。

做好顶虚悬有两种方法：一种是喉头回收法。意念使下颌收向喉头，喉头向后到玉枕，再到百会，百会向上虚悬；另一种是会阴上提法，喉头回收，意念用鼻尖找下颌，下至会阴，从会阴上绕到玉枕，再至百会向上虚悬。前一个方法是基础，关键在喉头回收。一般收喉头有两个动作，一是下颌回收，二是咽喉后撑。咽一口唾沫，咽喉就有往后撑的过程，可以从中体会收喉头的要领。

意识直接注意头顶与喉头回收法相比较，后者容易虚而前者容易实，后者的气机明显连及胸腹而前者不明显。为什么会有这种区别呢？因为喉头是人体内气的一个机关，上能影响头部，下能牵动胸腹。想做好顶头悬应该从喉头回收入手。

习练者可以想象自己头顶报纸，肩胛上窝（肩膀靠脖子一小块地方）松开，头微微上顶，如同顶着一张薄薄的报纸，下颌轻轻内收，把喉结的地方轻轻盖住。

腰部的关键是要松。

松腰是指腰椎、腰部的韧带和肌肉都放松、抻直以至后凸，命门尽量向后凸。脊柱上下成一条直线。腰是否松直，可以让自己的腰部平贴墙站着，如果不松腰的话，在腰与墙之间可以插进一只手。如果松腰的动作做到位的话，把腰真正贴到墙面上，手是插不进去的，这是一个衡量标准。

抓住了头和腰，就会形成“三上一下”。“三上”指百会上领、舌抵上腭、会阴上提，“一下”指尾闾下垂。头顶百会上提，好像一根绳子把人从天空吊着，尾闾往下垂，把脊柱从上下两头拉直。百会上领，舌顶上腭，会阴上提，同时尾闾下垂，“三上一下”整体地同时进行，使上下气机平衡，身体会很轻松。

一般来说，站桩时如果感觉身体不稳定，可能与头部左右倾斜有关；如果感觉头后玉枕发紧，可能与头后仰有关；如果感觉胸部发紧发闷，可能与头前倾有关。站桩时犯困，可以通过顶头悬来提神；想延长站桩时间，可以尝试先顶头悬，然后神往下贯注，使全身成为一个整体。另外，对于有高血压的练习者，做好头中正顶虚悬，有利于血压恢复正常。

练习题：站桩20分钟，体验身心的变化。

三、桩功启示

（一）过一种中生活

桩功带我们进入一种虚静的状态，让我们把快节奏的生活放慢下来，回归到人之为人的中正圆活状态。

1986年，意大利记者卡洛·佩特里尼就发起了“慢餐运动”。他宣称：“城市的快节奏生活正以生产力的名义扭曲我们的生命和环境，我们要以慢慢吃为开始，反抗快节奏的生活。”在这之后，“慢食”风潮从欧洲开始席卷全球，并由此发展出一系列的“慢生活”方式，以提醒生活在高速发展时代的人们：请慢下来，留心身边的美好。这里的“慢”是一种意境，一种回归自然、轻松和谐的意境。

实际上，相对于慢生活，在中和文化深入骨髓的中国人中，更应该提倡一种中生活。中生活启蒙于慢生活，是对慢生活的一种提升。它追求的是不偏不倚、无过不及的最为恰当的状态。

生活在一个竞争的社会，人要懂得去竞争，因为不争不足以立世。但无节制的竞争势必造成两败俱伤。所以在懂得竞争的同时，要懂得求和，达到人与自然、人与人之间的圆融，因为不和不足以大成。

思考题：慢生活与中生活，你更赞成哪一种？

（二）做人要中正，有原则，守底线

练功如修道。练功要求守住中线，不逾矩。做人亦如此。

做人也要立身中正，不卑不亢。面对权势，承担压力时，能够把握住自己的原则和气度，在面对上级时尊重而不谄媚，追求权利时担当而不卑贱，处于竞争时君子而不小人。

人贵有自知之明，知道自己的局限性。不要明知存在危险，还要冒险去做，有些东西就像高压线一样，是碰不得的，一碰就是万丈深渊、粉身碎骨。千万不要不信邪、不听劝，以好奇、过分自信的心态去试错。要知道有些错误

每个人一生只能犯一次，因为你没有改正的机会了。

要对规章制度有敬畏之心。很多规章制度都是用鲜血和生命的代价换来的。有些规矩你不小心犯过一两次可能没事，但要是一出事就是大事。所以像喝酒开车、留宝宝独自在家这类事情，要自觉地抵制。

做人做事要讲底线。学生的底线是考试不作弊，你如果用作弊的方式取得了好成绩，别人也可以用作弊的方式超越你。最后当一个学校的大多数学生都考试作弊时，那么这个学校就该关门了。同理，警察的底线是不能为了立功，为了追求破案率而刑讯逼供，制造冤假错案，官员不能因为政绩而去做表面文章，企业不能因为利润而放弃安全，商人不能因为追求利润而去卖假冒伪劣产品。在一个没有规矩的世界里，强取豪夺搞来的任何东西都是水中月、镜中花，都是没有安全保障的。“螳螂捕蝉黄雀在后”的道理每个人都应该牢记在心。

第二节　整体力原则

在技击中打击力的大小是由什么来决定的？是肌肉吗？日常生活中我们有这样的经验，身体紧绷而贴着一个人我们就只能推一下，找不到打的感觉。当我们要用力打击一个物体的时候，通常我们会选一个合适的距离，然后蓄势，再用全身的力气打出一拳。那么在我们打出这一拳时是怎么一个过程，而这一拳的打击力又和什么相关呢？

假设1：我和目标相距1米，手臂用力抡向目标，1秒后手臂以5米每秒的速度砸中目标，作用时间0.1秒，假设我手臂的质量为10千克，那么在击中目标的时刻我的打击力为500牛，我卧推是60公斤的话，这个力量和我卧推的力量大致相等。

假设2：我和目标相距1米，腰腿发力，身体合在一起，以拳头为力点，1秒后，身体以3米每秒撞向目标，作用时间0.1秒，我的质量是60千克。此时的打击力是1800牛，是我卧推力量的3倍。

可以看出假设2的打击力远大于假设1，并且我们可以看出打击力的大小、参与打击的质量和打击的速度相关。

如何做到增加参与打击的质量呢？

一句话，让身体有一个整劲。利用整体力打人。

思考题：运动生理学研究表明：人体的力量取决于横纹肌的收缩力量。人体630块肌肉由1500万至3000万肌纤维组成，单个肌纤维的收缩，可产生100至200毫克的力量，如果所有的肌纤维都向同一个方向努力，那么能爆发出多大力量呢？请大家算一下。

一、整体力

整体力就是周身协调一致所产生的力，是骨骼、关节位置放正后，使全身的骨骼关节尽可能地成为一个整体。它使更多的身体部位参与到运动中，增加打击的质量，同时也增加发力的肌肉群，从而增强整体爆发力。

整体力表现为在完成一个击打动作时，尽可能多地动员运动单位。也就是说，除主要完成动作的骨骼肌外，周边关节及不常用的小肌群也参与做功，在高度协调的状态下形成合力。这种合力不仅表现在击打部位上，更连贯于拳术的一招一式。另外，整体力也使得人体可以格挡更大的外力（其实是体内各关节对力的化解）。老人们所说的“内力”“暗劲”云云，可以认为均由此出。谁能够在这一点上运用得更好，那谁的拳劲、内力就更好，个人体会非常难，所谓内家拳难练也是正对此处。要练好整体力，站桩、走架、发力训练、抻筋拔骨、关节的柔韧等都不可缺少。所以内家拳好手肌肉不一定强壮，但关节筋腱一定强于常人。

整体力是浑圆力的一个方面。如果连整体力都没有，就别奢谈什么内家功夫。在内家功夫中，还有一个说法，就是先把人打整了，然后再把人发出去，这里的“整”指的是“僵”的意思。也有人说是把人带散了，然后就好发，这种说法就好理解了。

太极拳的一种说法是，先把人“叫起来”，再四两拨千斤就易如反掌了，这“叫起来”也可理解为把人叫整了。我们的语言很有意思，同一个词，完全指的不是一回事。你不整，一出手就能把你叫整了，这时候的“整”是僵整，与整力不是一个概念。

可能有更多的人认为，在拳术打击中由脚发力将全身力发于一点去打击敌人，这就是整体力，这是正确的。但这只是拳术中的一个方面。整体力的训练更多来自内外三合训练出来的六合劲，所以，我们重点了解一下内外三合论。

小卡片

六合劲测试

测试你有没有六合劲，有个很简单的方法就是狠命推墙。你的反应如果是下面这两种情况：

①墙不动，你也不动，你的手很痛；

②墙不动，你动了，向后倒退个一步两步，而且是一只脚一只脚地退。

这就是你没有六合劲的表现。

有六合劲的人同样像你一样去推墙，会有什么反应呢？他会不由自主地双腿同时离地，向后跳一大段距离，六合劲越大，跳得越远。

六合劲来源于内、外三合的整合。需要我们知道六合归一论。

二、六合归一论

六合归一论即关于内三合、外三合归一的理论。六合即"心与意合，意与气合，气与力合，手与足合，肩与胯合，肘与膝合"。

"心与意合，意与气合，气与意合"为内三合，是神意内敛的修炼要法，又是达到"炼神还虚"功夫艺境的不可或缺的心法匹配的要求，"手与足合，肩与胯合，肘与膝合"为外三合，是筋骨外形的修炼要法，又是达到"上下相随"的功夫艺境必不可少的身法匹配的要求。

内外三合或者六合归一的理论、原则贯穿于传统武术修炼的全过程，成为修炼传统武术的准则。

"合"的意思就是相互对应协调，一身之劲，练成一家。一动而无不动，一合而无不合，前进后退，无丝毫散乱。

最早出现"内三合"与"外三合"名称的书籍是凌善清先生于1929年出版的《形意五行拳图说》。《形意五行拳图说》一书的"形意拳六合"一节是这样说的："形意拳最重要之点在一合字。动作合则姿势正而获其益；动作不合则姿势乖而气力徒劳，不可不知也。所谓合者有六：身无偏倚（谓不可歪斜）、心平气和、意不他动、动作自然。谓之心与意合、意与气合、气与力合，此内三合也。动作时两手扣劲，两足后跟向外扭劲，是曰手与足合。两肘往下垂劲，两膝往里扣劲，是曰肘与膝合。两肩松开抽劲，两胯裹根抽劲，是曰肩与胯合。此外三合也。总名之曰六合。学者能熟知六合之法，则练习时自能触类旁通而一举一动无不合法。"

六合归一的原则是各类武术流派都应该追求的。

在实践中，内三合与外三合的真实含义是：①

心，在这里指人的大脑。我国古代医学把人的大脑思维认作心的功能，如"心藏神""心主神明"，以及至今人们常说的"心想""心中有数""心灵手巧"和拳经中讲的"心一动则意生"等等，都是把大脑的思维说成了心想。所以我们今天对古人所说的"心想"，应作为大脑的思维来理解。为了保存拳经的原貌，均沿用心的说法。有心无心，都指你的大脑里有没有。

意，在这里也不是指意念，而是指由大脑通往全身的神经系统。大脑是接收并处理和输出信息的，而神经是负责传递和反馈信息的。大脑发出正确指令后，神经能准确快速地传递指令就是心与意合，否则就是不合。光有大脑，还不叫有心，必须通过听、看、练在大脑中有了正确的练功方法才叫真有心，否则就是无心。神经每个人生来就有，但是传递的快慢和准确与否是大不一样的，只有经过正确的方法、长期的练习，才能达到密切精确的配合。

气，在这里是指人体内血氧交换后的有氧血液，吸入的氧气越多，气血交换也就越多，血液中携带的氧气就越多，人体内的氧气越多，精神就越旺盛。只有通过专门的练习，才能吸入更多的氧气。即空胸实腹，让胸腔更宽大。

力，在这里是指人体血液充入肌肉后膨胀拉动筋骨的活动，带动关节的运动。血液能不能与神经紧密配合，听从大脑思维的指令，及时准确地到达部位，充多少血液，用完后能不能及时收流，能做到的就是合，否则就

①李春光. 正确理解形意拳六合［J］. 武当，2011（11）：10-16.

是不合。

肩与胯合，是指自己的两肩两胯在一个起落中四点同时起落发力，不分方向。四个点的意能不能同时到，气能不能同时到，力能不能同时发，如有一点不到，或有一点早到晚到，都不为合，必须齐到。

肘与膝合，是指自己的两肘两膝在一个起落中四点同时起落发力，不分方向。两肘与两膝四点意能不能同时到，气能不能同时到，力能不能同时发，全都能同时到即为合，否则就是不合。

手与足合，是指自己的两手两足在一个起落中四点同时起落发力，不分方向。两手、两足这四点意能不能同时到，气能不能同时到，力能不能同时发，全都能同时到者即为合，否则就是不合。初学者要肢体齐到，而后劲力齐到。

外三合最简单的理解就是手脚上下合，肩胯中间合，肘膝关节合。有了外三合才能进入到内三合的修为，也就是内外六力合一。

思考题：站桩中，能够体现出六合归一吗？

小卡片

整劲的练习与检验方法

练习方法

形意拳三体式站立，上身保持桩架要求（即百会穴虚虚上顶，下踩涌泉，松腰坐胯，上下有对拉之意；手松沉，沉肩坠肘，含胸拔背）。后腿向下松沉蹬地，前脚顺势向前滑出半步，后腿随即跟上，使整个躯体向前平移。动作完成后，身体依旧保持三体式的姿态不变。初练时可缓慢运行，熟练后可逐渐加快速度，体会浑身整体抖弹的感觉。

在练习过程中，注意以下几个事项：第一，向前的驱动力完全依赖于后腿，其他部位不可加力。正如舟行水面，全靠一支竹篙下抵前行。第二，前脚滑出，后脚跟随得要紧。恰如前脚踏住毒蛇之尾，后脚随即踏住毒蛇之头，稍有迟疑，便被蛇咬。第三，切忌重心上下起伏，腰胯以上，全然不动。重心上浮则力亦上浮，力上浮则散。第四，做动作过程中，应仔细体会根在脚，主宰于腰，行于手指，腰催肩、肩催肘、肘催手。节节贯穿，手脚劲力相通，完整一气。

检验方法

定式检验：此方法需两人配合。受试者以形意拳三体式站好，辅助者与受试者四掌相抵，分别以大、中、小力量推受试者，检验过程中，受试者不可屈肘。受试者应感觉手足相互呼应，在手上受力的刹那，脚底同时感受到向下的压力。脚底力量感受的灵敏度越好，说明整劲的水平越好。

动式检验：此方法需两人配合。辅助者两脚前后开立，两臂交叉抱于胸前。受试者以形意拳三体式站立，前手抵住辅助者两臂交叉处，依靠后腿蹬地，将辅助者推出。在这个过程中，受试者身体形变越小，说明整体力水平越好；将辅助者推出得越脆、越快，说明整体力水平越好。

三、位移力和旋转力

一般人的动作不能产生很好的打击效果，主要是没有利用好力学原理。技击中的整体力包含有两个常用的力，即位移力、旋转力。

位移与旋转

（一）位移力

位移力是因物体位置移动而产生的力。位移力的大小与移动物体的质量大小和移动速度的快慢有关。

在搏击中，人自身体重的大小、移动时自身的整合劲、速度的快慢三者共同构成的整体位移力，对打击力的大小起着至关重要的作用。整体位移力一直是习武者孜孜不倦所追求的力量。

整体位移力的打击效果就如同我们在街头看到的汽车撞人，用自己周身一体的质量直接快速地撞向对方，能够直接把人给撞飞。

通过站桩把习武者训练成一个整体，然后再训练这个有了整体力的武者按技击的要求移动，从而让习武者产生整体的位移力之后，那么大部分人都不再是习武者的对手。达到这样的训练效果并不难，一般人需要一年左右的时间。

（二）旋转力

通过位移力的训练，大部分人都不再是习武者的对手。但仍有部分身强力大的，习武者并不能把他们打出去，这就需要用到旋转力。

由于物体旋转而产生的力称作旋转力。旋转是物体围绕一个点或一个轴所做的圆周运动。旋转中心、旋转方向、旋转角度是物体旋转的三要素。

搏击中，在人自身整合劲不变的条件下，旋转中心、旋转方向、旋转幅度的不同以及三者转换的快慢，对搏击效果影响巨大。旋转是为了调整身体的状态。一是避实击虚、借力打力，二是便于自己发力。

整体旋转力的大小、灵活性在一定程度上表现着武者的功夫深浅。

在中国传统武术流派中，非常注重整体位移力和旋转力的训练。有的流派有秘传的位移力和旋转力功法训练，相比一般的抻筋拔骨训练，效果明显。

实际上，练出整体位移力和旋转力的过程也是抻筋拔骨的过程。

抻筋拔骨的修炼对象主要是骨骼和骨骼肌。骨骼肌主要由肌纤维和筋（肌腱和肌中结缔组织）组成，在肌纤维和筋内分布着丰富的神经组织和血管网。肌纤维的功能是通过收缩产生张力，筋和骨起调节、支撑和弹性作用。肌纤维必须通过筋的支持和联系，才能使肌肉附着于骨骼上，发挥其运动功能。

抻筋拔骨区别于压腿、劈叉、下桥等通过肢体大幅度、快节奏、机械性弯曲变形的拔筋，它是在相对静止（蠕动）的桩功状态下，通过内视和假借，气血鼓荡，使筋膨胀骨撑起。好比“半撑开”的雨伞，筋似龙骨，骨如伞把，肉像雨衣，骨拔筋撑，骨肉分离，也就是习武人梦寐以求的上乘武功——脱骨之法。

在形意拳等桩功中，都有类似于“半撑伞”状态的要求。其表现为在骨骼合理支撑下的“筋紧肉松”；也就是拉长筋，拔开骨关节间缝隙（拉长骨关节肌腱），肌纤维相对放松。在肌纤维相对放松的条件下，体认骨肉相争、筋肉相争、筋骨相争。

通过抻筋拔骨，人能够达到筋骨强壮又有韧性，下盘稳固，周身灵活，便于人整体的位移与旋转。

值得注意的是，《易筋经》就是改变筋骨的方法。有心者不妨多多练习。

小卡片

《易筋经》

“易”是变通、改变之意，“筋”指筋骨、筋膜，“经”则带有指南、法典之意。《易筋经》就是改变筋骨的方法。传说由印度高僧达摩在嵩山少林寺带领弟子修行时所创编。近代流传较广的是经清代潘蔚整理编辑的《易筋经十二势》。

《易筋经》的内容包括了练习此功法所能达到的理想效果和具体的练习方法两方面内容。具体练习包括内功和外功两种锻炼方法。内功是内壮功法，主要锻炼经脉，舒经活络，补气益血。外功是外壮功法，主要锻炼肌肉以及骨骼，即所谓的“筋骨之力”。内功采用站式，以一定的姿势，借呼吸诱导，逐步加强筋脉和脏腑的功能。大多数采取静止性用力，呼吸以舒适自然为宜。

古代相传的易筋经姿势及锻炼法有12势，即韦驮献杵（有3势）、摘星换斗、三盘落地、出爪亮翅、倒拽九牛尾、九鬼拔马刀、青龙探爪、卧虎扑食、打躬势、工尾势等。

易筋经外功注重外壮，《易筋经外经图说》指出：“凡行外壮功夫，须于静处面向东立，静虑凝神，通身不必用力，只须使其气贯两手，若一用力则不能贯两手矣。每行一式，默数四十九字，接行下式，毋相间断。行第一式自觉心思法则俱熟，方行第二式。速者半月，迟者一月，各式俱熟，其力自能贯上头顶。此练力练气，运行易筋脉之法也。”

很多武侠小说都把《易筋经》作为一部江湖中人梦寐以求的武学经典，宣扬其有内壮神勇、外壮神力的特殊功效。小说中常常提到练习该功法之后，“内壮神勇”显现为“从骨中生出神力，久久加功，其臂、腕、指、掌，迥异寻常，以意努之，硬如铁石，并其指可贯牛腹，侧其掌可断牛头”，而这些还只是“小用之末技”；若“外壮神力”练成之后，达“手托城闸，力能举鼎”都算不上奇异了。从道光年间开始的武侠小说提到《易筋经》，渲染的都是《易筋经》中所说的练成后的这种神奇功用。

实际上，易筋经十二势基本作用是通过抻筋拔骨、吐故纳新，以达到舒筋活络的功效。实践证明，长期坚持锻炼，效果非常明显。

第三节　虚实原则

虚与实作为矛盾的两方面，贯穿于武术运动的各个环节，虚可变实，实可变虚，虚实相生。

各个武术流派对虚实理论都非常重视。

比如少林拳法强调“动静相生”“刚柔相济”“虚实转换”等。太极拳更是把研究的重点放在虚实上。历代太极拳名家都对虚实提出过自己的感悟心得。

有些人拳架打得非常好，一接触实战，就不堪一击，皆因虚实不分。武术正是有了虚实，才使这种“战斗语言”更神秘，虚实让武术进入了一种变幻莫测的境界。

下面我们详细阐释虚实在武术中的作用。

一、虚实释义

虚与实从字面上解释，虚，空也，无也，空虚。实，富也，充满也，充实，指劲力集中而强大，可攻击对手。虚实也指武术运动中的虚假和真实；多指对方的内部情况或势力。

武术运动中的虚可以归纳为以下几种：

第一，指空虚，或无。例如，高腿半边空。这里的虚指无、空，没有还击对方的身体条件，这是一种实实在在的虚。劲力分散而薄弱，易被人攻击。

第二，指破绽或漏洞等，例如，“待其急切出击而空其守，我则乘虚而突然进击”。这里的“乘虚”就是趁对手“空其守”，无防备而攻击之，以达到实在的技击效果。

第三，指弱，虚弱。力量相对弱，如“宁挨十拳，不吃一脚”的说法，拳的力量远远小于腿部的力量，拳在这里就是虚弱的。又如太极拳中的“不着力为虚，着力为实”。

第四，指高手追求的虚空境界。虚空则圆转自如，不易为外力所制。

与虚相对的“实”也有其不同的释义。

其一，是力量真正大、猛，冲拳或踢腿等表现出强大的力量，而又无懈可击，无漏洞可乘。

其二，是力量适中，对方没有可乘之机，身体的位置变化自如，时时占据着有利位置。

其三，是力量小但是防守封闭，一点漏洞都没有。

其四，是指过实，过实者则被动，易受人所制。

结合起来看，武术中的虚实可表现为：

①以身体重心而言，重心偏于何方，何方即为实，另一方为虚；

②以劲力而言，身手运动的方向为实，其余为虚；

③以战术角度而言，击敌为实，诱敌为虚。

④其他发劲为实，化劲为虚，刚为实，柔为虚等不一而足。

总是虚中有实，实中有虚，虚实互换，不可截然割裂开来。

思考题：站浑圆桩时两腿应该分虚实吗?

二、虚实的运用

（一）虚实理论来源

中国的传统哲学思想中包括“虚实”，它与传统思想中的阴阳观是一致的。虚实是相互对立统一的，虚与实双方相互依存，互为条件，相互包含，彼此相通，虚实相兼，没有绝对的虚，也没有绝对的实，局部上是对立，但总体上是一个不可分割的、共融的统一体。

根据虚实变化，衍生出了示虚还实、避实击虚等技法。可以说讲究阴阳虚实、追求阴阳虚实平衡是武术运动发展的根本动力之一，是武术博大精深的一个原因，虚实不断地变化造就了武术招法的多变。

（二）虚实是中国古代兵法家战略思想的精髓

《孙子三十六计》有“兵者，诡道也”。孙子兵法云：兵的性态就像水一样，水流动时是避开高处流向低处，用兵取胜的关键是避开设防严密实力强大的敌人而攻击其薄弱环节；水根据地势来决定流向，军队根据敌情来采取制胜的方略。所以用兵作战没有一成不变的态势，正如流水没有固定的形状和去向。能够根据敌情的变化而取胜的，就叫作用兵如神。“夫兵形像水，水之行避高而趋下，兵之形避实而击虚；水因地而制流，兵因敌而制胜。故兵无常势，水无常形。能因敌变化而取胜者，谓之神。”“故能而示之不能，用而示之不用，近而示之远，远而示之近”“强而避之”“攻其不备”“出其不意”“出奇制胜”。

（三）虚实是武术战略战术中的法宝之一

孙子“兵以诈立”的思想告诉我们武术搏击时要出奇制胜。真真假假、虚虚实实、避实击虚，如《歌诀》所云，“他拳放过须忙进，腋下轻舒难抵挡”，他拳放过实质是避实，腋下轻舒是击虚，只要抓住对手的薄弱部位并还之以攻击，对手的优势就会变为劣势，避其锐气，而当其欲归、出现惰气时，猛而攻之。

武术作为一种智慧技击术，其本身就为了夺位、到位而斗智、斗勇、斗力等，如何运用巧妙的手段让对手出招中我虚招，战胜对手，这成为拳师综合实力的体现。动作的虚与实，往往会使对手误判，对手失去应有的防备与警觉，造成利于自己的形势，在战术上胜人一筹。

《张三丰太极拳论》谈道：“虚实宜分清楚，一处有一处虚实，处处总此一虚实。”如虚实不分，则处处受制。

想成为武术高手，必须会运用虚实，根据形势变化，虚可变实，实可变虚，虚以实为本，虚以实作为基础，虚可以隐实，使实更实。例如，在太极拳推手中，运用好虚实就很关键。

首先要能虚。老子说：“致虚极，守静笃。万物并作，吾以观其复。”是告诉我们虚则能受，静则能观的道理。太极拳中的虚和空、无是一个概念，可以理解成都不受力的状态。虚为体，实为用，实际上实是虚的用，是虚外在体现的一种形式。老子说：“无名天地之始，有名万物之母。此两者同出而异名，同谓之玄，玄之又玄，众妙之门。”其实虚与实是相辅相成的。道家的经典著作《淮南子》对虚实的总结是：“是故有生于无，实出于虚。”孙禄堂大师论八卦掌和太极拳的奥秘，也提到过“心中有空虚之象”，心中虚灵，而人心化，人心化则玄妙生矣。练习太极拳人终极的追求就是虚无。就是用自己的身体去体会中国传统哲学的奥妙，体会道家“无为而无不为”的思想精髓。太极拳的最高境界就是炼神还虚，把全身的内劲都练至化境，大柔大顺。

虚实问题要根据个人功力大小去分析，太极拳的功夫讲究一层功夫一层理，一层功夫一层技。在平常的盘架子中，要分出身体的左右、上下、前后、内外、进退的虚实转换。但是太极拳练到高层功夫，虚实从动作的外形是看不到的，所谓露形必挨打就是这个道理。这个时候的虚实主要表现在神、意、气的灵动圆融上。其实要想真正体会太极拳的虚实，不去修炼太极拳的内功心法，你就根本无法体会太极拳中虚实的奥妙。

其次，虚实的转换要灵。拳经所说的“周身相随人难侵”就是在应用时贯彻虚实原则所达到的高级境界。

就身体的部位而言，贯彻虚实的原则是“左重则左虚右已去”。与人一接手，虚实就同时存在。如果感觉左手沉重，随即变虚，右手同时攻击对方，这是两手贯彻虚实原则的体现。

从劲路上讲，贯彻虚实的原则是表现在黏走，“黏即是走，走即是黏，黏走相生”。黏是贴紧对方，控制对方劲路，为实；走是走化，化掉对方来劲，为虚。

在推手中，对方来劲我走化以虚应之。但是不能一味走化，稍微让过对方力点，随即由走转为黏，控制住对方劲路，这是由虚而实。这种黏走相生就是虚实互换的过程，就是虚实高度统一的体现。

只有虚实互换的灵，才能克服推手中的“双重”之病。正如拳论所说；“欲避此病，须知阴阳，黏即是走，走即是黏，阴不离阳，阳不离阴，阴阳相济方为懂劲。”

李亦畬在《五字诀》中也说：“彼有力，我亦有力，我力在先；彼无力，我亦无力，我意仍在先。”这里说的搭手、掤劲当先是实，而随即松开，保持不犯硬不软化，谓之“掤劲不丢”，是谓虚。搭手之间的这一讲究就是实中有虚，保持高度警觉。

武术搏击中，技法、器械的运用都要注意发挥虚实的不同作用。

遇敌交手，手法、眼法、身法等要讲究不同的变化，既要分清自己之虚实，也要分清敌之虚实。我之虚实要根据对方之虚实来定，暗转腰裆，相互转换。遇虚则守，逢实则发。如当敌人以大力攻击我时，我以引化破敌之实，化实为虚，至敌背我顺，我即可乘机进击，不可失去战机。善于掌握虚实，抓住战机，是制胜法宝。正如兵法所云："虚则实之，实则虚之。"

武术作为中国文化的经典艺术，虚实的统一让武术更具神秘色彩，让人产生无限想象。无论从文化层面还是技术层面，武术中处处展示着虚与实的身影，展示着中国文化的精髓。

思考题：平时训练与真正搏击时对虚实的运用一样吗？

第四节　意为先原则

传统武术练习中，有一个不可或缺的因素，即"意念"。意念，是为了指导动作形成动力定型而使用的假设法。现代搏击中也同样存在意的运用，比如挥手开砖时，我们往往会将手击目标想象在砖头的另一边，从而产生更强的穿透劲力，这就是"意念"。

传统武术擅长筋骨发劲，用"恨天无把，恨地无环"的意念脱开骨节，将全身的筋骨崩起发劲，是集全身劲力于一点的假想法。武术训练应该坚持意在先的原则，多琢磨定会有所得。

一、意和意为先的涵义

（一）意的涵义

《说文解字》中说："意，志也。从心从音，从心察言而知意也。"

儒家认为，意谓人对事物的思想与情态和对事物的态度。先秦儒家非常重视意对外界事物的看法，认为人对事物与行为好坏的看法都是由意造成的。故汉刘向《说苑·修文》："检其邪心，守其正意。"

我们这儿所讲的意，就是心意、意念、意识、思维。从哲学观点看，意是头脑里的意识，看不见，摸不到，无形无象，如同每个正常的人都会说话，话是听得见的，但想说什么是看不见的。

从思维力方面讲，练拳练的是人大脑思考问题的方式。是大胆假设，小心求证的过程，是转变思维方式，改善心智模式的过程。它是避实击虚，借力打力，而不是盲打莽撞。

从意想功夫来讲，意念是一种无形之力，20世纪80年代气功热时，有科研人员通过反复实验发现：人经过特殊的训练，可以运用意念控制体温、心率。

内家拳中最强调用意的首推太极拳，杨澄甫将“用意不用力”列为“太极拳术十要”之六：“练太极拳，全身松开，不使有分毫之拙劲”，“此全是用意不用力。”

以意念作用于经络、血液和肌肉的最微细的基本结构，久而成功，可以产生生物电流。由此近代太极拳名家乐幻智提出运用太极拳功夫练出“电人”的理论。

意念本身无形无象，但确实可以作用于有形之肢体，激发人的潜能。

（二）意为先的内涵

1. 是意练，是尚意不尚力

意练就是以人的高级神经系统指挥各种运动的一种不见外形的动作练习。它可以通过意念导引，在一定程度上使身体各部分放松与紧张互相交替，达到从精神到肢体，由肢体到外界形成的高度协调统一，使之在运动中充分发挥人体的内在能量和潜力，是静中求动、动中求静、动静结合的武术运动。

意练在中国有悠久的历史，两千年前我国第一部医书《黄帝内经》就讲了意练防治疾病的方法。老子在《道德经》中所说的“虚其心，实其腹”，也是讲的意练。汉代华佗编的“五禽戏”，取其意象其形的锻炼方法。作为武术运动技击格斗的训练手段，如形意拳、八卦掌、太极拳等都以意练而著称。王芗斋为了突出意练的作用，创立了意拳。

所谓“内家拳”和“外家拳”论者，都以是否意练为区别。内家拳的最大特点就是尚意不尚力，换句话说就是重视意念的力量。其实重视意念不仅是内家拳，整个武术，甚至所有体育运动都不能是“四肢发达，头脑简单”。虽然说力量与技术固然重要，是不可缺少的基础，但仅有力量和技术还不能达到最高层次，尤其在武术运动中，意念的练习和运用更显得重要。

2. 是意在拳先，意在劲先

稻盛和夫说："人生中，在要成就某件事的时候，应该以一状态为目标，深刻思考直至清晰可见。"他强调："闭上眼睛想象一下成功的样子，如果其景象清晰可见，那么你就一定能实现，一定能成功。"

练习武术，也是这个道理。如果能先在大脑中，根据老师教授的、自己看到的和掌握的拳法，借助审美素养，深入想象，结合自己的气息，描绘出自己要追求的风格，勾画成理想的姿态、旋律、神韵、气势等在头脑中清晰地"看见"，并加以修饰、充实、美化，反复思考、想象直到自己满意为止，然后执着地一心一意地演练和实践，并请老师指导后再提高一步，继而必有大成。

在头脑中"看见"自己，这就是"意"；在意的引领下去练拳，就是"意在拳先"。古人云"意气君来骨肉臣"，"先在心，后在身"，可见意在拳先。

意在拳先，不是意要脱离拳，意离开了具体行动，就是胡思乱想，毫无意义。因此意在拳先，就必须做到意与拳合。

《太极拳经》在论述发劲是否得机得势时曰："凡此皆是意。"全是"意在劲先"之妙。意和劲也是一对阴阳，有先有后，互为因果补充。内家拳以懂劲始，等有了劲力，再往上全是练敏感，练观察，练"意在劲先"。内家拳，劲意分阴阳，故人只逮得到过了时的"劲"，永远也逮不到因敌而动的"意"。

在练拳实践中体会到，意在拳先有三层功夫。

第一层功夫是意与形合。人之身体乃为有形有象之形体。形体的修炼，总的应是"道法自然"。要按照拳意反复去练，使其意与形真正结合。意念自始至终贯穿于整个套路的运行之中，做到"意动形随"，无微不至。

心意隐藏在拳势之中，只能意会，却看不见。但人们会通过拳势明显看出你的丰满内含和磅礴气势。这就是意与形的结合。

第二层功夫是意与气合。人体内处处有气，不仅肺部，血管内、各脏器内包括皮肤之内的所有内脏组织之间的空隙都充满了气体。这些气是可以通过修炼以意念支配的，即以意行气。首先，要使气足，即要养气。其次，通过拳势的阴阳开合、胸腹折叠、螺旋缠绕来运行内气、运化内气，气随意行，气遍全身。要特别注意的是“气以直养而无害”，要使气通畅顺达，绝不能用憋气、窝气、闷气。正如《十三势行功心解》上所说：“意在神，不在气，在气则滞。”又说：“以气运身，务令顺遂。”久练会使意、气、形、神高度统一，精神集中，周身遍布灵气。“有气则有势”，只要意到，便可做出迅速反应，这就是意与气结合的结果。

第三层功夫是意与力合。意与气相合后，久之气满丹田，流布周身，内强外壮，生机勃勃，积蓄了能量。这时你会感到以丹田为核心有一种力感，总想要发放，这就是意与气相合后形成的力。经过整合后的力，即劲。这种劲是在放松状态下出现的，是在意与气相合后产生的。这种劲是弹簧力，是膨胀力，这种劲是通过修炼内气、内功使意、气、形、神合一而形成的意气相合、拳功一体的内劲。临阵交手时，不发则已，一发如猛虎下山，威势难挡，疾如闪电，迅似炸雷，无坚不摧，气吞山河。这种劲对突然而来的刺激，会做出敏锐、准确的相应动作。到了这种程度，就到神明阶段了。

意在拳先的三层功夫，即是在意的主导下逐步做到心、意、气、力、形相合，使人这个有机体，真正形成“内外合一，上下相随，混元一体，周身一家”，协调一致，坚如磐石的整体。

经过多年的练拳实践，习武者会体会到拳不仅是肢体运动，更是心理运动。古人云：“势势存心揆用意。”“心为令，气为旗，神为主帅，身为躯使。”“用意不用力”，练意是拳修炼的首要内容和方法，只有练好意，充分发挥“心为帅”的作用，才能以意统率形、气、劲的修炼，使心、意、气、力、形完美地结合起来，做到内外兼修，身心并练，只有这样才能身心健康。

思考题：太极拳论中“彼不动，吾不动，彼微动，吾先动”是如何做到的？

二、意念诱导训练在武术运动中的运用

在很多传统武术流派中都有自己独特的意念诱导训练方法。在这里，我们以太极拳、形意拳、八卦掌的练习为例，探讨一下意念诱导。

（一）拳架练习中的意念诱导

太极拳套路，形意拳的五行、十二形，八卦掌的掌花练习，都是相对平

缓、动作幅度不大的练习。它们作为求取力量的一种手段，因力的种类和用途不同，意念诱导也就有不同的内容。

1. 位移冲撞力的意念诱导

当我们做太极拳套路中的按推、如封似闭类的动作，形意拳的虎扑、马形、鼍（tuó）形类动作，八卦掌的推磨走转类动作时，身体都有一个下坐再蹬腿前推的过程，两手也随着身体的下坐再前推慢慢地变为两掌向后拉，再慢慢地变为掌心向前推。

在做这样的动作时，我们的意念诱导可以为：两手前推时如推一水中的皮球，向后拉按时如拉按一水中的皮球。要联想空气有阻力、浮力，皮球在水中要用力挟按着，否则球会跑掉。长期坚持练习，两臂肌肉的弹性、力量就会慢慢增大，身体的稳定性、两手的内劲和穿透力，都会随之增强。

对于两腿，在做太极拳的太极步时，意念上要想象猫行走时的轻灵、小心，两腿重心交换要运用杠杆力；在做形意拳时，意念上要有腿向下蹬地的意思；做八卦掌的走转时意念上的诱导可想象自己两脚如行走在稀泥地里，欲拔不起，欲走不动，联想体会脚趟烂泥行步的情景。

2. 旋转力的意念诱导

两脚自然开立，与肩同宽。百会上顶，下颌微收，身法中正。两臂斜向上举，手掌心向上平托。单腿支撑左右旋转。做这个动作的意念诱导为：腿在身体旋转时如螺纹钉钻木一般螺旋入地，两手如同托着两碗水，随身体旋转时保持平稳，水不洒地。练习一段时间之后，可在旋转时想象自己一只手牵引对方，另一只手加推对方随自己旋转。经过长期练习，旋转、化引的能力将显著增强。

武术运动中获得各种劲力的关键在于“假借”的意念诱导。意拳创始人王芗斋说：“出手如鹰爪，回手似钢钩。”意思是手不空出，意不空回，无意识的动作练不出拳劲。

针对不同的劲力，需要有不同的意念诱导，再加上合乎力学要求的身架便能产生某种力量，经过反复训练形成了自然习惯。意念诱导越细致入微，“内视”体会越深刻，行拳走架的效果就越好。武术爱好者应该细细体会。

（二）对阵搏击训练的意念诱导

武术动作要想运用到实际的对阵搏击中，需要把套路中的动作拆分开来单独操练，假设各种情况，针对性地练习。对阵搏击，要求速度快、运动量大，可从以下方面进行具体的意识诱导。

1. 个人“空练”时的意念诱导

纯粹肢体运动，没有对手的个人单操，其效果常常是事倍功半。此时，可假设敌情，无人当有人，在自己摆好位置的基础上设想自己的对手就在自己身体前后或左右，每打出一拳或踢出一脚都要致对方于重伤或死地。这种所谓的“精神假借”，又被老武术家们称作同“鬼”打架。这种练习可以更好地提高进攻意识和较强的杀伤力。因为通过这种训练，各种搏击情景画面都存入到了自己的潜意识中，实际搏击对阵时，这些画面会从潜意识中跳出来，让自己很快进入状态，意念到，身体到。

2. 和同伴练习场上竞技比赛时的意念诱导

有同伴对练或者场上对阵竞技时，需要有人当无人。

对阵搏击需要的是敢于胜利的勇气。“一人拼命百人莫敌”。竞技比赛中精神状态的好与坏，直接关系着对阵的胜败。武松之所以能打死老虎，首先在于他不怕虎，要是谈虎色变的话，定会被老虎吃掉无疑。面对场上的真实，也是自己单操时虚拟场景的再现，在精神上要有敢于打的勇气，同样都是人，且自己平时有大量针对性的训练，没有什么能阻挡自己的。

习练太极拳，有句俗语是“全身无处不太极”。身上任何一点都可以实现化打，招式是自己身上的本能，自己已经准备好了，意到身到，这样会激发机体潜能，心情和机体肌肉放松，气往下行，精神在冷静中含着兴奋，尽情展示自我，达到技术水平的超常发挥。

有人当无人，在战术上也是不顾忌对方的看法和感受，只管自己的水平发挥。你打你的，我打我的，自己引领、把握场上节奏。

小卡片

竞技发挥失常时心态调整秘诀

如果技艺水平是优胜者，竞技结果却以失败而告终，要检查主观原因，譬如：

①缺乏临场经验，思想紧张，心脏跳动快速；

②因思想紧张造成肌肉僵硬，动作呆滞迟缓；

③骄傲轻敌，思想准备不足；

④把对手估计过高，缺乏胜利的信心。

如果是主观因素造成的失败，竞技比赛前和进行过程中必须调整心理活动，可以默念“我要胜利”“一定要胜利”或“镇静，镇静”。连续默念，直到把心理调整正常。如果默念字句无效，还可进行“内视”活动。“内视”活动同时要做到以下几点：

①对竞技比赛要充满信心，充分了解其全过程；

②要准备拼打，敢于牺牲；

③冷静、沉着、稳准、灵活，细心观察，随时调整情绪；

④连续作战，一鼓作气，坚持到底。

意念是武术习练中的重要构成部分，由意念产生的力不仅是功法练习的能量源泉，也是武术习练者精神力量的能量源泉。武术中很多功法的形成和比赛的胜利大都是利用意念的作用来完成的。通过意念达到内视，长期的内视形成高能量物质，这就是武术中的功法；在武术竞赛中通过意念的诱导使自己更加自信，进而使身体肌肉放松，能更好地让机体完成所需动作，这就是意念所带来的精神力量。因为在武术运动中意念对身体有影响作用，能够改善人们身体机能的发挥，对人的身体有很大的调节作用。故此，运用意念练习武术，也就是武术的意练，能使人的身体内外兼修，不但达到强身健体，而且起到修身养性的作用。

【本章小结】

（1）武术当中的“中和”，既是对生理的要求，更是对心理的要求。生理上的中和，要求守住身法，守中用中；心理上的中和，要求内心平静，泰然处事。

（2）武术家的发力，与一般人的发力是完全不同的，他用的是整体发力。整体发力当中包含着位移力和旋转力。武术爱好者要练出整体力，需要进行抻筋拔骨的训练，再造自己。所以武术训练是一个自我革新、自我否定的过程，需要坚强的毅力。

（3）虚与实，一直是武术家需要面对的问题，首先要掌握自己的虚实，然后要学会了解对方的虚实。虚实转换中，用自己的平衡打破对方的平衡。

（4）中国传统武术中，一直强调意念的作用。面对敌手，意在拳先，是取胜的关键所在。对此可以做一些单独的训练，以发挥意念的有效作用。

【复习题】

1. 单选题

（1）<u>A</u>能塑形正身法，致人中和，成为众多武术门派的基础功法。

A. 站桩　　B. 练套路　　C. 散打　　D. 打坐

（2）<u>B</u>力，就是周身协调一致所产生的力。它能增加打击的质量和发力的肌肉群，从而增强爆发力。

A. 直线　　B. 整体　　C. 柔性　　D. 硬性

（3）武术修炼中，讲究内、外三合，六合归一，其中外三合表述正确的是<u>B</u>。

A. 心与意合，意与气合，气与力合

B. 手与足合，肩与胯合，肘与膝合

C. 心与意合，手与足合，气与意合

D. 手与足合，足与力合，心与意合

2. 多选题

（1）位移力是因物体位置移动而产生的力。位移力的大小与<u>A B</u>两个因素最相关。

A. 移动物体的质量大小　　B. 移动速度的快慢

C. 移动时的角度　　D. 移动时的距离

（2）由于物体的旋转而产生的力称作旋转力。<u>A C</u>、旋转角度是物体旋转的三要素。

A. 旋转中心　　B. 旋转速度　　C. 旋转方向　　D. 旋转物的质量

（3）武术运动最讲究虚实，武术中的虚可以归纳为以下几种<u>ABCD</u>。

A. 空虚，或无　　B. 破绽或漏洞等

C. 弱，虚弱　　D. 高手追求的虚空境界

3. 判断题

（1）“人心惟危，道心惟微，惟精惟一，允执厥中”主要强调的是秉行中正之道。（对）

（2）站桩能塑形、正身法，能让人保持中和的状态，是练武的基础。（对）

（3）站桩时应该自然呼吸。（对）

（4）整体力，就是周身协调一致所产生的力，是一种僵力、拙力。（错）

（5）旋转是为了调整身体的状态。一是借力打力，二是便于自己发力。（对）

（6）从思维力方面讲，练拳练的是人的大脑思考问题的方式。（对）

4. 讨论题

如何理解武术修炼中的“意为先”？

第五章　武林人士气质特征

【学习要求】

通过本章的学习，了解武林这个特殊的社会群落鲜为人知的一面，把握武林人士的气质特征，理解他们的处事风格，学习他们积极向上的精神。

武术经过数千年的发展，逐步从单纯的技击演变成了一种文化，展示给世界的是中华民族百折不挠、永不言败的精神和力量！今天，惩恶扬善、扶贫济困、为国为民等武侠精神已经镌刻在大多数中国人的骨子里，成为华夏儿女无法泯灭的一个基因和符号。

中华民族精神的形成过程中，绕不开一个独立的社会阶层——武林。这个阶层有自己相对封闭的生活圈子，有共同的群落语汇，有大体相近的江湖阅历和文化层次，有共同的职业习惯和兴趣爱好，由此形成了特殊的小社会氛围。

武林人士既有共同的语言和爱好，又具有大体相近的文化层次和人生阅历，那么在这种小文化氛围中，必然会产生出某种具有普遍品格的性格气质。对于整个社会来说，这种性格气质是特殊的，对于武林这个社会群落来说，这种性格气质又差不多具有一种普遍的意义。了解、分析武林气质，会有助于进一步挖掘我们民族传统心理中某些深含不露的成分，使我们能够更全面更深入地了解我们自己，而不仅仅局限于武术界。

在本章中，我们将着重回答以下问题：

●什么是武林？

●武术界为什么特别重视武德教育？武德都包括哪些内容？

●为什么武林人士胜负意识特别强？

●武林人士坚韧不拔的毅力是如何形成的？

●武林人士的迂曲心计有必要吗？

●守住孤独，真是成功的必由之路吗？

崇德尚武，为国为民。

在这个世界上，生存着这样一群人：他们长期从事武术锻炼而且有较深的武学造诣。我们把由这些人所组成的社会特殊群落称作武林，即武术界。这些人中包括以武术谋生的，当然也有武功高强而不以武术为生的，还有和尚、道士等方外之人，这些人与以武术为业的人有千丝万缕的联系，有共同语言和情趣，也归入武林这个阶层。

今天，这个阶层人数少了，但仍然存在。这个小社会中的许多人依然是按照这个阶层长期形成的古老传统行事，没有产生实质性变化。

下面我们分析武林人士的气质特征。

第一节　武德义气与坚韧个性

武林中人最重视的是德性。“有德者得之，无德者得而失之”，是武林人士的共识。武林人士为人处事最讲究的是义气，信奉“天下武林是一家”的训示。他们性情坚定而有韧性，不达目的誓不罢休。这些应该是中国传统功夫得以传承的因素之一。

一、武德义气

武德，是从事武术活动的人应当共同遵守的道德规范，它属于中华民族传统道德的一部分，在不同的历史时期有不同的具体内容，但其主要内容却长期保持着相对的稳定性和连续性，为不同历史时期的武术界所共同认可。

简而言之，武德就是武术道德。“道”一般指事物运动变化的规律，并引申为人们必须遵循的社会行为准则、规则或规范；“德”即得，人们认识“道”，遵循“道”，内得于己，外施于人，便称为“德”。“道”主要指一种外在的要求，“德”则指内心的精神情操或境界。“道德”两字连用，始见于荀子《劝学篇》：“故学至乎礼而止，夫是之谓道德之极。”

武德是隶属于体育道德的范畴。武德既是参加武术活动之人所遵守的公共体育道德，又是武术工作者在从事武术教学、训练、竞赛、交流等工作中应遵循的伦理规范。

由于武术有着区别于其他体育活动的特殊性，受到民族道德的影响和渗透，所以形成了自身独特的道德规范——武德。

武德的实质亦是社会公正原则，即正义、公平、公道，是人类最古老的道德观念之一。武德同样是通过社会舆论的作用，通过大众的压力和良知的觉醒，使人们“择其善者而从之，择其恶者而攻之”，来调整人与社会之间的关系。

“武德”一词3000多年前就已出现了，专门记载西周到春秋各诸侯国史事的典籍《国语·晋语九》中，就已有了“有武德以羞为正卿”的说法，意思是说有武德的人即可做得高官。由此可见，在当时就有以“武德”作为选拔任免官员标准的历史记载。历代武术家既将“德”作为武术之根本，同时也把“德”视为通向高深武功境界的精神航船。

武德常分为“手德”和“口德”。

手德就是手下留情。武术是以拳脚和器械进行对抗的运动，稍一疏忽就会伤人。所以，古时训练兵勇或教习徒弟，都特别讲究武德，点到为止，不能伤人。拳谚云：“八打八不打，过手要得法。对敌莫容情，对友莫轻发。”这是“手德”的写照。

“口德”，就是不要恶语伤人。舌无禁忌、议人之过、揭人隐私、无中生有、危言耸听、谣言惑众，这都是没有“口德”的表现。拳谚云，“拳硬舌头软，舌软也伤人”“宁伸扶人手，莫张陷人口”，这是“口德”的要求。

“心正拳正，心邪拳邪”，武德好坏支配着武技的运用。各门各派的拳谱、家法，开宗明义都要阐明武德，并规定必须遵守的道德规范，强调“学拳宜以德为先，凡事恭敬谦逊，不与人争，方为正人君子”。

早在春秋时期左丘明所著的《左传》中就有“武德有七”的论述。以后随着时代的发展，武德的涵义也在不断地变化发展。过去，大多以“尊师重道，孝悌正义，扶危济贫，除暴安良”“虚心请教，屈己待人，助人为乐”“戒骄奢淫逸”等为武德信条。武术的各拳种流派，也都定有自己的“门规”“戒律”“戒约”，并把“三不传”“五不传”“十不传”以及“八戒律”“十要决”等作为武德的标准。

传统武德尤其重视讲义气。提倡习武者要有为情谊而甘愿替别人承担风险或自我牺牲的气度。武德与义气常常在一起连用，落实于习武者言行中。

归纳起来，传统武德义气主要表现在以下五个方面：

（一）谦和忍让

武林人士认为，武不是简简单单的格斗打杀，武即是道，修道无止境。强中更有强中手。要谦虚，遇事要忍让。不是逼到死路上，不轻易出手。拳之至理是“中和”，这也是我们这个民族的性格。

在万赖声先生所著的《武术汇宗》中有关于少林寺传授门徒的规条，很好地体现出了武德的谦和忍让等要求。节选内容如下：

第一条：尊师重道，孝悌为先；
第二条：苦练功夫，体得先贤；
第三条：不许奸淫，衣冠歪斜；
第四条：不准扬拳舞爪，以下犯上；
第五条：不准无故发笑，口造妄言；
第六条：不准以大压小，公报私仇；
第七条：不准指东杀西，高声争论；
第八条：不准翘脚架腿，开口骂人；
第九条：不准唆弄是非，以欺弱好强；
第十条：不准贪图渔利，盗人财物；
第十一条：要低声息气，不耻下问；
第十二条：要克己和众，助人成美。
以上数条，学生常常记心，免犯责罚，外有十不许之规条，另列于下：
①不许恃有本领，欺奸妇女；
②不许恃有本领，强孀逼嫁；
③不许恃有本领，欺负良善；
④不许恃有本领，劫夺财产；
⑤不许恃有本领，酗酒滋事；
⑥不许恃有本领，伤残世人；
⑦不许恃有本领，胡作非为；
⑧不许恃有本领，背弃六亲；

⑨不许恃有本领，违拗师长；

⑩不许恃有本领，交结匪人。

以上十不许，日后有犯之者，定遭杀身之报，慎之慎之。

后开十愿，凡诸生进堂之吉日，跪于神位前，口读十愿，再于师父前，发此十愿，永不敢忘，有反是者，必犯天诛。

①愿学此本领，保国安民；

②愿学此本领，抑强扶弱；

③愿学此本领，救世济人；

④愿学此本领，锄恶除奸；

⑤愿学此本领，保助孤寡；

⑥愿学此本领，仗义疏财；

⑦愿学此本领，见义勇为；

⑧愿学此本领，兴旺门第；

⑨愿学此本领，舍身救难；

⑩愿学此本领，传授贤徒。

苌氏武技也不例外，在习拳练武的过程中，非常注重习武之人的道德修养问题。在其《苌氏武技书》的“初学条目”篇中，有许多内容都与习武者的修德有关。如“学拳宜以德行为先，凡事恭敬谦逊，不与人争，方是正人君子”“学拳宜涵养为主，举动间要心平气和，喜气迎人，方免灾殃”“学拳宜在静处用功，不可向人前卖弄精神，夸张技艺，方能鞭策着里”“学拳宜做正大事情，不可恃艺为非，以致损行败德，辱身丧命”等等，这些都是对初学者的习武行为和道德规范的要求，使习武者在获得拳艺的同时，道德修养也得到提高。

（二）见义勇为，舍生取义

这是古代游侠之风的继承，是武林人有扶危济困、抱打不平、行侠仗义等积极性的一面，受到民众的喜欢；同时也是显示自我存在的一种重要方式，是一种自我表现与欣赏。

当今社会需要见义勇为的精神。因此需要提倡尚武精神。

“尚武精神”，在中国历史中，一直是一块烫手山芋。在国家定鼎之前，外患频仍之时，需要民间尚武。当国家定鼎，国家兴盛富强的时候，民间尚武就成了乱源、威胁。“尚武精神”在中国从未成为国策。

尚武精神一需要精神，二需要自卫防身之术。前者是勇，后者是实力。勇要有实力做后盾！勇而无实力，乃匹夫之勇，徒做不必要的牺牲。当前，许多人是一无精神，二无实力，只有明哲保身，或者任人宰割。长此以往，真将是国无可用之兵。

尚武精神是一个民族赖以生存的灵魂，不是商品经济的附庸。国家强盛，全民素质是极其重要的，尚武精神是全民素质的重要内容。国家得以强盛，人民的尚武精神是不可或缺的。

尚武精神是一个优秀民族的宝贵传统，是中华民族五千年文明的结晶。这种精神造就了中华传统中贫贱不能移、富贵不能淫、威武不能屈的伟大人格。

尚武精神，平时看不见，一旦出现危难、危险、危机，就会在人们身上迸发出来，挺身而出，救死扶伤，见义勇为！尚武精神不能作为“佛脚”，临时抱“佛脚”的做法不可取。

中国武术，正是中华民族尚武精神高度浓缩的产物。学习中国武术，使人掌握一种强身健体、自卫防身之术，还赋予人一种高尚的道德情操。不处理好尚武精神问题，而只把武术当作一种体育健身运动，只讲健身，不谈防身。不能自卫，也就没有卫他；没有卫他，也就不可能有见义勇为，达到舍生取义。

（三）立身中正

武术的训练，最重要的是身法上的立身中正。这包括形体和精神两个层面。

从身形上看，立身中正，指的是练拳过程中始终保持身体正直、中正，从头顶的百会穴到下面的会阴穴要处在一条垂线上，要保证尾闾和脊椎成一直线，处于端正状态。不能前倾后仰，左右歪斜。

据传说，陈家沟陈氏十四世太极拳宗师陈长兴（1771—1853年），字云亭，幼受父辈言传身教，深得太极拳理法精髓。为练功，他常年以凳为床，醒来即练。因天资颖悟，练功刻苦，弱冠之年拳械皆出神入化，名震当时。因其在练武或对阵中立身中正、周身协调，平日无论看戏、赶会，站立千万人中，任人如何拥挤，脚步丝毫不动，近其身者如水触石，不抗自颓，犹如礁立于海，虽波浪拍天而巍然屹立，江湖同道美其名曰“牌位先生”。

武术里的“中”是指中定、护中、打中，自己处处占中，让对方时时走偏。“正”指气势正，意念正，劲路正，方位正，身法正，步法正，手法正，眼法正。

立身中正，是各门派武术入门的第一步，太极拳站浑圆桩；形意拳守三体式；咏春拳练二字钳羊马……在实战中，不论何种武术，无不讲究“步活身正”，即使处在极为被动的位置，也不能丢掉六合。失去了立身中正或者丢了重心就离失败不远了。

在为人处事中，立身中正也同样是最基本的原则。太极拳修炼中有一句话：我守我疆，不卑不亢。社会上缤纷的人际关系、勾心斗角、尔虞我诈，应该怎样去面对？最好的答案应该是：不拉派系，不随波逐流，不做墙头草，能够有自己的原则，立身中正，不卑不亢。面对权势，承担压力时，能够把握住自己的原则和气度，在面对上级时尊重而不谄媚，追求权利时担当而不卑贱，处于竞争时君子而不小人。正所谓“人不可有傲气，但不可无傲骨”。

“人不可有傲气”，是说无论你是身居高官，位高权重，还是学富五车，才高八斗，抑或亿万身价，财富满屋，还是春风得意，一帆风顺等，都不可以傲气冲天，因为一旦过于傲慢，就容易得意忘形，头脑发热。而狂妄自大、目中无人，不仅会导致失败和落后，重要的是还会失去理智，失去朋友，甚至会失去事业，失去财富。

“做人不可无傲骨”，当事业上遭到失败，工作上遇到不顺，家庭中产生矛盾，生活中碰上困难，身体上遭遇重病等人生道路上的挫折时，不卑躬屈膝，不唯唯诺诺，要迎难而上，要挺直腰杆，勇敢面对。挺起腰杆做人，这样我们才会活得有尊严，有价值，有意义。一个有骨气的人，即使你穷得一无所有，但你只要有“冷死迎风站，饿死不做贼”“秦松汉柏骨气，商彝夏鼎精神”，铮铮铁骨，浩然正气，同样也会得到别人的尊重。

（四）尊师重道

武术传承是一种道统教育。这种教育是以师徒传承的方式为其突出特征。在中国古代，儒、释、道皆采用这种方式来进行传承。

道统传承不太重视外在的名词术语、逻辑概念，但是需要师徒之间保持心心相印、生命相通，保持良好生命的同频共振，保持良好的生命链接。

传统武术为心性之学、为生命的学问，是用内在生命来传承的学问。信其道的同时，师徒之间必须要有一个非常深入的生命内在的链接。这就要求弟子必须做到尊师重道。

尊师重道应该是自己自发自觉的行为。不尊师重道者，永远无法走进师父的生命，永远无法得到真正的传承。

武术的传承是传道、传人格、传格局、传境界、传胸怀、传智慧、传知识给你。

没有道，没有德，外在的知识学得再多，也就是一个祸害。师父收弟子的时候，首先考察的就是弟子的人品和心性。人品过关了才能跟随师父学习，如果人品不过关，资质再好的人，也不愿收下。

不重视功夫的传承，甚至轻看老师，会被看作欺师灭祖的行为，会被赶出师门，甚至清理门户。

小卡片

习拳五敬

拳谚云：未曾学艺先学礼，未曾习武先习德；又云：德有多高，艺有多高。这都表明习武的过程中必须加强自身的道德修养。习武之人，首先要做到的就是一个“敬”字。

敬道。选择了武术，于现代社会而言，便是选择了一种锻炼方式，一种生活方式；在古代则代表着选择了一种安身立命的本领，选择了一种穷毕生精力究其穷尽的技业，选择进入了一个社会阶层。习武之人，对武术的挚爱胜于一切，以至于废寝忘食，成为“拳痴”“剑痴”“武痴”。正所谓不疯魔，不成活，不敬武道，很难在武术上取得成就。

敬祖。“落其实者思其树，饮其水者思其源”。武术形成，非一朝一夕之功。每一个招式与功法，都是历代先辈实践与思想的结晶。因此，习武之人必须敬祖。

敬师。俗话说，“一日为师，终身为父”“尊师要像长流水，爱徒要似鸟哺雏”。师徒之间，是一种至亲的类血缘关系，只不过师徒间传承的是技艺。老师是武学道路上的领路人，如不能做到尊敬老师，则必然不重视老师所教，自然要走许多弯路。

敬同门。师兄弟之间同师学艺，“人不亲艺亲”，正所谓“兄道友，弟道恭”，相互之间团结友爱、互帮互助，切不可生骄矜妒忌之心。武林中，多少“代师传艺”成为佳话，又多少同门反目成为笑谈。

敬同道。习武之人，同气连枝，相互之间，肝胆相照。习武要看到别人长处，方能博取众长；与人相处要谦恭有礼，才能天下去得。若自大争胜，自难以有长足进步；若恃强凌弱，则必然为大家同仇。武林同道之间，相互尊敬、共谋发展才是正路。

（五）讲究义气，注重友情

“义，人之正路也”，义气是刚正、忠孝之气。传统武德是非常讲究快意恩仇的，也就是有恩必谢，有仇必报；讲究重承诺，即“黄金千两不如季布一诺”，要“言必信，行必果”；武林人士重诚信讲义气，有为朋友两肋插刀的精神，为义而挥金如土，不计成本。

当然，昔日的江湖义气拿到现在来用已不完全合适。如今讲“义”，是指求正义、走正路。由“义”而至“信”，要待人诚信，言必信行必果，而不再讲无原则的哥们儿义气。

在现代的文明社会里，应该讲法、讲德，授徒要考核其武德，强调道德修养的重要性。习武尚德，时时处处以武德为重，被历代前贤所重视。

今天，传统的武德已不适应社会发展的需要，如要英雄、逞好汉、为朋友两肋插刀的“哥们义气”，以及带有三纲五常思想的“唯师命是从”的行为等，所以应扬长避短，继承传统武德中合理的成分，树立新的武德观。1987年全国武术学术研讨会，将武德规范概括为“尚武崇德，修身养性”。

继承传统武德中的精华，要把习武同发扬祖国灿烂文化、热爱祖国联系起来，培养强烈的民族自豪感，维护中华民族的尊严；有宽广的心胸，对人民要以礼待人，不恃武伤人，不以强凌弱；对危害祖国、人民利益的坏人坏事要敢说敢管；见义勇为，嫉恶如仇，协助公安部门维护社会治安，维护国家和人民的利益；保持不盗名、不夺利、不保守、热于助人的美德；尊老爱幼，尊师重道，对前人和长辈的著作和经验要虚心学习，认真钻研，努力学习技术，刻苦练功，磨练出慈、勇、智、恒的坚强意志，培养良好的身体素质，文武双全，为社会做出最大的贡献。

修养武德，习武者还应努力克服传统武德中的种种陋习，比如武术传承的封闭性和保守性；唯我独尊的“宗派之争”的封建意识等等。

文以德彰，武以德显，武术的真谛在于重德。重武德是武术发展的先决条件，是培养社会所需的文武双全、德智体全面发展的新型建设人才和维护社会安定的重要条件。

思考题：武德与社会主义核心价值观中哪一点关联紧密？

二、坚韧个性

练功夫，三年小成，十年大成。漫长岁月中，要经受种种筋骨之累和皮肉之苦，意志稍薄弱者就被淘汰了。所以，学武的人如牛毛，学成的人如牛角。

武林中凡是有所成就的人，无不是性格十分坚韧，具有超人的毅力。以形意拳而言，其动作简单质朴，步法亦甚单调，但要掌握其精髓实在不容易，真正的大师们无不是经过多年艰苦磨练方才一举成名的。

据传河北深县人李洛能早年经商（一说种地），善拳技，后经山西祁县，遇到戴文英、戴文雄兄弟二人，与之交手屡败。这时李洛能已三十七岁，而戴氏兄弟年纪尚幼，李洛能欲拜二人为师，戴氏兄弟以年幼为辞，引荐李洛能拜自己的父亲戴龙邦为师。李洛能入戴家三年，戴龙邦仅教给他形意拳起手的一趟劈拳，还有半趟连环拳。会形意拳的人都知道，劈拳只有一个动作，左右互换，来回走趟。连环拳全套才十二个动作，半趟只有五六个动作。在整整三年之中，李洛能只学了这六七个动作。如果换了别人，恐怕早就没有耐心学下去了，可是李洛能仍然每天苦练不辍，细心揣摩这几个动作。后来戴龙邦的老母看到李洛能的确诚实好学，让戴龙邦悉心传授。这样，李洛能才得以学到全部的形意拳，成为一代大师，这时他已经四十七岁了。

武林人物

中原传统武术传人石崇英

石崇英先生，祖籍河南荥阳，1940年出生于中医世家，郑州大学教授。早年他曾获得过河南省体操冠军、全国少年体操比赛双杠第四名的好成绩。

1972年11月，年仅37岁的杨式太极拳、马派八卦掌第五代传人王教福先生从沈阳来到河南授拳。石先生被其功夫所折服，正式拜仅比自己大5岁的王教福为师，从此开始系统地练习形意拳、杨式太极拳和马派八卦掌，直到1994年王教福先生去世。

石先生自从开始练拳至今从未中断过，他对练功几乎达到了痴迷的地步，凡是影响自己练功的事情坚决不干。他生活化练功，走路都按照内家功法的要领，以至于不了解他的人还以为他双腿有毛病呢。

石崇英先生肯下苦功夫钻研，在武术上的悟性也很高。对于有关前辈交手的故事，他都是认真地思考：在什么情况下才可以出现那样的效果？对方怎样攻击，怎样发力？另一方又怎样应对，怎样还击？思考提升了他的功夫境界。

三角步是传统武术技击中的阵法，也是核心步法，练起来很枯燥。“为什么师父用起来那么好用，自己却不能在技击中发挥出来呢？”有人由怀疑到放弃，不再练习了。当时石崇英先生学习时也有这样的疑惑，但他相信师父，每天练习不辍。三年后果然在步法上大成。用在技击上时，步法飘逸多变，出神入化。

外国留学生对中国功夫有一种神秘感，但也不乏怀疑者。有人还用拳击和空手道等搏击术与石崇英先生切磋。先生常常腰身一转、胳膊一举一送之间就让对方服服帖帖。有一次，石先生给留学生上武术课时，两个留学生趁老师不备，突然奔到石先生身边，一人抱住一条腿，欲把老师摔倒。石先生见势只是把身一沉，一个左旋右转，两个留学生倾刻间飞了出去，周围学生惊得半天没合上嘴。

《太极内功的奥秘——太极拳速成之路》一书的作者邓文平先生在书中写道：“石崇英是现代比较公认的实力派人物，他讲太极劲就是一个六面力。我曾留意他的成长过程，这人年轻时是体操运动员，在体质上跟一般人比就是天生丽质了，他也练马派八卦掌，他曾规规矩矩地走了七年圈，谁都想拥有像石崇英一样的功夫，但有谁又偏像他一样走七年的圈呢？”

杨式太极拳创始人杨露禅的习武之路也是充满了坎坷，尽管他自幼就对武学有着浓厚的兴趣，但迫于家境也只能早早打工谋生。起初，他在一家老字号药店内做小伙计，每天负责跑腿打杂，根本无暇修炼武艺。偶然一次机会，杨露禅见识到了自己老板的拳脚功夫，便向老板请求学习太极功夫，但是老板却告诉他，他所知的也不过是皮毛。如果杨露禅真的想学到更多太极功夫，不如去陈家沟拜陈长兴为师。经老板介绍，他兴奋地前往陈家沟想要一展身手。可惜陈长兴并不打算收杨露禅为徒，他多次婉言拒绝杨露禅。但杨露禅并没有灰心，仍然想尽办法，孜孜以求。终于感动了陈长兴，同意收杨露禅为徒。不过在他成为陈长兴徒弟初期，陈长兴并没有真正开始教他功夫，而是用各种方法让杨露禅忘记从前，领悟武术的道义。杨露禅静心磨砺，前后奔波上千公里，三下陈家沟，十余年的潜心钻研，终成正果。如果没有顽强的毅力，坚韧的个性，最终能够成为威震天下的“杨无敌”显然是个不可能完成的任务。

形意拳宗师郭云深功力深厚，所向无敌，有“半步崩拳打天下”之美誉。

半步崩拳之半步，即前足前行一步，后足紧跟一步，后足不得超过前足，相对于常人走路后足超过前足之一步来说是半步；崩拳乃形意拳五行拳之一，崩拳从中盘胸腹处发出，形短力猛，如崩箭穿心，如山崩地裂，故曰“崩拳”。

郭云深运用崩拳时是前手勾挂敌手，后手发力穿崩，因郭老功力深厚，再加时机恰当、步伐迅速、经验老到，故武林高手与之对垒往往不堪一击，瞬间即被郭老崩拳击中，力透胸背，心惊胆颤。郭云深半步崩拳的绝技也是他勤学苦练的结果。

郭云深家里很穷，后来辗转到形意拳宗师李洛能门下。李洛能，又名李老农，以租种田园为生。郭云深十分勤快，每天帮着李洛能干农活，终于感动了李洛能倾囊相授。

这一学，就是十二年。郭云深学成出山，却又激于义愤，不忍恶霸鱼肉乡里，出手教训时，没想到下手太重，恶霸直接被打死了。郭云深被官府收入监狱，戴着脚镣，住进死囚号，等待秋后处斩。面对死亡来临，郭云深从未停止练拳。由于狱中空间狭小，而且又戴着枷锁脚镣，所以只能出半拳，迈半步。

后来，因为新皇帝登基，大赦天下，郭云深才得以出狱，去掉枷锁、脚镣的郭云深一下子成了世所罕见的高手。

在很多人眼中，李小龙的一生几乎是一个无敌的存在，1960年，李小龙进入位于西雅图的华盛顿大学。他除了学习外，把精力都放在研习武术上。李小龙在学校里组织了一支“中国功夫队”，为了宣扬中华武术，在大学二年级期间，他租了校园的一个停车场角落作为武馆，挂起了“振藩国术馆”的牌子。他经常在校园里进行训练和表演，博得了师生们的好评，却引起不远处开武馆的日本人的憎恨，馆主木村武之找李小龙比武，李小龙只用了31秒就把他打败了。可是在他的妻子琳达所著的《我眼中的布鲁斯·李》中曾这样记载：

有一次琳达问李小龙是不是天下第一，不怕所有对手？李小龙摇着头说：“我不是天下第一，其实我很怕一种对手。”

琳达很惊讶地问：“你怕什么样的对手？”

李小龙说：“我不怕会一万种招式的人，我怕把一种招式练一万遍的对手。”

许多人在追求功夫的过程当中都希望练到绝招。李小龙在这里无意当中把绝招获得的方法公布于众了，那就是把简单的动作重复练。如果你能够把一个招式练一万遍，连李小龙这样的武学大家也是会害怕你的。

把一种招式练到一万遍，方能达到运用自如，而这需要多大的毅力啊。

作者不是武林高手，但达到目前这种功夫地步，也是每日未曾懈怠，持续修炼了三十年的结果。

练武过程还有这样一个规律，就是每当功力将进未进、功夫将成未成的关键时刻，总会出现外来的诱惑干扰，行家们把这称为“魔关”。

比如说一个小学生武术爱好者。从学业上讲，他要经历升初中、升高中、考大学的过程。每一次升学考试都是一次激烈的竞争。为了在竞争中取胜，很多年幼的武术爱好者不得不先放下自己的武术爱好而集中精力去考学。而每一次的暂时放下都可能中断一个学生持续修炼武术的习惯。

如果一个武术爱好者经历了学业、婚姻的考验坚持了下来。他将步入中年，又要面临着上要赡养老人下要抚养孩子的家庭事务、职业的顺心与否等。这些都可能导致一个人随时放弃自己那短期内不可以用来养家糊口的爱好。所以那些能够坚持下来的武术爱好者都曾经历过千辛万苦的磨难。而这道道魔关的闯过，正好塑造了武者的坚韧个性。

思考题：武术绝招是如何获得的？

武林人物

李小龙

李小龙，原名李振藩，1940年出生于美国加州旧金山，祖籍中国广东顺德均安镇。他是世界武道变革先驱者、武术技击家、武术哲学家、功夫片的开创者和截拳道创始人、华人武打电影演员、中国功夫首位全球推广者、好莱坞首位华人演员。

1962年李小龙开办“振藩国术馆”，1967年自创截拳道，1973年7月20日李小龙在香港逝世，享年33岁。1979年美国洛杉矶市政府将补拍版《死亡游戏》的开映日6月8日定为“李小龙日”。1993年美国发行李小龙逝世20周年纪念钞票，好莱坞名人大道铺上李小龙纪念星徽。同年，获香港电影金像奖大会颁发“终身成就奖”。1998年11月，获中国武术协会颁发的“武术电影巨星奖”。1999年《时代周刊》列出20世纪英雄与偶像人物名单，李小龙与英国已故王妃黛安娜、美国总统肯尼迪等一同上榜。 由香港七家电子传媒联合举办的“世纪娱乐风云人物选举”，李小龙荣登“娱乐风云人物榜”首位。2000年，美国政府宣布发行一套《李小龙诞辰60周年纪念邮票》，这是继玛丽莲·梦露和“007”后第三位获此殊荣的艺人，也是华人第一人。2003年美国《黑带》杂志推出李小龙逝世30周年纪念专辑“李小龙对美国武术界的恒久影响”。2008年11月，全球最大的李小龙纪念馆在其祖籍地顺德均安镇开建，总用地面积3.7万平方米。

第二节　胜负意识与迂曲心计

在民间，历来有“文无第一，武无第二”之说。它的意思是文人都很谦虚，均不敢说自己的文章是最好的，没人敢认天下第一。相反，练武的人用拳头说话，大多不肯说自己比别人差，都认为自己是最厉害的，所以说武无第二。

李小龙曾经说过，“我绝不会说我是天下第一，可是我也绝不会承认我是第二。”可见，每一个武林中人，都有极为强烈的胜负观念。

一、武林人士胜负意识强烈

（一）胜负意识强与武术的产生条件有关

武术是在早期人类与猛兽、与敌人的残酷搏斗中逐渐产生的，其最初的目的极其明确，就是为了杀死对手、保护自己。所以武术中的若干招式实际上是从历史的一片血光中逐渐发展完善起来的，以无数人的生命和鲜血作为代价，它本身就具有残酷性和血腥气。至于它的健身、养生和消遣游戏的功能，则是后来才逐渐显现出来并引起了人们重视的。

（二）胜负意识强是社会竞争、生存的需要

武术，从最初的意义上说就是以性命相搏，胜者可以保全性命，赢得声望，负者则大失面子，轻者受伤，重者丧命。所以，武术中的胜负之分不仅是声望之争，实质上几乎就等于生死之分，武术中的胜负意识也就是生死存亡问题。

生、死、伤全系于比武胜负的观念在武林中由来已久。

旧时代的保镖、护院、江湖拳师全凭一身武艺走南闯北混口饭吃。镖局走镖，在路上遇见强盗，若用江湖术语软说不行，必须凭真本事把强盗打败，不然镖就要被劫走，这样镖局一下就砸了牌子，镖师本人也丢了饭碗。护院为大户人家所雇，若遇上窃贼，也必须拿出几手真功夫才能不辱使命。

江湖拳师以卖艺、教拳为生，闯荡南北，遇有故意找碴踢场子的，实在躲让不了，也只得拿出真功夫应战。

而那些绿林大盗、黑贼惯偷和在江湖上故意找碴儿的人，也都不是泛泛之

辈，若不是自恃有几手“绝活儿”，也不敢斗胆吃这碗“黑道饭”。所以，在上述场合下，既是武技较量，又含有性命生死之争，谁也不敢来半点疏忽。特别是走镖的，简直是以性命为赌注。

武林中人的胜负意识经过两千多年的变化，到了今天当然早已不限于生死之分了，也不再像当初那样充满了血腥味儿。但是，如今的武林中人仍然十分看重交手时的胜负，也不愿意充当失败者的角色。

在今天武林中人的胜负意识中，仍然散发出那么一点儿淡淡的血腥味儿，仍然含有那么一种非生即死的成分。也就是说，如今武林中人的胜负意识仍然没有从古代生死相搏的传统观念中完全挣脱出来，而使武术成为一种具有现代意识的、文明而互相谅解的体育项目。

（三）胜负意识强事关面子文化

国人向来把面子看得极重，古籍中早就有宁可饿死，也不食嗟来之食的记载，又一向有“饿死事小，失节事大”的说法。

齐国发生了严重的灾荒。富人黔敖熬了粥摆在大路边，用来施舍路人。有个饥饿的人用袖子蒙着脸，拖着鞋子，昏昏沉沉地走来。黔敖左手给他食物，右手端着汤，说道：“喂！来吃吧！”饥民抬起头瞪大眼睛看着他，说：“我就是因为不愿吃带有侮辱性施舍的食物，才落得这个地步！”于是断然谢绝黔敖的施舍，最终饿死了。

曾子听到这件事后说：“恐怕不该这样吧！黔敖无礼呼唤时，当然可以拒绝，但他道歉之后，则可以去吃。”

《晋书·陶潜传》：“吾不能为五斗米折腰，拳拳事乡里小人邪。”这句话来源是这样：陶渊明为了养家糊口，就去做了县令。但县令的俸禄只够买五斗米。一天，上级派督邮来督察。为人骄横的督邮一到彭泽县就差人把陶渊明叫来见自己，而且要穿好官服，否则将影响他的前程。陶渊明忍无可忍，说：“我不能因为这区区五斗米而向这个乡里小人折腰！”便交出官印，回乡下种田去了。

在儒家的传统观念中，面子的重要性并不亚于性命。

中国武术界由于其特有的练武、比武的行为方式，历来就培养出一种极强烈的胜负意识。这种胜负意识不仅同面子、声望紧紧联系在一起，而且在一定条件下与个人的生、死浑为一体，胜者获生，负者非死即伤，或者锐气大挫，从此退出武林，至死不再言勇。

武术界的胜负意识远远超越奥林匹克运动的一般竞技项目之胜负。

二、武林人士的武学智慧：迂曲心计

武术是攻防互搏的技术，是劲力与技巧的结合。武术家善于利用虚虚实实的变化来击败对方，善于用不同的招法和劲力来制服不同特点的对手。

武术指上击下、指左打右之类的战术变化，具有虚实相间、亦虚亦实的技击特点。武术套路中，每一路拳械都是若干实战经验的积累和升华，同时也积淀着前人的心计和战术意识。

有人说，太极灵，八卦巧，形意好；甚至说太极奸，八卦滑，形意毒。

“灵、巧、好、奸、滑、毒”寥寥六个字，就从正反两个方面形象地揭示了中国三大内家拳的深刻特点：武术不是简单的肢体动作，而是智慧的产物。

太极灵，是因为它听劲灵，它知己知彼，它对敌人的虚实了如指掌，而对自己虚实变化的功夫又练得得心应手，你认为是实的地方，扑上去之后发现是虚的，对手早已跑了；你认为是虚的地方不去理它，以为不会对你构成威胁，谁知是实的，结果你挨了打。

你认为有的时候却没有，你认为没有的时候却偏偏有。这也是说太极奸的原因，因为灵所以才能随时摸准你的心理，因为奸所以才能随时安排好陷阱等你踩。

练太极拳的人要把自己身上的僵力去得越干净越好，这样自己的手脚躯干才能听指挥、听调度。就像现代化的部队一样，机动能力越强战斗力就越强。否则如果移动迟缓，纵有辎重战车也是徒劳。

太极拳练得差的人，只会用自己的实劲对顶对手；高明的人会柔化对手，让对手使不出劲来，以为能打实了但却又滑掉了；最高明的人却能让对手辨不出虚实。

太极拳真正厉害的是它的思想，是阴阳的思想，真正的太极拳具有舍己从人、以弱胜强、变幻莫测、从不古板的特点。

八卦掌以前叫转掌，通过转圈把自己练灵活了，走曲线都走得像直线一样自如了，身体的灵敏程度非常人可比。八卦掌是讲求在变化中巧妙地击打敌人，一如六爻八卦，是在变数中演算出事物的发展结果。它的功夫过程是“定、活、变”，只有达到“变”的层次的八卦掌才能真正去迎敌，并克敌制胜，让八卦掌更加符合它巧妙善变的特性。

八卦掌通过特殊的训练功法，练出“虎坐鹰翻，龙形猴象”的神意和内劲，它总是在转换变化中击打对手，它不会以硬碰硬，它是稍微一遇阻力就变，它只打对手虚弱之处，它绝不会去打对手有准备、战斗力最强的地方。所以这也是为什么八卦掌要练得柔若无骨，毫无阻滞，全身各处没有过不去的地方，越能像蝴蝶似的、像风中的柳絮一样，就越能于无声无息之间伤害对手。更要像水流一样，它柔软可是什么硬物也阻挡不了它，它总能从你防范不了的地方绕过去。可见说“八卦滑”是很有道理的。

形意好，指的是劲道好。常人使出来的劲都是直劲，而练形意拳的人使出来的劲都是螺旋劲。为什么钉子除了直钉还有螺丝钉？就是为了使钉子和物体接触得更牢更实。为什么枪管里面要刻来复线，就是为了子弹出膛的时候产生螺旋，这样射击的效果就精准，不易受外界的干扰。

另外，常人使力往往只是手臂的力量，而形意拳使力的时候却是整体、全身的力量，是脚、腿、腰、后背、手的合力。

形意拳练得好的人，身上各处非常协调一致，身上大大小小的关节就像手表上的大小齿轮一样环环相扣，只要一上发条，便可带动第一个齿轮再带动第二个齿轮，直到带动时针、分针、秒针的转动，手表要走得精确，内部的齿轮就要求配合得精细。

所以和形意拳练得好的人一搭手，就像被卷入到机器里面一样，毫无反抗之力，正是合乎了“硬打硬进无遮拦”“形意霸道不讲理”的老话，其实形意拳硬打硬进也好，不讲理也好，一开始都是从道理中练过来的，功夫大了就显得不讲理了。

武术宗师们总结搏击规律创编了各种拳种，这些拳种的拳理、拳技中指上击下、指左打右之类的战术变化，虚实相间、亦虚亦实的技击特点又锻炼了后来的习武者，让他们脑洞大开。在搏击中，武术家们讲究引进落空、避实就虚、避正打斜，善于利用虚虚实实的变化来击败对方，善于用不同的招法和劲力来制服不同特点的对手。用一句通俗的话说，不会对手一拳砸过来，你也一拳打过去，比谁的力气大，谁的拳头硬。这是莽夫打架，即使赢了，伤敌一万，自损八千。

所以，武术家们的迂曲心计，是面对瞬息万变的搏击情况，善于使用智慧，察言观色，虚实开合，“逢强智取，遇弱活拿”，是武学智慧的体现。

武术家们的迂曲心计，如同传统文化中“害人之人不可有，防人之心不可无”之说，也是一种自我保护。

思考题：当今社会还需要武术家们的迂曲心计吗？

武术家的迂曲心计用于常人日常生活中，就要讲究圆通，随曲就伸，理解对方，顺势化解。仅有正直的人，往往会被小人当作靶子来打。生活中，针锋相对的事并不鲜见，为了件小事，两人争得头破血流，甚至酿成惨剧者时有耳闻。如果能像武术讲究听劲一样，化打结合，把对手的力给化解掉，那才是处事的行家里手。

比如一个急性子的男孩约女孩逛街，结果女孩让他在女生宿舍下面等了很长时间。

男孩儿说：你让我大热天的等了这么久，你还有没有点儿时间观念？（类似出拳了）

女孩儿说：怎么了？我就不能迟到一次？你有必要大惊小怪吗？本来男生等女生就是应该的。（类似出拳反击）

后果大概率应该是很难避免吵一架了。

如果他们能换一种办法来处理。比如：

男孩儿说：你让我大热天的等了这么久，你有没有点儿时间观念？（类似出拳了）

女孩儿说：哎呀，对不起，对不起。（借势化力）你看我平时都很注意的，这次真的是有原因，你想知道不？（引进落空）天是挺热的，我先给你买点儿冷饮去。（平衡）

这样处理事情的结果，大概率应该是两人开开心心地逛街去了。

第三节　孤独灵魂，玉汝于成

人们印象当中的武林人士，多数情况下都是形单影只的样子。他们常常一个人守住一片场地，习练一套拳法，一练就是数十年。的确，他们就是以这种状态，无视世人不解的目光，孜孜不倦地追求着自己内心里那个目标。

一、孤独灵魂

武术这一中国传统的文化形态，从一开始注定就是孤独的。在大环境下，民间习武一直被统治者严厉禁止，习武的人们不得不转入地下秘密进行。农耕文明的中国在宗法制下决定了武术只会在一定范围内传播。真正的武林界是一个相对封闭、保守的群体。可以说，武林人士从思想到行动都呈现孤独的特点。

（一）环境造成武者的孤独

毛泽东在《体育之研究》一文中说："我国历来重文，羞齿短后，动有好汉不当兵之语。"这本身包含的重文精神，使得必然走向倡导竞争和普遍尚武精神的武术活动自然不会被提倡和鼓励。

武则天诏令设置"武举"开始到清末废置的1200年间，约有百余名武状元。这些通过"武举"上来的武状元，几乎无用武之地。唐代诗人赵嘏发出"太宗皇帝真长策，赚得英雄尽白头"的感慨，实质上是统治者慑于"武臣造反"，收天下雄才为己所用或闲置不用罢了。

同时，重文轻武的社会风气，也使得文人不屑于为武术著书立说，武术主要通过"口传身授"的方式来传承。

古代中国社会结构的特点是宗法制。武术不可避免地被打上了深深的宗法印迹，一般都在宗族内传播，为避免外人习得，还有传男不传女的规定，因为一旦女子嫁出去后，可能会把本门功夫带向夫家。在宗法制的影响下，各流派平行地保持着独自的风格，世代相传。

轻武禁武与宗法的影响，武者显得孤独而无奈。

武者的孤独感还来自于清规戒律的约束。千百年来，少林武术以其刚劲威猛等称雄中国武林，但少林寺首先是一个宗教组织，传承佛法是其首要任务，教规规定五戒就有"不杀生、不偷盗、不邪淫、不妄语、不饮酒"。应该说，武术能在少林寺这块沃土上发展起来，少林僧人能练就少林童子功、少林硬功等独有的功法，达到武学的至高境界，与这些清规戒律的助力分不开。中国武林素有“北宗少林，南尊武当”的说法，武当派在我国武术史上占有极其重要的地位，武当作为道教的圣地，其拳术以柔为主，武当人士也注重清心寡欲，固精培元，认为以此能够达到延年益寿的功效，与道教宣扬的理念相吻合。

（二）武者思维习惯特殊，知音难寻

武术家作为智者，其思想超越了同时代的人，他们在自己所处的社会环境中找不到知音，听不见共鸣，所以他们犹如鹤立鸡群，难以摆脱形影相吊的孤独之感。

习武者认为，男女之事影响功夫的长进。习武者应以“宝精”为原则禁欲节欲。《水浒传》中几乎清一色是不近女色也不结婚的铁石心肠的好汉。在金庸名著《笑傲江湖》中，武林第一高手是练“葵花宝典”的东方不败。而要练“葵花宝典”，又必须阉割净身。在这种思想指导下，为保持精力，习武者夫妻生活越来越少，势必冷淡夫妻关系。他们为执着于自己练功，孤独地在俯仰呼吸间注入能量。

各个武术流派都把自己的修炼方法视为珍宝，不肯轻易示人。功夫的修炼过程，是不事张扬的过程。学拳、练拳、悟拳的各个环节都是相对隐秘的。师父修炼出的诀窍、一点心得体会往往是花费了一生时间的结果，不愿别人不尊重，不愿别人说三道四，更不愿轻易示人、给人，择人而教，教而有规矩。练拳讲究自我修炼、自我感悟，需要一个安静的环境去体会自身的变化过程，不愿别人打扰。所以，练武人一般选择在早晨和晚上练拳，大多是在无人的树林中进行，为的就是不让别人旁观。不少武林高手正是在体味孤独的过程中，才日渐形成完善的武术技术。

不同的思维模式，造成武林高手们与一般不会武术人之间缺乏共同语言。那些把练功夫作为第一要务的武术家们，不愿意把时间白白地耗在那些没有共同语言的人身上。

武术界向来有一层功夫一层体验之说。即使同处武术界，但由于水平差距太大、对功夫的理解完全不在一个层次上的武者，彼此之间也缺乏共同的语言。

实际上，即使在同一水平层次的高手之间，由于胜负意识、门派之见等诸多因素，彼此开诚布公地交流练功心得和经验也是极少的。一个武者得到的每一点练功感受，不要说那些成功的经验，即使是失败的教训也是武者费尽千辛万苦得来的，练功秘籍当中包含着武者的汗水泪水甚至血水，的的确确来之不易，没有人愿意把最心爱的东西白送给别人，所以同一水平层次的高手之间彼此的心灵也是互相封闭的。

武术作为一种身体活动形式，练习者必须放弃很多世俗的欲望，通过各种方式来专注于武术的提高，当达到一定的境界时，又苦于没有知己而长叹。

现实中，一些老拳师在去世后，后人大多将他们遗留的东西一一丢弃或变卖。可想而知，他们生前习练的武术，并不太受家人的待见。这期间他们内心的孤独可想而知。

更可叹的是，个别武者终其孤独的一生练就了一身武艺，却为了维护“绝技”而不外传，到最后遭到失传的厄运。

可以说武者这种孤独的状态是不自觉地人为造成的。

传统拳种一直遵循“源流有序、拳理明晰、风格独特、自成体系”，如此才得以不失真。传统武术家们在门内必定长期钻研，跟外界接触比较少，不常得到众人们的掌声和追捧，可以想象他们的孤独和寂寞。

清初著名学者颜元（1635—1704年）是一位难得的文武全才。他提倡实学，反对清谈，开创了颜（元）李（土忝）学派。他又精通技击，内功深厚，曾在数招之内击败商水大侠李子青。他名满天下，交游南北，晚年却留下了这样一首诗：“宇宙无知己，唯有地天通。须臾隔亦愧，自矢日兢兢。”对他来说，宇宙之大，竟然找不到一个知己，只有与天地互通灵犀，片刻无隔，矢志奋进不懈，才能感受到心灵上的一点自我慰藉。颜元在临终前半年写下了“立心高明，俯仰一切”八个字，这大概也是不少武林高手暮年心境的反映。唐人高适诗云：“莫愁前路无知己，天下谁人不识君？”但却正是那些“谁人不识”的名人，倒是比常人有着更多无法排遣的孤独。

那些身怀绝技的武林高手又何尝不是如此？金庸在《神雕侠侣》中写到一位独孤大侠，他仗剑纵横南北，战无不胜，最后，普天之下再也找不到一个能与他较量的对手了，他成了名副其实的“天下第一剑”。但是，他从此也厌倦了人生，埋剑隐居，最终孤独地死在一个荒凉的山洞里。这位独孤大侠虽然是文学家虚构的人物，但他没有对手的寂寞却不全是作家凭空杜撰的。

（三）修练隐秘，内省重意

功夫的修炼方法是隐秘的。

《吴越春秋》所载善剑的越女自云：“妾生深林之中，长于无人之野，无道不习，不达诸侯。”封闭、带有秘密性几乎是中国武术所有流派传习的共同特征。

在中国古代，通常各门各派不会轻易或主动把自己长时间总结积累的实践经验传授给他人。即使切磋技艺也只是检验自己技术的实效性，而很少“推心置腹”地交流。传统武术深奥的理论、特殊的传承方式和丰富的文化背景构成了其神秘性特征。同时，武术的神秘性为其本身发展创造了有利条件。“口传”的传承模式更是不断塑造着传统武术的神秘。

大凡成为武林高手的人，多从幼年起即悉心学习武功，其所从必为名师，名师督责必为严苛。所以有关武术的种种观念，诸如坚强意识、防卫意识、孤独意识等等，很早就在他心里扎下了根儿。同时，学习武艺，除了开始一个阶段由师父传授以外，越往后练就越要靠自己动脑筋。苦练到暗劲以后，就几乎完全凭自己的悟性和毅力去摸索了。年长日久，习武者自会养成隐忍的习惯。

武林中人大多气质内向，性格孤独。他们习惯于内省的思维方式，而且行事独特，与常人总有些不同之处，甚至格格不入。从常理讲，习武者的精神世界应当是十分充实的，但他们似乎生活在另一个世界里。他们的灵魂深处几乎是孤独的、寂寞的。他们又总是被某种似有若无的失落感困扰着，剪不断，理还乱。武林高手数十年如一日地潜心钻研武技，他们以练武为事业，视武技如生命，却很少彼此交流，最终常常是带着某种遗憾离开了人世。

武术练到高级阶段，一定要讲究顺应自然，这就首先要求习武者心地虚静，一片空明，无牵无挂，无执无碍，不为任何世俗尘念所扰。久而久之，不少武术家就逐渐养成了冲淡虚和的气质，他们把世间的富贵利禄看得不是太重，于个人的荣辱浮沉也并不总是放在心上，与世少争，与人少争。真正的武林高手，都是在内省和孤独的苦水里浸泡出来的。他们为了武术，几乎可以舍弃人生的任何享受。

练功是一件很身体化的事情。需要注重内省、重意，外动而内静，身体的变化是意气力的结合，需要练功者默默地体悟，在虚极静笃中求得一丝灵感。在练功过程中，一般师父不会主动告诉你身体有什么变化，因为你功夫不到，说了也没有感觉。等你加强练习一段时间，你自己会体会到身体的变化，然后将变化告诉师父，师父再给你讲对或者不对。这个体悟的过程注定是以一种孤独的形式出现的。

少林拳师在练习少林十八罗汉掌中的环抱玉带功时，有两种练习方法。其一，是养气。动作要求两脚平行站立，与肩同宽，两膝微屈，身体保持端庄、放松、沉稳、自然；两眼微视前下方，鼻息均匀、轻微；舌抵上腭，唇齿微合，表情微微含笑；两臂微屈环抱于腹前，两掌呈“八”字形，掌指放松，掌心内含，中指间距一厘米相对，掌心朝内，做到腕部、肘部、肩部、髋部、膝部松沉，收腹含胸，腰背松直，呼吸用鼻，要做到细慢、均匀、沉稳、深长。此时，思想高度集中，意想丹田处（神阙穴），神无外散，耳无外听，神态自然，专一守中，在肃静和寂静的内静与外静的环境中专心练功。其二，是练气。在上述基本姿势和专一守中的基础上，意想吸气时将以丹田为中心的腹腔逐渐吸满，以至无吸气余地时，慢慢呼气，随意念将气引向后腰命门穴（腹腔内收）；待无呼气余地时，再随意念吸气向前至腹腔丹田处。这样平行互为推动，周而复始，如此往复，绵绵不断，日久，处于人体任脉的神阙穴与处于督脉的命门穴的整个腰腹区以至双掌之间会感到温热舒适，气感充实，身轻有力，神清气爽。练功时不能急于求成，要轻松自然，不可强用意念呼气和用力呼吸，否则，易出偏差。

简单的一个环抱玉带功，没有安静的环境，没有心静如水的内省重意，是不可能练成的。

二、玉汝于成

纵观古今有成就者，无一不是经过一番磨练。人的成长过程也是如此。梁启超说过，困苦是磨练人格的最好学校。而这种启示也可以引申至中华武术精神方面。大多数武林高手都是隐忍和坚强的，习武者的成长并不是一蹴而就的，成就他们一生修为的是磨难。

任何进步都有一个从量变到质变的过程，武术的修炼同样离不开坚持。俗话说：“师父引进门，修行在个人。”又说：“曲不离口，拳不离手”“板凳需坐十年冷”等，都是鼓励人们学武要有毅力，要有长期的持续性。试想，假若一个人每天练马步冲拳50次，认真坚持十年就是18万次。即使他不练其他任何功夫，只练这最简单的马步冲拳一项，则十年之后其拳上的威力就不可轻视。

武林中有不少人凭一拳一腿之技扬威立名，无不是靠这种日积月累的渐进之功。至于那些旷世的武学大师，更是以毕生精力钻研武学。大文学家们以诗文为茶饭，武学大师们则是以武学为茶饭，无时不思，无处不想，须经数十年之浸润，最终才可能成为一代宗师。

美国作家格拉德威尔在《异类》一书中指出：“人们眼中的天才之所以卓越非凡，并非天资超人一等，而是付出了持续不断的努力。1万小时的锤炼是任何人从平凡变成超凡的必要条件。”

他总结出了“1万小时定律”，他的研究显示，在任何领域取得成功的关键跟天分无关，只是练习的问题，需要练习1万小时。“1万小时法则”的关键在于，1万小时是能达到世界级水准的最底限。如果平均每天练习 3 小时的话，则需要10年。

其实1万个小时还有另外一种表述方式，那就是“10年”。早在20世纪90年代，诺贝尔经济学奖获得者、瑞典科学家赫伯特·西蒙就和埃里克森一起建立了“十年法则”。他们指出：要在任何领域成为大师，一般需要约10年的艰苦努力。

中国有句古话，“十年磨一剑”，其实是同样的道理。那些成就非凡的弄潮儿，其实大多数也和我们一样是平常人，其所以能脱颖而出，就是因为他们有超人的耐心和毅力，肯花1万个小时甚至更多的时间来训练和学习，长期积累才达水滴石穿，终成正果。

人需要在艰苦的条件中锤炼，需要在孤寂中磨练，这样才能长大成人。如果人们也想像那些杰出人物一样出类拔萃，就先别埋怨自己没有机会，不逢贵人，怀才不遇，而是先问问自己功夫下得够不够，有没有付出过1万个小时的努力。

就拿练习蹲墙功来讲，蹲墙功原本是太极拳秘传的松腰秘籍，以前师父在锻炼时都要支开弟子，防止弟子偷看。现在由于网络的发达，类似秘籍已变得唾手可得。可是，现代人却很少意识到蹲墙功的好处，少有人练习。

蹲墙的健身原理是通过蹲墙锻炼达到丹田气足、圆活，尤其是对颈、胸、腰、骶、脊椎的抻拉，可牵拉到平常运动不到的肌肉、韧带、神经，从被动运动到主动运动，日久自然感应异常灵敏，从而使肌肉、骨骼达到坚韧有弹性。

蹲墙功练习方法非常简单，就是面对墙壁，下蹲上起。但要求脚尖抵墙，鼻子尖贴墙，身体和头部保持中正，脚尖、膝盖、鼻尖始终保持在同一直线上。看似容易，没有练过的人100%会往后仰，跌倒在地，因为腰部不够松。但只要有顽强的毅力和科学的方法，多数人还是能够做到的。

蹲墙功

有个武术爱好者的经历证明了这个道理。①一开始他也不例外，脚尖抵拢墙，蹲到一半身体就往后仰。直到脚尖后退离墙差不多10厘米，才勉强能蹲下去，只做了几个就大汗淋漓，气喘吁吁。他给自己制定的目标是抵墙，轻松做到一组20个。这中间有10厘米的距离需要跨越，难度系数非常大。但他只用了不到1年时间，每天10分钟，就轻松达到了目标。秘籍何在？靠的是科学的方法和毅力。

他把目标无限细化到自己能轻松完成的地步，找人做了20块小木条，每条长度为29厘米，高度2.6厘米，宽度为0.5厘米。有单独1块的，也有2块、3块木条粘连在一起的，便于自由组合和调节距离。放在双脚和墙之间，量化距离，从离墙10厘米开始，数量从1、2个开始，每天增加一个。做到10个后，减少1块木条，离墙距离变为9.5厘米，难度增加了一些。等感觉轻松适应后，慢慢每天增加1~2个，直到能轻松做到20个1组，再取掉一块木条，距离变为9厘米。

靠着这个方法，木条逐渐减少，直到近1年的时间，他能够完全穿鞋抵拢墙轻松蹲下。期间，曾有因为鼻子在墙上蹭来蹭去被擦红破皮的经历，火辣辣地痛。多方尝试后，他终于找到了办法。定做了一块大玻璃，用六颗螺丝固定在墙上。锻炼时，用湿毛巾先擦一下，鼻尖在湿玻璃上滑动感觉就很舒服，不再会受伤。

后续在练习光脚蹲墙时（比穿鞋难度大一些），他又在脚跟处垫本书，模

①Edward zhang24.长期坚持锻炼，你需要的不只是毅力［EB/OL］.［2016-6-25］. https：//www.jianshu.com/P/qd033838b62c.

拟穿鞋蹲墙的状态。然后继续分解目标，每天撕掉几页，逐步增加难度。等书撕完了，也就能轻松光脚抵墙完成了。

谈到练习蹲墙功成功的经历时，他分享道：一是一定要记锻炼笔记，量化每天的锻炼次数及难度，还有身体的感受、收获和成长。因为，任何长期性的自我修炼，都必须在监督和跟踪下完成。这样做的好处是，坚持一段时间后，可以回头看到自己的明显进步，获得成就感。尤其是在自己懈怠，想偷懒时，看看锻炼笔记可以获得动力。一般而言，锻炼的效果很难量化和控制，但我们可以量化和控制投入的次数和难度，通过记录来获得成就感和持续锻炼的动力。二是多收集资料作为参考。从网上大量收集来的关于蹲墙功的资料、原理、好处，以及其他人锻炼体会等。一方面，可以在理论上指导自己怎么更好地练习，修正自己的错误。另一方面，还能从他人锻炼效果中得到激励。认识不到蹲墙的好处，道理不透彻，要长期坚持是很难的。比如，他从网上得知，一个练习了8年的人，说练习蹲墙功为自己带来了很多好处，诸如：腿脚结实有力，爬山轻松，气都不带喘的。精气神十足，人显得年轻，脑子好，记忆力好，瘦身减肥等。诸如此类的文章给了他很大的动力，他把文章打印下来，夹在锻炼笔记里，时不时读一下，给自己激励。练个蹲墙功尚且如此不容易，全面掌握传统武术就更可想而知了。正所谓：艰难困苦，玉汝于成。

能吃一般人不能吃的苦，受一般人不能受的罪，这是武术家们能够练成功夫的基础，同时也成就了武林人士非凡、独特的气质特征。

思考题：尝试练习蹲墙功，体悟武术家的艰苦努力。

【本章小结】

（1）武林是长期从事武术锻炼而且有较深武学造诣的人所组成的社会特殊群落。这些人中包括以武术谋生的和不以武术为生的，还有和尚、道士等这些与以武术为业的人有千丝万缕联系的方外之人。

（2）武德是从事武术活动的人应当共同遵守的道德规范，它分作“手德”与“口德”。武德属于中华民族传统道德的一部分，在不同的历史时期有不同的具体内容。

（3）尚武精神是一个民族赖以生存的灵魂，是一个优秀民族的宝贵传统，是中华民族五千年文明的结晶。尚武精神一需要精神，二需要自卫防身之术。前者是勇，后者是实力。勇要有实力做后盾！

（4）武林中凡是有所成就的人，都是性格十分坚韧，具有超人的毅力。这种个性特征，用于做任何事情，都不会落于人后。

（5）武术所特有的残酷性和血腥气，造就了武林人士极为强烈的胜负意识，从而落下“文无第一，武无第二”的谚语。

（6）武林人士的迂曲心计，绝不是下作的偷奸耍滑，而是武术家战胜对手、让对手口服心服的武学智慧。

（7）艰难困苦，玉汝于成。武林人士的每一次成功，都是耐住寂寞、历尽挫折和磨难得来的。练武的人有韧劲，从小练武的人抗压能力特别强，这是武术给予人的大礼。

【复习题】

1. 选择题

（1）武德，是习武之人应当共同遵守的道德规范，常被分为<u>B</u>德和口德。

A. 师　　B. 手　　C. 恩　　D. 道

（2）能在武学上有所成就的人都具有坚韧的个性，传说<u>B</u>三下陈家沟，前后十余年，终于成为一代太极宗师。

A. 李洛能　　B. 杨露禅　　C. 郭云深　　D. 孙禄堂

（3）武林人士胜负意识强烈，除了与武术的产生条件和社会竞争、生存的需要有关外，还与中国人深厚的<u>B</u>文化有关。

A. 人情　　B. 面子　　C. 武术　　D. 传统

（4）武林人士的迂曲心计是<u>C</u>。

A. 投机　　B. 偷奸耍滑　　C. 武学智慧　　D. 战术

（5）格拉德威尔的“1万小时定律”，与我国“十年磨一剑”“板凳需坐十年冷”的说法一致。用在武术修炼上，需要每天练习<u>D</u>小时，才能在十年左右达到专业水准的入门线。

A. 2　　B. 8　　C. 5　　D. 3

（6）一般来讲，武林人士从思想到行动都呈现出<u>B</u>的特点。

A. 活跃　　B. 孤独　　C. 内省　　D. 外求

2. 判断题

（1）和尚、道士等方外之人，不归入武林这个阶层。（错）

（2）“心正拳正，心邪拳邪”，是说武德好坏支配着武技的运用。（对）

（3）河南派形意拳的创始人是马学礼。（对）

（4）练武过程总会出现外来的诱惑干扰，此即行家们说的“魔关”。（对）

（5）民间有“武无第一，文无第二”的说法。（错）

3. 讨论题

练习武术成功的因素有哪些？

第六章　武林人士临敌心态

【学习要求】

通过本章的学习，了解习武者临敌时应有的心理状态，掌握与实战有关的若干原则。

当今众多的武术爱好者，在被武林高手们高超的技击能力所折服的同时，大多努力练习，以求获得技击绝技。然而，由于种种原因，费尽千辛万苦，健身效果易得，防身绝技难求。一旦动起手来，鲜有赢家。

武林高手们在技击时有什么克敌制胜的秘诀？武术爱好者在平时的训练中应该做些什么针对性的练习？本章试图从心理学角度探讨武林人士临敌时的心态，从而为武术爱好者提供一些可供借鉴的经验；同时也会涉及与实战有关的若干原则。

在本章中，我们将着重回答以下问题：

●对阵搏击，什么是第一位的？

●搏击时如何做好应敌的准备？

●如何让自己在搏击场上占据主导地位？

●搏击时如何截击对方？

●太极拳的以静制动是如何实现的？

武术的本质属性是技击。在古代，武术本身就是杀人的技术。拥有武术技能，小则可以护体强身，安身静心，大则可以保家卫国，博取功名。长期的战场厮杀，武林前辈们总结出了一系列行之有效的搏击经验，我们在这里探讨一二。

第一节 勇于克敌

战争关乎着双方的生死存亡，是“死生之地，存亡之道”。所以不管是将帅还是士兵，首先都必须具有勇于胜利的胆量和勇气，兵家理论便将胆气作为将帅的首要条件之一，武术搏斗虽然不像战争似的与国家、军队的命运息息相关，但也决定着个人或群体的胜负生死，因而武术理论也要求武术家首先必须具有胆识勇气。勇气，克敌之第一要诀。

一、必死则生，幸生则死

战场上、擂台上搏击胜利的关键是什么呢？富有实战经验的武林前辈告诉我们：是勇气，即勇敢作战的精神。

战国时期著名军事家吴起从“生与死”的角度，论述了“勇敢”在战争中的重要性。他在《治兵》篇中讲到，在战场上“必死则生，幸生则死”，深刻揭示了战争中“生与死”的辩证关系：只有不怕牺牲，勇敢战斗，夺取胜利，才能保存自己；而贪生怕死，不敢冲锋陷阵，结果必然失败，招致灭亡。

古阿拉伯国王曾获得一把大马士革弯刀，他决定把这柄弯刀赠予国家最英勇的战士。国王垂问众臣，众臣异口同赞。众臣在赞美此刀是罕见的宝刀时，都感到此刀有一个小小的遗憾，就是稍微短了一些。而太子阿曼佐尔对此发表了一句不同凡响的见解，他说：“前进一步，刀就够长了！”

“前进一步，刀就够长了！”一言既出，四座皆惊。它道出了一个非常明白的道理：真正的勇士，不在剑短；刀身所缺，勇气可济。对于那些阵前“腿软”的懦夫来说，再长的利剑，也是不够长的。在战争的舞台上，在激烈的战斗中，总是给勇敢者留下足够的空间和进击的位置。

毛泽东曾说，抗美援朝战争中敌人“钢多气少”，而我们“钢少气多”。这句话可谓深刻而又深刻了，中国人民志愿军所创造的以“气”胜“钢”的战争奇迹，直到今天，美国人仍然心存疑惑，想通过电脑模拟，分析出他们失败的原因。实际上电脑只能模拟常规性的“硬件”要素，却模拟不出一支军队战斗精神所能迸发出的巨大力量。勇气，也就是战斗精神，是蛰伏在战士心灵深处的“雄师”“猛虎”，在艰苦的战争中，它总是能够提升战士敢打必胜的信心，这是任何“长刀”“利剑”所无法代替的。

法国军事家拿破仑曾经说过：世界上有两种最伟大的力量，就是“利剑”和“精神”。从根本上讲，“精神”总是驭服着“利剑”。

电视连续剧《亮剑》的主人公曾经说过：“敌人亮剑了，我们也要亮剑，哪怕是死，也要先拼一下，因为，狭路相逢勇者胜。”面对强大的对手，明知不敌也要毅然亮剑，即使倒下，也要成为一座山。没有一个军人是怕死的，这就是亮剑精神，军人必须具备英勇顽强、勇于战斗的精神；必须具备敢于牺牲、前赴后继的精神；必须具备锐不可当、所向披靡的精神；必须具备大无畏的英雄气概精神。凭着这种精神，主人公带领自己的部队在战场上取得了一个个以少胜多的胜利。

千古兵圣孙武把军人的“勇敢”作为战争取胜的重要条件。德国军事家克劳塞维茨认为胆量是一种促使人们在精神上战胜极大危险的“可贵的力量”，“胆量在战争中占有特别优先的地位”，“是一种独特的有效要素”，“胆量是真正的创造性力量”，“它好比是使刀剑锋利发光的真正的钢”。与此相反，“胆怯”则会极大地妨碍其他力量的发挥。

明朝唐顺之所著的《武编选》中讲道：拳有势者，所以为变化也。见交手之时，首先就要先做好势的把控，并贯穿始终，尽量使自己占据势的优势。这个势，并不是特指某一个动作而言，而是对两人之间态势的把控。其中包括距离、角度、攻防的时间差等，还包括心理上的“势”。形意拳中讲：“形受形攻，形败而扑于地。气受气攻，气馁而怯于心。神受神攻，神弱而缩于胆。”倘若交手之时，未战而先怯敌，挨两拳就害怕。这胜负也就定了。

回顾中国人民解放军的战斗历程，在历次战争中，在当时武器装备落后于敌人的情况下，总是能够战胜强大的敌人，从一个胜利走向另一个胜利，其取胜的一个重要“法宝”，就是人民解放军英勇顽强、不怕牺牲的战斗精神。在技术高度发达的今天，战争形态不论怎么改变，战争样式不论怎么变化，武器装备不论怎么发展，军人英勇的价值永远不会降低，勇气永远是使刀剑锋利发光的真正的钢，英勇顽强永远是夺取战争胜利的重要法宝。

拳场如战场。拳场上的搏击正如拳谚所言：“一胆、二力、三功夫。”面对强敌要有敢于拼搏、善于拼搏、出手必胜的勇气。在战略上藐视对手，在战术上重视对手，要有必胜的信念，力争做到“打人如走路，看人如蒿草”。

俗话说："横的怕愣的，愣的怕不要命的。"如果一个人横了心，把"死"字往脑后一扔，反而会心平气静，超常发挥，取得更好的效果。《水浒传》的拼命三郎石秀，武功在水浒传中不是最强的，可是敢打敢拼的精神却是数一数二的。他喜好仗义执言，为了好友能够做到两肋插刀，打起仗来不要命，曾多次取得骄人的战绩。

克敌必胜的勇气来自平时训练的结果。《形意拳经》说："练习时面前似有敌，交手时面前似无人。"平时的有，战时的无，造就了一代代武林高手。

真正的武者敢于面对强敌，在与强敌对搏中体现自己的价值。武术家万籁声先生说："武术家与人动手，有三惧三不惧，老头子、小孩子、妇女是为三惧，盖胜之不武，打死需偿命也！大势力、大气力、大功夫是为三不惧，乃有抗衡价值，不可以其有势力有功夫而不敢较量也。"

形意拳谱说"遇敌好似火烧身""五行合一体，放胆即成功。"则既讲明了拥有扎实功夫的重要性，又强调了勇气、胆量在技击当中的不可替代性，值得武术爱好者深思。

思考题：置之死地而后生的案例，您还知道有哪些？

二、可畏勿畏，可玩勿玩

搏击是身体技能的较量，更是心理素质的较量，它是智者的游戏。搏击时，无论遇到什么样的对手，都要保持冷静的头脑和稳定的情绪，既不能轻视对方，也不能有胆怯的心理。轻视对手，往往会因为自大而导致失败，心里胆怯则会造成心理压力，技术得不到充分发挥，不稳定的情绪会影响斗志，易被对手利用机会从而造成失败，因此稳定的情绪是提高搏击取胜的保证。

面对对手，武林高手们常常能够保持高度警惕的状态，自信而不莽撞。

面对气势汹汹、一般人一望就胆战心惊，而武林高手却常常能够做到镇定自若，可畏勿畏。既来之则安之，面不改色心不乱跳。

遇到比自己强的对手，不生畏惧之心，而是神气贯注，相与周旋，彼进我退，彼退我进，彼刚我柔，彼长我短，尽快摸清对方虚实变化。如自己神定气清，即便不能取胜，也不致于一交手就落败，而且可以摸清对方的长处，增加自己的实战经验，对自己也是一次很好的磨练。

面对强敌，大成拳要求"目光要毒"，下手狠、力量透，一击即中，快速结束战斗。

形意拳经说："练习时面前似有人，交手时面前似无人。"要求练拳时，必须从实战出发，这一拳打对方什么部位，这一脚踢对方何处，心中都要有数。民间武师把这种心中有个假想敌的训练方法叫作"同鬼打架"。又如擒拿、点穴之技，更应烂熟于心，拿捏准确，不然就会失之毫厘，谬之千里，不仅不能制敌，反而为敌所乘，轻者落败，重者受伤。武者只有经过这样的面前时时若有敌手的多年苦练，才能培养出较佳的心理素质。一旦遇敌，不管对手强弱，都似面前无人一样，即打拳如走路，看人如蒿草，以我为主，抢占上风，这样才不致手足无措，仓促落败。面对身高体重弱于自身、好像不值一击的对手，武林人士常常能够做到不轻视、不大意，慎重对之。因为他们清楚对方文弱的外表下可能隐藏着高超技能，一定要可玩勿玩。不能因为自己的疏忽而造成终身遗憾。

老子在《道德经》中说："祸莫大于轻敌，轻敌几丧吾宝。故抗兵相若，哀者胜矣。"

1588年，西班牙无敌舰队与英国海军舰队展开事关国家命运的生死决战，最后以无敌舰队惨败而告终。实际上，无敌舰队正是败在"眼中无敌"上。

早在英西大海战前30年，英国海军就提出改进海军战术，酝酿制造威力更大、射程更远的火炮，以便敌船未靠近就将其击沉。在英西大海战前8年，英国海军建造了新式大帆船，技术和战术都得到飞速发展。而在此期间，西班牙一方根本未注意到英国海军的变化，看不出英国舰队海战已变成以远炮打击为主的事实。

在大战中，西班牙舰队固守传统的海战战术，配备了众多的武士，企图以近战、接舷战打击对手。英国海军舰队则以机动灵活的战术，打了就跑，根本不给西班牙舰队靠近的机会。其舰队始终保持在西班牙炮火射程之外，不断给西班牙舰队以有力打击，最终取得彻底胜利。"眼中无敌"并非是看不到敌人，而是心中无数。事实上，战前西班牙也意识到英国是其海上劲敌，也曾大建海军，企图击败英国。但遗憾的是对敌人的进步和强大却视而不见，对敌人的认知还停留在过去，对战争模式的改变漠不关心，自信，仿佛胜券在握，最后难免一败涂地。

历史上这样的战例并不鲜见。赤壁之战的曹操、希波战争中的大流士、远征俄罗斯的拿破仑等，战前都以为自己有必胜的把握，最后却惨败。自以为无敌，忽视敌人技术的进步，忽视敌人战术的改变，忽视敌人战略的精妙，忽视敌人民心士气的高涨等，都是导致失败的根源。战争中轻敌已是大忌，“眼中无敌”更是失败的祸根。自以为无敌，对战争不作周密的考察，对敌人不作精密的侦察，对战场环境不作精确的观察，往往容易失败，“无敌”也就成为一个笑话。

武林中人因轻视对手而败北的例子也很多。清代文学家林福源（1809—1886）是一位武林高手，曾只身与太平军数十人格斗，虽负伤而终于脱身而去。一天下大雨，林福源住在一家客店，店主人放有8个大缸准备接雨水，每口缸都可容受一石（一石为一百二十斤）。缸极重，需数人才能搬动。这时，一位满面虬髯的老翁大笑而出，一手托一缸，转眼之间已将8个大缸全部搬到檐下。林福源对这位老翁的神力十分敬佩，夜晚邀他对饮。老翁叹道：“象齿自焚，末技不足矜也。”说着伸开手掌，两只手竟然失去四根手指头。原来老翁20年前行走江湖，未逢对手，十分自负。有一次在路上遇到一位少女骑着一匹瘦马，押着一辆车，车上满载金银财物。老翁意在掠取，挥刀而前，根本没把这娇弱的少女放在眼里。谁知那少女只用鞭杆轻轻一格，他手中的单刀竟然从中间断为两截，老翁仓促之中只感到手上疼痛难忍，几乎摔倒，慌忙而逃。待到神思略定，才发觉四根指头已断，从此他狂态尽收，再也不敢小看天下人了①。

少林拳讲究“勇、疾、狠、真”。这里的“勇”就是指临敌时勇猛果断，不可患得患失，优柔寡断。无论对方在外表上、外形上是强大或者弱小，你都必须全力以赴认真对待。强敌面前的畏惧只能让自己反应迟缓，行动笨拙。对于貌似弱小者不提高警惕，只能让自己丧失机遇。所以面对敌手必须斩钉截铁，勇猛出击。这里的“疾”指出手上步迅疾如风，令对手防不胜防。拳术有唯快不破之说，趁对方在身心都没有准备好的情况下迅速出击，一招制敌，实为上谋。这里的“狠”指出手要狠，当堂不让步，下手不留情。“真”指心一动而内劲透出，以真力击人，一发必中。在这种思想指导下，少林拳师无论是在擂台上、还是在俗世生活中都不受制于人，并创下骄人的战绩。

可畏勿畏，可玩勿玩，是习武之人应敌时应有的心理素质。任何时候都不

①林福源.后湖渔人诗文集［M］.民国鸿宝斋石印本，1925：12.

应该松懈。

清代著名文学家刘熙载（1813—1881）曾写过一篇寓言，大意如下：冯妇是一位善于搏虎的勇士，他教导门下弟子说，搏虎的要诀是“可畏勿畏，可玩勿玩”。临敌时，应凝神沉气，即是一个小小的蚊虻飞过，我也必须以猛虎对待，不敢稍生轻视玩忽之心。他有一弟子听了不以为然，以为自己学尽了师父的技艺，师父再也没什么可教的了。不久，邻居有人请这弟子捉一条大狗，他举手之间就把事情办成了，于是更加自得。一天夜里，他从山下路过，对面突然扑过来一只野兽，他以为不过又是一条大狗，随意格斗，但竟然抵挡不住，一惊之下，才发觉原来是一只猛虎，可是此刻他已经被虎扑倒在地，无能为力了。作者总结道，听说善于奕棋的人总是避开比自己水平低的对手，否则他赢来容易，时间长了思想就会失去戒备，积胜生骄，以后一旦遇到劲敌，必将大败。①

思考题：回顾自己成长经历，有没有因为轻视而失误的案例？吸取教训了吗？

第二节　细心料敌

高水平的武功较量实际上是双方心理博弈，是意念与内功的较量，是知己知彼的早期准备，而不仅仅是武术招式的较量，更不是如市井无赖那样的仅凭蛮力的死缠滥打。这种较量体现在武术家善于凝神敛气，察言观色上面，也即阵前的细心料敌。

一、凝神敛气是以意击人的前提

武术非常重视内功训练，以期达到以意念导引真气运行的功夫。通过常年持续不断的内功训练，可以最大限度地调动出人体内部的潜在能量，在瞬间爆发出超乎寻常的劲力，还可以使中枢神经的反应能力变得异常敏锐。所有这些，都归功于意念的作用。

①刘熙载. 昨非集（卷一）［M］. 成都：巴蜀书社，1990：6.

武术家在同人交手时，是通过意念来引动内力击中对方。拳经中常说“形神合一”“意到拳到”，就是强调意念在技击中的主导作用。在意念的作用下，中枢神经的反应能力大大提高。在击中对方身体的刹那间，爆发出一股穿透力，损伤对方的内脏。从这个意义上讲，高水平的武功较量已经超出了一般的四肢攻防较量，也不仅仅是武功招式的对抗，而实际上是双方意念与内功的较量。这就是所谓以意击人之含义。体会到这一点的人，一定是经过多年内功训练的人。做到这一点，必须有凝神敛气的基础。

所谓凝神敛气，是指在应敌时精神要高度集中，敛气入骨，气沉丹田，以避免气血上浮或散乱。

此时，意念要高度集中，敛气入骨，含胸拔背，身体犹如一张拉满的弓，气沉丹田，应上顶百会，下灌十趾，拔背含胸，身心处于高度的戒备状态。丹田蓄力，不惊不怯，神清意定，所以周身圆活，不僵不滞，一旦出招，意之所至，动力顺达，内劲迸发。可给对手造成较大的伤害，因此，凝神敛气是以意击人的必要前提，做不到凝神敛气，所谓以意击人不过是一句空话。

武术家们都明白，凝神敛气是平时的功夫，以意击人是交手时刹那间的具体运用。倘若没有多年的内功根基，根本谈不上以意击人，只会以拙力去同对方死拼。

以意击人要求反应极为敏锐，心念甫动而拳脚已发，力发如箭，视人如草，起落无形，击人无式，发招散便，应手而至。一句话，招无定式，随心所欲。这样才能左右逢源，连续催劲，起如电光，落如惊雷，击强敌于瞬间，克群寇于弹指，若狂风之扫落叶，似怒潮之弄扁舟。然而，上文所述只是一个理想境界，在实战中是很难达到的。在实战中，能够大体做到以意击人就很不错了。而不少习武者，即便练过一些内功，但与人交手时，还是凭蛮力去硬拼，甚至连一般的弹抖之力也发不出来，其根本原因就在于心慌意乱，忘了凝神敛气这一说。

无论哪种拳路，其起势都是一个凝神敛气的过程。比如，太极拳的起势，杨澄甫先生曾说道：在此时，精神内固，气沉丹田，一任自然，不可造作，守我之静，以待敌人之动。太极、形意、八卦如此，少林、查拳、华拳、南拳也是如此。它们都要求行拳之前，精神高度集中，以舒的动作助真气下沉，聚于丹田，最大限度地积蓄能量，引满待发。且不要小看了起势，它既是积蓄能量的过程，又是发力击人的准备，而且不少起势的本身就是防卫动作，兼可击人。北方一些拳种在起势时常有一个上步对拳的动作，即上一步，同时双手握拳在腹前相对。此势既可以防御对方进击腹部，又可乘势发力，以抖挤之劲进击敌方胸腹部，具有一定的隐蔽性和突然性。

思考题：凝神敛气对提高专注力有帮助吗？

二、善于观察，攻其不备

明代刘基（字伯温）所著的一部以论述作战原则和作战方法为主旨的军事理论专著《百战奇略·第十卷·变战》中讲道："凡兵家之法，要在应变，好在知兵，举动必先料敌。"大意是说：但凡军事家的用兵法则，至关重要的是善于随机应变。鉴古及今而通晓用兵的，都是在采取作战行动之前，必须要分析判断敌情。

如军事家一样，武术家也不打无准备之仗。一个好的武者，沉着冷静，善于观察，交手之前首先会仔细观察对方，从对手的体型、神态、谈吐、风度中，估量一下对方的实力和武功路数，尽量做到心中有数，以防在交手时仓促应战，手足无措，陷于被动。

一旦应敌，高手们并不忙于率先出击，而是大多先取守势，在做好防守姿态的同时，也已完成了凝神敛气的功夫。这个过程极为短暂，与防守姿势的完成是同步进行的，时间只需1秒钟，已可积蓄起相当的能量。在紧急情况下，这个过程可以缩短到零点几秒，甚至在遭到突然袭击的一刹那间，他就可以完成由积蓄能量到发放能量的全部过程。这是由平时的训练水平决定的。

一般地，对手大体可分为两类，一类是不会武术的，另一类是真正通晓拳脚的，要分别对待。

不会武术的，也就是说他没有受过武术基本功的训练，没有武术的扎实根基和武德修养，这类人有其自身特点。

如果你无缘无故被人缠住不放，或别人故意对你无礼，乃至有人拔刀相逼，劫持钱财，作为一个习武者，这时你当然会意识到，你的对手多半是市井无赖，或者是为非作歹的亡命之徒，但同时心中也就有底了，这些人十有八九不会什么武术。这类人的特点是：有胆量，不怕死，敢拼命；有一定实战经验，较耐打，不轻易服输；恃仗人多的优势，常常是三五个对付一人。这种人大多流里流气，衣着时髦而浮艳，三五成伙，在大庭广众之中横冲直撞，口出秽言，蛮不讲理。他们目光凶横而呆滞，走路时一摇三晃，或者故意乍膀横肩，两臂左右斜，一摇一摆，头部前倾，如鸭子赶路的样子，目光上浮而阴毒。这种人往往心狠手辣，出手凶残，又常暗藏匕首一类的凶器，并有一定的作案经验。如果此种人蓄意挑衅或逼抢钱财，一般人是不容易躲过去的。在这种被逼无奈、走投无路的情况下，习武者当然只有挺身而出，实行正当防卫。

对付这类歹徒，特别是在他们手持凶器、自己的生命财产受到严重威胁的紧急情况下，武者不出手则已，一出手就是狠招：心中不留小善，下手毫不容让，务必一击即中，连击不止，不管拳打脚踢，掌劈膝顶，擒拿点穴，分筋错骨，均可使用，直到对方失去抵抗能力为止。须知这类歹徒从来不懂得什么礼貌道德，一向以欺凌善良弱小。对他们绝无什么情面仁慈可讲。倘若你手下留情，他们还误以为是心怯手软，反而更加嚣张。在旧社会，也常常会出现地痞流氓结伙欺负习武者的事，特别是欺负外来的习武者。武者大多是开始时忍让，希望彼此相安无事，但地痞流氓多是不可理喻，不知进退的家伙，他们常常是得寸进尺，欺人太甚。一旦习武者忍无可忍，断然反抗时，那些流氓吃到了苦头，气焰才会有所收敛，也许会服服贴贴，从此再也不敢来滋事生非，以此形成井水不犯河水的格局。不少老武术家都有过这样的经历，并留下宝贵的经验。

对于那些真正通晓拳脚的人，也有功夫高低等次之分。几个照面下来，武术家就会弄清对方大体是什么门派，练的是什么拳。

如果对方筋骨外露，目光威凛，步履稳健扎实，不管体态魁梧，还是身材瘦小，那大多是外家功夫。这类功夫讲究劲力刚猛，出招迅捷，乃至有开碑裂石之功。如果对方清骨秀相，神态安详，目光透朗，步履轻盈，眉宇间隐隐有光气透出，那多是内家好手。他们擅长以柔克刚，后发制人。

弄清对方底细之后，武术家也不会贸然进攻，会根据对方练的拳种特点相应做好准备，在对手出招时，他会见招拆招。虚虚实实，真真假假。或硬打硬进，或避实就虚。在进退走转当中暗暗探他虚实，寻找机会，伺机攻之，一招制敌。

社会上还有几种人不可轻易与之交手。第一种是望去文质彬彬、谈吐儒雅的人。这种人若不会武术则已，若会武术，多有内功根基，擅长内家功夫。第二种人是望去气宇轩昂，目光朗澈，行动缓慢而稳实，神态安详和蔼，举止谦和。这种人可能平时绝口不谈拳术。他们大多是年岁已长，久经人生磨练，富于处世经验，所以蕴含于内，深藏不露，即使有人登门求教，他也会装聋作哑，以根本不会武术相推托。这就是所谓“真人不露相，露相非真人”。这种人若会武术，很有可能是身怀绝技的高手。第三种是方外之人，即和尚、尼姑、道士一类。方外之人本来是弃绝红尘，与世无争，但若他们自谈武艺，必是有绝技自恃，非常人可敌。第四种人是女子。若女子不会功夫，则男子与之动招胜之不武，中国历来有“好男不与女斗”之说，概因不欺负弱者之理。若女子会武功，则必有所长才敢与人动手较量。女子武功多以阴柔小巧取胜。

拳谚当中讲“乘其无备而攻之，出其不意而击之”。优秀的武术家，摸清对方情况后，每每照此行事获得了胜利。

思考题：尝试观察身边习武的人日常行为特征与一般人有何不同。

第三节　灵活应敌

武术家在搏击场上，并不由于一招一式的固定打法。而是能够根据场上的条件，动静结合，随时调整自己的虚实变化，灵活应敌，快速解决战斗。

一、善于运用静动关系

据《吴越春秋·勾践阴谋外传》载：“越有处女，出于南林……越王乃使聘之，问以剑戟之术……女曰：‘其道甚微而易，其意甚幽而深。道有门户，亦有阴阳，开门闭户，阴衰阳兴。凡手战之道，内实精神，外示安仪，见之似好妇，夺之似惧虎，一人当百，百人当万。’越王即加女号曰越女”。

越女论剑术，阐明了其中动与静、快与慢、攻与防、虚与实、内与外、逆与顺、呼与吸等矛盾双方的关系。东汉王充《论衡·别通篇》中说：“剑伎之家，斗战必胜者曲城越女之学也，两敌相遭，一巧一拙，其必胜者有术之家也”

孙子又说：“始如处女，敌人开户，后如脱兔，敌不及拒。”[①]为什么呢？这样一方面可以使自己力量充沛，另一方面既可以麻痹敌人，也可以使敌人劳顿，从而可以稳操胜券，武术基于防御性的一面也有相同的理论，比如，拳谚当中讲“以静制动，后发制人”“以静待动，以逸待劳”，内家拳更主张“静为本体，动为作用”，其效用与军事上不无一致。

拳无定法，招无定势，练时有定势，击人无定势，这是中国武术理论中的一个重要内容。“拳到无形方为真”是招无定势的极致，也是武学的最高境界，这只有在练成了化劲的时候才能达到。此时，周身无不是意，周身无不是力，可随意跌人，而不惧敌人偷袭。

二、善于把握节奏，领跑对手

掌握主动权是任何事情获得成功的关键环节。在战争中掌握主动尤其显得重要，在很大程度上是取胜的一个保证，由此孙武说：“故善战者，致人而不制于人”也就是牵着敌人鼻子走，而不被敌人牵着鼻子走。如此“能战当战，不能战当守，不能守当走”。无论遇到什么情况，都由自己主动决定应对措施，从积极方面来说可以战败敌人，从消极方面来说可以保护自己免受损失。

掌握主动权，由自己掌握对阵的节奏，这一真谛也为武术家所领悟。拳谚说：“遇敌所能，展己所长”。即在对阵时要积极主动地发挥自己的长处去对付对手，而不要被动地去应付对手的长处，跟对方搏斗时招招要主动打出，使得对方莫名奇妙，不知所措。

掌握搏击的主动权，必须在速度、力量、耐力、柔韧等方面下功夫。

有了超出常人的速度、力量、耐力和柔韧，方能达到少林拳谚所讲的“手似流星眼似电，身似游龙腿似箭。”“伸手不见手，见手不为能”以及形意拳要求的“起如风，落如箭，打倒还嫌慢”。实现以我为主，先发制人，近打快攻，一发即至。

①孙武. 孙子兵法 · 九地篇［M］. 春秋时期.

在搏击场上，强者一旦掌握了节奏，另一方则会疲于应付。在焦虑和惶恐当中糊里糊涂地走向失败。所以，武术家都会如同田径场上的运动员一样，努力在起跑时就跑在前面，力争掌握赛场上的主动权。

思考题：如何理解拳谚“你打你的，我打我的”？

三、善用截劲，巧胜对手

所谓截劲，指的是截断对方之劲力，以截退对方进击之手脚的意思。从一定意义上讲，李小龙创立的截拳道之截的意思就是“阻止、拦截”。武术家在搏击时，运用的截劲之法主要有：

①以斜力击直力。人向前冲击的力量最大，这种力道的方向是直来直去，故可称为直力。在格斗中，武术家们很少以硬碰硬，而是注意避开这种直接冲来的大力。用斜向的力去化解它或者是实施反击，往往较易得手，比如，对方以右拳冲来，我则斜身，或从外侧横击其肘、肩关节。或从内侧击其腕关节，均可轻易将敌拳挡开，原因在于敌拳力道直前，其侧锋毫无力气，稍加外力即可改变其出拳的方向。实际上，这也是“以横破直”的应用。

②攻其力断之时。当一个人迎面攻来，其拳陡然冲到我胸前，在其击到的一刹那，其拳力已全部使出，力道最大。但同时其拳力已尽，拳论上称这种现象叫作“旧力已尽，新力未生”。即对方的旧力与新力之间出现了短暂的间隙，短暂的间隔在时间上表现为刹那间的停顿，有经验的拳师都会抓住对方劲力未及这一有利时机立即实施反攻，如对方以右拳攻来，我可顺对方右拳方向反击，对方以右腿攻来，我可顺对方右腿方向反击，但因断力时间极其短暂，机会转瞬即逝，而且我反击的方向与对手进攻的方向几乎是在同一条直线上，所以动作难度较大，稍不得当就可能反受其害。

③截对方劲于将出未出之时。武术家能准确把握对方发劲的过程，一旦发觉对方有启动的迹象，会马上出手封住对方，将对方的劲力消灭于萌芽状态当中。简单粗暴，非常有效。这种截劲之法，向来为武术家所采用。

思考题：截劲，仅仅是用手去截吗？

四、虚虚实实，招无定式

临敌搏击，是智者的游戏，是心理素质与技能的较量。在对方气势汹汹打来之时，有的会佯装不敌，左躲右闪，从不正面接招，或勉强接招，步步后退，这时对方可能产生轻敌之心，以为你的武艺也不过如此。倘若对方骄心渐起，则戒备之心必将减弱。心意稍驰，则拳脚必懈。他觉得你并非对手，心中就不免生出瞧不起的念头，则招法不复严谨，力道不复威猛，拳脚不复迅疾。这时我则可以乘隙反击。以重拳击打之。即使对方发现中计，也已经为时已晚。因此，武林中人在与人交手时最忌的是骄气。

武术家在对敌时，并不固定用某一招式。习武者常爱说“某招最有用”，有些小说和影视作品也经常渲染“某招是另一招的克星”，这些话不能说没有一点儿道理，但毕竟有些程序化和片面性。事物都是一分为二的，在武术中，不存在绝对无用的招数，也不存在绝对有用的招数。有用和无用，都是相对而言的。

所有的招数，在实用时都存在着速度、力量、准确性这三大要素，而这三大要素，又由使用者的训练水平所决定。招数能否发挥作用，又与对手的水平密切相关。如形意拳中的“崩拳”一式，其动作仅是上半步击一拳，或者退半步击一拳，看来平平无奇，简单至极。初学之人用此式同人交手，恐怕未必有什么用，甚至难以自保，而清末民初的郭云深却挟此技屡挫天下名手，人称“半步崩拳打天下”。可见同一个招式，由水平不同的人使出来，其威力便大不相同，其有用和无用也就判然有别了。但是，从武学境界上考察，固定的招式并不能体现最高层次的武学，能够体现武学最高层次的是招无定式。

“招无定式”实际上就是随心所欲，幻化无端。它是攻其不备的外在标志。

据说，郭云深在以崩拳应敌时，只是把形意五行拳套路中的崩拳定式稍加变通，加上了格挡动作，融入了劈、钻、炮、横诸拳的劲意，攻中有防，使拳式更加完善圆整，臻于极致。高手们在应敌时，若对方倏然动手，他一定会极其敏锐地做出反应，随心应招。他会根据彼时彼地的具体情势，啥招顺当就用啥招，而不会被胸中已有的成法所拘，更不会犹豫不决，贻误战机。高手们应敌，常常是意之所至，或掌或拳，或膝或肘，远打近靠，以气摧力，招式绵绵而上，一发而不可收拾。他们很注意发挥自己的优势，以我之长击彼之短，以我之实击彼之虚，以我之快击彼之慢，以我之柔克彼之刚。

其实，武术家在应敌时所用的招数无不是平时练就，只是在应敌时先用何招、后用何招并无定数，而且在实用时多数招式还要根据具体情况变通，决不是墨守成规，到应敌时还是死搬平时的架式。

民国时期，王芗斋先生（公元1885—1963年）在形意拳的基础上取“意”而弃“形”，创造了一种没有固定套路，只以桩功为重的拳术，称为“意拳”，曾名“大成拳”。意拳的要诀是：以形为意，以意为形，形随意转，意自形生，力由意发，式随意从。这几句话道出了以意击人、招无定式的真谛。

意拳的诞生，标志着中国武术步入了一个新的境界，为中国拳术另辟了一条蹊径。在此之前，中国武术界的前辈们虽然早就明确提出了“以意击人”的观点，但各门派始终都脱不开有形的套路招式。从某种意义上讲，“形”在一定程度上阻碍了“意”的自由发挥。

思考题：如何理解“太极拳没有招，浑身是招”这句话？

五、守住中线，避开正面

向恺然先生说：“百打百破，一硬不破，一快不破。硬者，非身手硬也，劲硬也。快者，非进退快，转侧快也，进退固不能不快，而胜负之数，不在进退，在转侧。……故善拳者，有转侧，无进退”①

向恺然先生在这里强调了劲硬、转侧在搏击中的重要性。转侧指转换角度、方向。实现角度和方向的转换，一是靠步法，二是靠身法。其目的在于不与对手正面接触。传统功夫理论中很重视人中线的作用。

人的中线就是由头顶百会垂直到会阴的一条线。中线很重要，因为人体很多弱点处于这条线上，例如，眉心、鼻梁、下颚、喉咙、心窝以至裆部等。

中国功夫重视中线的理论，老师在教学中会教导学员找出中线的位置，

①平江不肖生. 拳术见闻录［M］. 北京：中国文史出版社，2017：1.

都会教导学生保护自己的中线而击向对方的中线，所谓“拳由中发，守中留中”，以实现达到连消带打的效果。一般来讲，会防守的人会着重防守自己的中线，会进攻的人会重点攻击对方的中线。

中线出拳，打在中线上，攻进对方中线，都会有利于我，而给对方造成被动。中线出拳，调用背后的肌肉会更多，能让背后肌肉的弹簧力发挥作用。逼进对方中线，会让对手有力使不出。 比如，在防守对手高鞭腿时，我方要敢于前逼，攻进对方中线，一旦逼近对方的中线，使对方不能在最佳距离处发力，对方高鞭腿的发力点打不到我的要害部位，则高边腿威力大减。

守住自己的中线，一方面可以灵活运用步法，不让对手对准自己的中线，而我能够站到对方的侧面实现以横击直的效果；另一方面可以运用身体原地的转侧避开对方对我的正面进攻。守住自己的中线，避免对手打到我的中线上，即使对方侥幸击中我，能够打倒我的可能性也不大。

以上所谈临敌心态，概括起来无非是不轻敌、不怕死、主意念、善估量、避锐气。需要注意的是临敌交手，千变万化，其间应当注意的远不止以上这些。

一言以蔽之，技击之道也不过是“知己知彼，百战不殆”这一句老生常谈的名言。不过真要做到“知己知彼”又谈何容易？所以自古以来就很难找出“百战不殆”的常胜将军。因而孙子又接着说：“不知彼而知己，一胜一负。不知彼不知己，每战必败”。而练武的人有不少是暗于知己，又昧于知彼，其原因在于他们往往过高估计自己的实力，当然同时又有意无意地看不起别人。自我感觉良好与实际水平不高这对主客观之间的矛盾，在不少习武者身上都不同程度地存在着，所以有的人平时似乎心中有数，但一旦与人较量，常常又是心中无数。老子说：“知人者智，自知者明。”意思是了解别人的人算得上机智聪慧，而了解自己的人才算得上真正的高明。他又说：“胜人者有力，自胜者强”，认为能够战胜自己、超越自我的人才是真正的强者。每个习武的人，又何尝不是时时面临着“自知““自胜”这两大难关的考验呢?

思考题：如何理解“守中用中”的说法?

【本章小结】

（1）真实的搏击如同战场的两军对阵，取胜的关键是要有必胜的勇气和对敌方的重视。上过战场的人，都会说到一句话，越是怕死越容易死，什么都不怕了，反而能够取得胜利，当一个人连死都不怕的时候，它将发挥出巨大的潜力。有时候你不逼一下自己，你就不知道自己会有多优秀。

（2）知己知彼，百战不殆，每次大战都要做好应敌的准备，观察了解对手，弄清对方的底细，乘机一招制敌。

（3）学习搏击，要从一招一式入手，最后上场搏击，又脱离招式，以无招胜有招。守住自己的中线，找到对方的中线，由自己引领节凑，善用截劲之法，虚虚实实，真真假假，方能取胜于无形。

【复习题】

1. 单选题

（1）<u>C</u>是克敌的第一要素。

A. 技术　　B. 占天时　　C. 勇气　　D. 技巧

（2）向恺然在《拳术见闻录》中说，“故善拳者，有<u>A</u>，无进退”，说的是身步法的重要性。

A. 转侧　　B. 避让　　C. 技巧　　D. 胆量

（3）万籁声先生说：“武术家与人动手，有三惧三不惧。”他说的三惧是指<u>A</u>。

A. 老男人、儿童、妇女　　B. 老人、妇女、孩子　　C. 大势力、大气力、大功夫

（4）拳经中常说“意到拳到”，就是强调意念在技击中的主导作用。<u>A</u>是“以意击人”的必要前提。

A. 凝神敛气　　B. 注意呼吸　　C. 勇猛　　D. 动静结合

（5）太极拳技击原则是：以静制动、以柔克刚、以弱胜强、后发先至和<u>A</u>。

A. 舍己从人　　B. 以慢打快　　C. 只防不打　　D. 攻防并重

2. 多选题

（1）越女论剑中，越女主要论述了搏击中的 <u>A B C D</u> 关系。

A. 虚实　　B. 动静　　C. 内外　　D. 攻防

（2）武术搏击中的截劲指的是 <u>A B C</u> 。

A. 以斜力击直力　　B. 攻其力断之时　　C. 攻其不备　　D. 避让来力

3. 判断题

（1）拳谚有“一胆、二力、三功夫”之说，说的是胆量在技击中的重要性。（对）

（2）武术家交手前观察对方，为的是估量对方的实力和武功路数。（对）

（3）形意拳经说“起如风，落如箭，打倒还嫌慢”，是强调以我为主，先发制人。（对）

（4）搏击中要始终跟随对方的节奏打。（错）

（5）搏击时应有高度警惕，可畏勿畏，可玩勿玩的心态。（对）

4. 讨论题

你认为搏击中，取胜的关键是什么？

第七章　武学境界

【学习要求】

通过本章的学习，了解武学境界的划分方式及依据，掌握武学每个阶段的表现和修炼的主要内容，为武术修炼者的武学进阶打下基础。

从古代嫦娥奔月的神话故事，到今天“嫦娥四号”探测器成功在月球背面着陆的伟大壮举，都说明一个道理：中国人一旦确立一个目标，中间不管有多少艰难险阻，一定会去努力完成。同理，武林中那些能有所得者，特别是最终能成为一代宗师者，除了师父悉心传授、练法得当等条件外，最重要的是修炼者都具备百折不挠、持之以恒的毅力。

我们常见社会上有些人仗恃着会几路拳脚，挺胸叠肚，乍膀横行，欺凌弱小，惹是生非，大有不可一世之概。其实，凡是此类出手轻狂者，无不是只学得些许皮毛，心浮气躁，在武学上不会有什么高深造诣。

武学中既有技艺高低之差，当然也有境界高下之别。学习武术同钻研别的学问一样，其中的若干境界，全要凭武者个人的悟性，心领神会，并要在与武林同道的不断交手切磋的过程中加以印证。

作为一门学问，武术修炼的规律各门派大体相似。每门派各有自己的入门功夫，彼此之间各有差异，有的甚至大相径庭。但愈往高层次上修炼，则彼此之间差别愈小。待练到最高境界时，各门派之间就几乎没有什么差别，可谓殊途而同归了。

根据中国武学的一般规律，可以把练武过程分作初、中、高三个阶段，也可称作三种境界。

不同的武术流派对这三个阶段的表述大不一样，比如，太极拳把它划分为“着熟”“懂劲”“神明”三个阶段。金庸的武侠小说中则把它划分为“后天境界”“先天境界”。

知晓武术境界的三个阶段，清楚每个阶段的表现和修炼的主要内容，将有助于武术爱好者明确目标，制订计划，逐步进阶。

在本章中，将着重回答以下问题：

●武学境界的三个阶段是什么？达到每个境界的标志是什么？

●拆拳在武术修炼中有什么作用？

●什么是任督二脉？需要刻意去打通吗？

●武术修炼过程中，人的劲力会有什么变化？

●武术爱好者应该如何练习内功？

中国武学的内容博大精深，浩如烟海，深若无底。有多少人、多少门派都想一窥武学之奥秘，在武学的道路上登堂入室，发展壮大。优胜劣败，此起彼伏，个人和门派功夫的长进常常是以鲜血和生命为代价。可以说，武林人士的成长之艰难远非常人所见，也远非其他行业的竞争所可比拟。能够流传到今天的武术流派均有自己的独到之处，多少拥有仗以成名立威的技法和功法，否则一定早已湮没无闻了。能达到高深的出神入化的境界，做一个称雄天下的高手，实属不易。

形意拳名家郭云深（1820—1900年）在《解说形意拳经》中揭秘说："形意拳有三层道理，有三步功夫，三种练法。三层道理是：一练精化气，二练气化神，三练神还虚。三步功夫是：一易骨，二易筋，三易髓。三种练法是：明劲，暗劲，化劲。"

这一章中，我们借用形意拳的划分方法，把武术的修炼分为三个阶段的境界，并分而述之。

第一节　练精化气境界

练精化气是武学的第一层境界，也是第一层功夫，重在训练基础功夫，消去拙力，练出刚猛之劲。训练当然以基本功和技法为主，内功只是刚刚开始入门。目的在于练出明劲，即示形于外的刚猛之劲，同时还要打通任督二脉，完成小周天功。

一、练精化气阶段是皮肉最吃苦的阶段

功夫修炼是一个循序渐进的过程。万丈高楼平地起，要想达到一个高级的状态，必须从练好基本功开始。而基本功的练习是最苦的。在这个阶段，习武者要通过各种基本功的反复练习，将浑身的拙力逐渐消去，取而代之的是刚猛的劲力，这个过程通常称为“换力”。

常言说“练拳不练功，到老一场空”。这里的功就包括各种基本功，它是习练武术的入门功。虽然各个门派的基本功有所差别，但大体包括桩功、腿功、臂功、腰功、指功、眼功等。

大凡武术的各种入门功夫，都要使学武者经受肉体上、精神上的种种磨练，备尝各种滋味。练桩，要一直站到两腿发抖，汗如雨下，一个流程下来，常常是腿酸疼得下楼梯都显得步履艰难。练拔筋，每每是筋胀欲断，疼痛钻心，几欲号哭。练臂力，直练到双臂肿胀，连一碗饭也难以端稳。练指功，不论是拔木桩、提坛子，练后都是手指颤动不已，连筷子都拿捏不住。练腰功，夜里疼得每翻一次身都要鼓足勇气。最令人难忍的是，以上种种皮肉之苦，并不是三两天咬咬牙就能熬过去的，而是每天都要重复若干遍，并且持续很长时间，舍此再无其他捷径可循。这些入门功夫大都是所谓死功夫、笨功夫，动作单调，内容枯躁，体力消耗很大，所以常常有些人连这一关也没闯过去就畏难而退了。

门外人看习武者所遭受的痛苦，常常表现出很大的不理解。认为这些习武者是自讨苦吃。但对于那些追求功夫的武者来讲，这些根本算不了什么。因为任何的成功都不可能是一蹴而就的，功夫的每一点长进都是量积累的结果，有足够量的积累，才能够达到质变，所以需要习武者有足够的决心和毅力去坚持。对于酷爱武术的人来说，在这个过程当中，他们从中体会到了自己身体的变化，找到了自己生活的乐趣，会上瘾似的以苦为乐。

其实，上述基本功仅是练精化气的第一步，距练精化气的最终境界还十分遥远。

二、炼精化气阶段是易骨之道

武术是以攻防动作为其结构形式的运动项目，其主旨在于最大限度地调动人体自身的潜能而用于技击。衡量一个人武术水平的高低，并不全在于看他会多少套路、会多少技法，而是主要看他在实际的攻防动作中，能够在瞬息之间把身体内部能量调动到何种程度，并以这种内力迅速有效地打击对方。在这个积蓄至发放的瞬间，就包含了技法和功法。

按照道家养生术的学说，凡人之初生，性无不善，体无不健，根无不固，纯是先天之气。以后知识一开，灵窍一闭，阴阳不交，先天之气与后天之不和，皆是后天血气用事。由于血气盛行，正气削弱，以致筋骨不能健壮。练精化气的目的，是将人体中散乱之气收纳于丹田之内，使之不偏不倚，和而不流，以拳术要诀反复练习，使体壮骨坚，所以又称“易骨”。

易骨就是“换力”。凡是未练过武术的人，与人较量时所凭都是本力，即身形僵硬之力，又称蛮力或拙力。这种蛮、拙之力随着生理机能的衰老会很快消退，并不是武术中所要求的劲力。武术中要求的劲力是依靠周身协调，以腰为轴，以心为帅，在刹那之间爆发出来的那种弹抖崩爆之力，其势猛，其速疾，其劲冷脆，犹如迅雷不及掩耳，击人立中，跌人立仆。

根据牛顿第二定律，作用力的大小与物体的质量和加速度有关。物体的加速度跟作用力成正比，跟物体的质量成反比，也就是说：

$$作用力=质量\times加速度$$

获得了较高加速度的爆发力，就是武林人士所说的崩弹之力。这种力的产生必须先蕴而后发，先含而后放，不仅速度快，而且富于弹性，出掌带风，发拳有声，有时可以达到掌风忽忽、拳声砰砰的程度，令人凛然生畏。如果仅凭拙力，不管力气多大，也难以达到这种境地。

崩弹之力主要是靠身体诸大关节，如肩，肘、腕、胯、膝的猛烈抖甩而发出的。无论以什么部位击出，它都是全身的合力，要靠全身关节同步配合，劲力顺畅，一发而出。不少拳种都要求出拳时松肩沉肘，手臂不要伸得过直。站步时要求双膝微屈，腿不要太直。其原因之一就是为了使肩关节、肘关节和膝关节在发力时保持必要的弹性，以加快运动速度，增强应变的灵敏性。

练习崩弹之力同样是一个艰苦的过程。我们知道，练拔筋等基本功，只要柔韧性不是太差，年龄不超过20岁，而且认真刻苦去练，日日不辍，大约两三年功夫也就可以说得过去了，但是练好崩弹之力却要比这更费时间，比如，形意崩拳，动作看来平平常常，简单至极，不过上半步出一拳而已，而且来来回回都是这样一个姿势。可是，如果没有一天三五十拳的功夫，不经过五六个寒暑，那崩拳是练不出来的。

崩弹之劲源于自身的刚猛之力，其劲力明显显露于外，所以又称为明劲。这种崩弹抖爆之劲如果能够练到收放自如的程度，其击人的威力当然远非拙力所能比拟。若习武之人用这种功夫同人交手，则胜算在握，若击中对手要害，亦可重伤对手。

明劲练到一定程度，可以不必预先大幅度蓄势而能发劲，即在极小的空间内单靠某一关节的抖动就能爆发出力道不小的弹劲，俗称“寸劲”。如敌人猝然袭来，待自己发觉时已近不逾尺，待要撤步退避已然不及，但仍可在这二三十厘米的距离内，凭借肩、肘、腕诸关节的骤然抖动而发劲，以挑、撞、格、击等多种手法来反击敌人。此时双方距离极近，我之崩弹之力发劲又疾，一发即至，即发即收，未收又发，连环进击，一秒钟之内可连续击出多次。敌人躲无可躲，退无可退，防不胜防，往往手足无措，而面部、胸部已被重创。

思考题：站桩对换力有帮助吗？

三、练精化气阶段需学会拆拳

所谓拆拳，就是把武术套路中的攻防动作逐一分解出来，参研其实用意义。这种独立分解出来的一招一式具有很强的实战性，又称“散手力”。许多拳师在授徒时，只教套路，不教拆拳。结果不少人学了几年，对所练拳术中的攻守招式所知甚少，在同人交手时，甚至败在不会拳术的人手下。

学会拆拳，是武术中技法训练的关键。对方一拳打来，或闪或挪，或挑或格，或不招不架，径直反击，其中均有度可循。我之攻击对方，或弹踢，或直踹，或横掌如刀，或用拳如挑，也都有严格的要求，并不是胡打乱踢。几乎所有的武术套路都是以攻防动作为其结构形式，以制敌防身为目的（只有极少数武术套路是以训练基本功为目的，所含攻防动作较少，像少林派中的罗汉拳，是以十八尊罗汉的各种姿态为内容而组成的形象化拳路，重在锻炼柔韧、平衡等素质①）。如突遇歹徒袭击，你只有在制伏歹徒的前提下才能有效地防卫自己。不能制敌，则必被敌所制，自己的身体和财产就会受到损害。所以练武之人必须练熟若干招式，乃至烂熟于心。“千招会不如一招精”，一旦有事，心意一动招式即出，这样才能取得制敌防身的效果。

对于有一定武术基础的人，学会拆拳并不是太难的事，只要自己勤于思索，一般的套路都可以拆开。将拆开的某些招式练熟，在实战中即可派上用场。可惜不少习武者不善于独立思考，在武学方面缺乏钻研上进之心，或者仅以锻炼身体为目的，并无他求，这样他们就仅仅满足于演练套路，而不再有兴趣去深究蕴藏在套路中的技击奥妙。

二十四式简化太极拳是太极拳术中一个简单的套路，由 24个动作组成。但其中却包含了踢、打、拿、摔、插、挑、拦等各种技法，其搬拦捶一招更是太极拳绝技之一。想当年杨禄禅、杨班侯父子进京闯天下，就是用的这一招打遍天下无敌手，被人称为“杨无敌”“杨搬拦”。在很多太极拳套路中多有此式。现今我们看到在公园里、街头旁，成千上万的太极拳爱好者把这个动作打了不知有多少遍，但又有几个人能够窥出其中的奥妙。他们不知搬拦捶的精妙用法。把技击性极强的太极拳打成了太极操、太极舞蹈。殊不知一招平平无奇的搬拦锤曾成就了杨家父子的武林传奇。人们把太极拳练成太极操、太极舞的重要原因就是因为人们没有把套路拆开来，一个动作一个动作地单独演练，没有深刻理解其中之特殊意义。

思考题：单纯练习套路能够练成实战性强的功夫吗？

四、达到炼精化气境界的特征

学会了基本功，又学会了若干套路，进而学会拆拳，练熟若干招式，手、眼、身、法、步都有了一定功底。同时，又能逐渐把周身散乱之气聚于丹田，

①蔡龙云. 少林寺拳棒阐宗［M］. 杭州：浙江科学技术出版社，1983：3.

拙力渐去，刚劲渐长。待到将拙力完全消除，刚力充沛，眼神如电，威气外扬，体强骨坚，步履稳实，则已经练成明劲，完成易骨功夫，可以说达到了练精化气的境界。

完成了练精化气阶段的人，一般身体壮实，矫健有力，目光威猛，时有凶暴之相，而且性格比较刚烈，遇事不太冷静，多有恃艺骄人之气，若有争执则有时不知忍让，轻易出手击人，惹是生非。

在这个阶段，习练者每天都有用不完的劲儿，走路都不想好好走，总是想爬高上低。也很想找人比比手，看到树就想踢一脚，看到路旁摆放的垃圾桶就一跃而过。总之就是觉得自己身上有了功夫，一副天不怕地不怕的样子。作为有经验的老师，常常会在这个时间给习练者以一定的提醒，要求他们加以自我约束，正确认识自己的武艺在整个武学阶梯中所处的客观地位，以便安全地度过这个时期。

实际上，如果习练者继续深造，向更高的境界努力，那么这种刚烈、不知忍让的性格将会在以后有所变化。只是不少习武者既缺乏自知之明，又缺乏知人之明，眼界狭窄，文化层次较低，总是自我感觉良好，夜郎自大，固步自封，自吹自擂，动不动就要在人前炫耀武功，自以为罕逢对手，“老子天下第一”，其源盖出于缺乏对武学的整体把握，从而一叶障目，不识泰山，忽略了“天外有天，人外有人，强中更有强中手”这个最浅显的道理。这种情况在武林中并非个别现象。

练会了这种功夫，一般可以算作会武术了，但这不过是初窥武学门径，仅仅进入武学的第一种境界，以后的路途还十分遥远。

五、炼精化气阶段的时间

一般来说，如果习武者不是天资愚钝，而是较有悟性，而且专心致志，神无旁骛，日日练功不缀，又加上名师指点，最后能达到练精化气的境界，恐怕也需要7年左右的时间。如果主客观条件差一些，或悟性较差，或不坚持练功，或无名师传授，那就很难达到如此境界，也许一辈子都在武学的初级阶段徘徊。这样的人实在不少，大约占习武者的95%以上。也就是说，在众多习武者中，能够最终完成初级阶段的也不过5%左右，绝大多数人都在练武的长途中先后被淘汰了。

思考题：您认识的人有练功的吗，坚持了多少年?

第二节　练气化神境界

炼气化神阶段是武学的中级阶段，又叫“易筋”阶段，是武学的第二层功夫。重在消除刚劲，长柔劲，以意行拳，充实内力。这个阶段的训练内容是技法与内功并重。目的在于练出暗劲，即刚中含柔的劲，同时还要打通奇经八脉，完成大周天功，使气血贯通周身。

一、练气化神阶段是易筋阶段

初学武术的人大多从刚猛入手，这样做本来是无可厚非的，也是学武的必由之路。不过若是一味追求刚猛的劲力，不懂得养气、练气之道，那就很容易给身体造成损伤，而且难以进入更高的境界。老子曾说：“兵强则灭，木强则折，物壮则老”。又说：“柔弱胜刚强”。这些从哲学意义上论证了过于刚强的危险后果，用在拳理上也同样适用。

练气化神是武学中的第二个境界。在这一阶段，习武者完成易筋功夫，练出暗劲。暗劲就是柔劲。但是武学中的柔并不是柔软无力，而是指那种形断意不断、绵绵不绝，极具柔韧性的特殊力道。暗劲是刚柔相济之力，刚中有柔，柔中有刚。练气化神的过程，就是消去刚劲、渐长柔劲的过程，这是武学中的第二次“换力”。

完成易筋功夫，练出柔劲，需要进一步的抻筋拔骨。常言说得好：“内练一口气，外练筋骨皮。”为什么武功特别强调抻筋拔骨？又该如何抻筋拔骨呢?

骨是人身体之架，筋是骨之束。筋缩而骨节黏，筋拔而骨节开。筋萎缩骨质松。筋又靠气血营卫，靠神经调理，靠血液供养。支撑人体之骨架有72节。在72节中负荷最重的是膝关节，其次是踝关节，还有腕关节等。抻筋拔骨，拉长四肢，强化腰腿韧劲等基本功是学武中重要的必修课程。

通过抻筋功夫，把身体韧带拉长，使筋有弹性，骨质强壮，肌肉有力。我国武术中无论何门何派，都要求腰腿灵活，虚实分明，步法稳健而无浮漂之弊。武术的基本功就如同盖楼房必要有的深厚基础。

武术爱好者要想提高拳艺，必须在抻筋拔骨上下功夫。传统拳术攻防之道对人体“外形”最基本的要求是“柔弱无骨”。只有自身外形达到“柔若无骨”才能适应拳术攻防较技时“随其变化而用招法”的法则。老子《道德经》中说：“骨弱筋柔而握固”“天下之至柔，驰骋天下之至坚”。只有自身形体达到“柔弱无骨”的至柔艺境，才能有“柔曲”的走化，才能达到攻击时率直的内气之至刚之用。才能有“黏走相生，化打合一”的功夫之虚灵妙境。传统拳术的精髓即在此。拳谚有说：“形体应当似水流”。要想提高拳艺特别是内家拳的功夫，必须在抻筋拔骨上下功夫。

每当在练习拳术之初，也同练习其他体育运动一样，应先做些准备活动。使身体微微发热，血气和顺。虽然各门各家准备活动的动作有所不同，但总不外是抻筋劈叉，弯腰踢腿，转臂扩胸等动作。

练习腿部的柔韧性是初学武术的必修之课，要把自己的两条腿练得“软”一些，为自身创造好条件，以便于今后容易做出劈叉、高举腿，二起脚、旋风脚等比较难的动作。把腿练“软”，要软中有硬，用武术的术语说，叫“柔韧”。

抻筋的过程是需要忍耐力和持续性，不可三天打鱼，两天晒网。连续7天不练抻筋，前面抻出来的筋就会又缩回去，等同没练。

抻筋动作“突击猛进”有危险性，抻筋进度必定要符合人体生理功能和科学性。突击进行这种动作，用力过猛会导致腰及腿部筋肌撕裂，医药无治，落下残疾。所以，千万不可急功近利。

有人认为练习太极拳不讲究搬腰压腿，也没有初步入门奠基的方法，这种认识是严重错误的。眼见学练太极拳者，都在走“捷径”，而不愿下苦功。初学者一开始就练太极拳套路，有些传授人都没有练过基本功，学员们更不知道什么是基本功了，因此人们都是在以讹传讹，就这样把中国武术的基础功夫丢失干净了。

习练太极拳者，在练拳之初，必先习练腰腿的柔韧性及马步站桩、川步站桩、蹬腿、踹腿等法，使腰腿灵活、稳实有劲，再由掤、捋、挤、按等单式，练到腰身腿脚一致，前进、后退、闪避、升降随心所欲，然后再练太极拳术。实际上，太极拳一招一式，都以腰腿为主动，无腰腿功夫就难把动作做得自然和姿势正确，圆转如意到位，形神合一，更难能懂劲。譬如发劲，手的黏拿只是辅助，其主动枢纽在腰、在腿。拳经讲："一巧破千斤。化劲亦然，如仅以手化，既费力又迟钝，终不如用腰腿灵巧。"拳谚有言："根在脚，发于腿，主宰于腰，形于手指。"今多有练此拳术不精者，大多是没有注重练习腰腿之原故。

练习腰腿，有个很好的方法，即盘腿打坐。经常练习盘腿，可以改善腿部、踝部、髋部的柔韧性，使两腿、两髋变得柔软，有利于预防和治疗关节痛，实际上是将整个下半身的筋拉松了。久练盘腿，可以放慢下半身的血液循环，等于增加了上半身的血液循环，特别是胸腔和脑部的血液循环。这个姿势还能使呼吸系统不受阻，让人的呼吸顺畅。据说，美国哈佛大学医学院，每年就诊病人近万名。医生除了给病人用药外，还经常教他们如何盘腿打坐，以消除精神上的压力、增强体质。在日本，许多地方兴起做"一日尼姑"的健身潮流，就是女性健身者相约着到寺庙去盘腿打坐，斋戒清心，不仅减轻压力，消除烦恼，还锻炼了身体。盘腿而坐，可以说是一种坐位拉筋法。无论是佛家，还是道家，都倡导这种方式。可以说，盘腿而坐，是一种安全的、经过数千年实践检验的坐位拉筋法。

骨正筋柔，气血自流，长寿秘诀就在于此，练出暗劲的方法就在于此。

不仅是中国的内家拳注重柔韧性的训练，在国外，著名的巴西柔术更是把以柔克刚的精髓发挥到了极致。柔术运动员在与对手搏击时，并非与对手抗力比力，而是会选择使用关节技、绞技或击打技术等多种攻击手段，让对手屈服或耗尽其体力，最终将其制服。

思考题：柔性训练与力量性训练的关系如何把握？

二、练气化神阶段的关键是练气

早在练精化气的阶段，武者就应当学会把身体各部的散乱之气聚集于丹田，人们所说的"气沉丹田""气发丹田"就是这个道理，只是那时还达不到使真气周身流走，收发自如的地步。

中国传统医学理论认为，人体内存在着一套复杂的经络系统，它包括十二正经和奇经八脉。武学中特别重视奇经八脉中的任脉和督脉，打通任督二脉是武学中练气的基本功夫。

任脉起于会阴穴，由身体前部沿中线而上，经关元、气海、神阙、鸠尾、膻中、天突诸要穴，止于唇下承浆穴，共二十四穴。

督脉起于脊尾的长强穴，由人体背部沿脊柱而上，经命门、风府、强间、百会诸要穴。止于上唇内的龈交穴，共二十八穴。

武术家认为，人身有任督二脉，犹如天地分南北，自然分阴阳，必须打通任督二脉，才能使阴阳交合不离。这是运气调息、养元固本的根基。传统武学内功修炼经典《内功经》云："尻尾升气，丹田炼气。"指真气起于尻尾处的长强穴，提肛收腹，以鼻吸气，真气即由长强穴循督脉而上，达于脑顶百会穴，下通任脉，由气海穴沉入丹田，使丹田充盈。如此完成一次循环，即为一周天。武术家要求练此周天，使内气绵绵不绝，滚滚而来。打通了任督二脉以后，才能接着练习那些更高深的功法。

需要指出的是，按照现在的科学发现，人的任督二脉本来就是通的。这里所说的打通任督二脉，指的是经过练功者的专注修炼，比一般人更能感觉到气血的运行而已，是在原有基础上的加强而已。

练气的过程绝不同于第一阶段基本功的修炼。如果说练基本功是对习武者肉体和意志的磨练，那么练气过程则是在更高层次上对习武者精神的磨练。武林中不少人都有过类似的体会：要把多年练就的刚猛之力一点点消去，要付出极大的代价。

练气的时候，必须排除一切干扰和杂念，以松静为旨，做到松而不懈，静而不散，收视返听，操固内守，调息绵绵，实现"心不动，气自固"，道家养生学著作《天隐子》把这种练气过程称作"存想"，即"存谓存我之神，想谓想我之身。闭目即见自己之目，收心即见自己之心，心与目皆不离我身，不伤我神，则存想之渐也"。

一位习武六十多年的老人回忆说，他早年从名师练形意拳五年，一拳劈出，带动风声，势不可当。但他练的是开展式，行家们称为"假拳"，只不过是形意拳的基础功夫，相当于太极拳的摧僵阶段。为了把明劲练成暗劲，他不得不重新从站桩练起，将开展式改为紧凑式，以求劲力内蕴。这样又足足练了七年，才觉得身上有了内劲。他夜晚在公园练拳，虽然全身放松，但打出拳去后发出嗡嗡的震动声，能传出好远，惹得行人前来观看。他这才体会到形意拳由外向内练的奥妙。[①]

其实，不仅是形意拳，中国武术的所有拳种都是由外向内练的，即由有形之精转向微妙的无形之气，由四肢躯干表露于外的刚猛之力，转向以内气为主的刚柔相济之力。

练气化神阶段，要在培养意念活动，以意领气，以气帅形。意动气动，以气催力。练拳时要全身放松，心意平和冲淡，但意念必须高度集中，周身俱要协调自然，含蓄圆活。出拳之际不求快、求猛，而是遵循法度，顺应自然，以意念导引，使内气由丹田发出，透过五脏，达于拳脚。若是求快、求猛，心必浮躁，心躁则气上浮而散乱，无法聚敛周流。打惯明劲的人每每于此时难以松静，控制不住意念，以致迟迟难以练出暗劲来。

以意领气，本是如人饮水，冷暖自知。但要做到精神松静，收视返听，又谈何容易？借用禅宗的一个术语，就是习武者必须像禅僧坐禅一样，要具备相当的“定力”，即驾驭精神意念的能力。习武者只有在“万缘如洗净”“身心亦已冥”物我两忘的空明境界之中，才能做到调息运气，绵绵不绝。道家形容这种精神状态是“胸中纯白，意无所倾，志若流水，心居空城”[②]。总之，都是要求人们心如明镜，寸念不生，在呼吸吐纳之中，以意念导引体内真气沿经络走向运行，如轻云浮行体中，使之绵绵相续，循环不已。久而久之，自能从中领略到奥妙与乐趣。

清人王宗岳在《太极拳经》中总结道：“以心行气，务令沉着，乃能收敛入骨。以气运身，务令顺遂，乃能便利从心。”以心行气，就是意到气亦到。只有心意沉着，气才可收敛入骨。工夫既久，骨日沉重而内劲日长。以气运身，是气动身亦动。气要顺遂畅达，身体才能从心所欲，毫无阻滞之处。也就是说，在练气阶段要经历两个过程；一是以心行气，收敛入骨，这是由外向内，二是以气运身，便利从心，这是由内向外。

上述两个过程在练气的初步阶段是截然分开的，只有先做到以心行气，而后才可能以气运身。待练到纯熟之后，方能达到内外合一、形神一致的境界，这时已经不分内外、先后了。

中国传统医学认为，气分两种，一种是先天之气，又称元气。天以阴阳

①徐步阶.形意拳劈拳法之深化与升华［J］.中华武术，1988（3）.

②真一金丹诀［M］.正统道藏刻本第四十三册.

五行之气化生万物，只要有形体就有先天之气，所以元气是人自结胎之初所秉受的先天之气。另一种是后天之气，由后天生成，流通于血脉之中，称为血气，又称横气。血气是刚猛之本，故有“血气方刚”之语。元气以太和为宗，以冲元为本，刚柔相济，可刚可柔。道家把修炼元气作为长生之道，认为“长生之术，莫过乎服元气，胎息内固”“若能存念其神以守元气，气亦成神，神亦成气”①。

练气之道就是服存元气以消除血气，以先天补后天。表现在劲力上，就是练出柔韧连绵之劲，以消除刚猛横暴之力，以求刚柔相济，刚中有柔，柔中有刚。

武学境界的高低最终是由内功高低来决定的。凡是武林高手，其在内功方面必定有相当的造诣，不仅太极、形意、八卦等所谓“内家拳”是这样，而且少林、查拳、通背、劈挂、南拳等外家拳也无一例外。一个同样的招式，由一个不会内功的人和一个内功有相当功底的人分别演练，则二者招式之间的威力气象定是不大相同。若使二人交手，在双方技法大致相当的情况下，则后者十有九胜。当然，有内功根底极深却不会武术，而以养气健身为目的，则另当别论。

练习内功一般需要有名师指点，入门之后即可自行练习。若无高人传授，仅靠自己摸索，那是不容易找到门径的。练习内功的人还必须具备一定医学知识，熟悉人体经络走向及各处穴位，并且要懂得一点阴阳五行学说和太极八卦理论，需要一定的文化水平。练内功最难做到的是排除杂念，不受任何干扰，心如明镜，纤尘不染。当前社会发展很快，事务繁杂，竞争激烈，几乎人人都要为生计考虑，真要能做到心如枯井、微波不起实在很不容易。初学者可采用一念代万念的方法诱导入静。如观想法，以观想蓝天白云，山川大海，森林花草等；数息法，默念自己的呼吸或听自己呼吸的声音等；读数法，从1到10，反复重复数数等，通过上述方法，使修行者的杂念相对减少，渐渐入静。另外，练气时最好在山水相依、林木葱郁的幽静之所，也有助于入静。

过去武术界的人常常把练气之道说得很神秘，不轻易传授。不少人练了十几年拳，只知道气沉丹田，却不知真气为何物，如何运行，于是气沉丹

①张君房. 云笈七签（卷五十六）［M］. 大宋天圣七年（1029）.

田也就差不多成了一句空话。内功神秘之说也往往令人望而生畏，似乎可望而不可及，不少习武者就是在练气化神的殿堂前停下了脚步。

思考题：有人说人的任督二脉本来就是通的，不需要打开，您的看法呢？

三、进入练气化神境界的特征

一般来说，练出暗劲的人大多神志清爽，精神充沛，刚烈之气渐渐沉销，柔和之气渐渐减弱。体会到了暗劲的功夫，习武者知晓了强中更有强中手的道理，进入这个阶段的武术修炼者，往往待人谦和，没有盛气凌人的架子，也不会动辄炫耀武功，恃技欺人。有的人甚至将武功深藏不露，混同于常人。一旦遇事，态度比较冷静，善于权衡利弊得失，轻易不会同人动手，若被逼无奈而不得不应战，只要不是在性命危急的局势下，他轻易不使毒招，不下杀手。

练成了暗劲的人在完成了易筋功夫的同时，体形和神态也可能会发生某些变化，一是体形渐趋予瘦健，少横蛮肥重之态。二是步履轻捷而稳实，少拖沓滞重之病。三是目光渐趋清朗慈和，临敌时则威神自出，目光如电，少凶暴浮露之相。

在练成明劲的人中，大约只有5%的人能进一步练出暗劲，这是习武长途中的又一次大淘汰。

一个习武者功夫练到了这个地步，就基本上达到了练气化神的境界。至于以后能否步入练神还虚的更高的境界，那就得看习武者本人的天资和造化了。

第三节　练神还虚境界

练神还虚是习武者功夫的最高境界，又叫“易髓”阶段。这个阶段要练出化劲，重在将暗劲练到至柔至顺，“阴阳混成，刚柔悉化”。周身内外全凭真意运用，达到拳道合一，这是武学的极致。

一、练神还虚是武学的高级阶段

内功的高级阶段是练神还虚。在这一阶段，要完成易髓功夫，练出化劲。

将暗劲练到至柔至顺的地步，就是化劲，所谓“阴阳混成，刚柔悉化”“拳无拳，意无意，无意之中是真意”，就是指化劲而言。相对而言，练神还虚阶段招式技法已经退到次要的地位。

在练精化气的初级阶段，习武者以基本功和技法为主，内功只是刚刚开始入门。在练气化神的阶段，技法与内功并重。待暗劲练到一定火候，习武者就会感到内功比技法更难练，而且更重要。从此之后，武功的长进与否就主要视内功的进步快慢而言。在练习化劲时，几乎完全要靠内功。内功大成，也就标志着化劲大成。

需要明确的是，武术招法并不是越烦琐就越高明。相反地越是高明、实用的招式就越简练。比如，武林中流行的各种擒拿术，大多简练实用，招法巧妙。少林派“迎风八打”中有一个动作，叫作顺风掌，即对方若以右掌向我头部劈来，我则以右掌向外斜磕，而后并不收掌，而是立即仍以右掌向右方横击敌人的头颈部。这是连消带打的一招，防守反击，其反击方向正是敌方无法防守的空当和要害部位。还有一种短打招数，其反击速度更快。这种招数以拧腰冲拳为主。当对方以右冲拳袭来时，我不招不架，而是将腰迅疾一拧，同时借拧腰之势，侧身骤发右拳，直击对方的右胸。拧腰与出拳一气呵成，对方的右拳则从我胸前滑过。拳谚说：“不招不架，只是一下。犯了招架，便是十下”，就是指的诸如此类干净利落、明快洒脱的反击招式。上述两种招式都简单易学，实践性很强。

在武学中，招式的精妙说到底还是其次的，武功的高低最终决定于内功的深浅。同是一招平平淡淡的形意崩拳，有人用以防身尚且难以自保，而当年的郭云深却挟此技屡挫天下名手，赢得“半步崩拳打遍天下”的美誉，其根本原因在于他的内功浑厚，已臻神化之境，从而尽得拳理奥妙，将一个平平常常的招式发挥得淋漓尽致，威力无穷。武学中的精妙深微之处，必须是在习武者的内功有了相当功底之后才能逐一领悟。习武者的内功越深厚，对拳理的领悟越透彻，所以，武林高手之间的较量，不仅是技法的较量，更重要的是内功的较量。

练神还虚阶段是易髓阶段。骨中有髓，骨髓是生发气血的东西，盛髓的地方叫髓海。头颅里的大脑是最大的一块髓，是以脑为髓之海，髓足则脑健，脑健则神足，神足则长生。易髓就是激发骨髓的活性，是对人体中枢神经及其反应能力的高级训练。根据中国传统的气功理论，练神还虚最终应在上丹田（泥丸宫附近的球形区域）完成，练气化神在中丹田（中脘、鸠尾诸穴之后的球形区域），练精化气在下丹田（脐下深处的球形区域），由下而上，逐次升高。

练神还虚的要诀是“虚静”二字。“虚”指心内虚空若谷，“静”指心境淡泊守一，就是《老子》十八章中所说的“虚静为主，虚无不受，静无不待，知虚静之道，乃能终始”。老子说：“致虚极，守静笃”。要求心境达到极度空明宁静的状态，这样才能归根复命，才能让髓海充满。《灵枢·海论第三十三》言：“髓海有余则轻劲多力、自过其度；髓海不足则脑转耳鸣、胫痠眩冒。”道家养生术认为：“不认不知，无声无臭，名日希微，只这个便是全真妙本，人能透得，即刻知机。[①]”也就是说，必须对外界的任何干扰全不理会，心中不存任何芥蒂，一无阻滞，听不到任何声音，闻不到任何气味，凝神守一，不懈不僵，久而久之，才能悟透个中的玄妙之机。

太极拳高手们认为，虚静“乃太极拳最精微处，非稍有根底者殊难领会，”又说，“太极拳应敌时，其最妙处在以虚静胜人，故太极拳实以无法为法”[②]。在内功的最高境界，武学与道家互通互融，达到了高度的一致，这就是武学中的“拳道合一”。拳经云：“固灵根而动心者，武艺也，养灵根而静心者，修道也。”划清了武艺与道艺两种境界的差别。

思考题：虚静是一种什么样的状态？

二、练神还虚阶段悉数在化

练习化劲，习武者周身内外全仗真意运用，手足动作所用之力，有而若无，实而若虚，其运气亦不着意，亦非全不着意，忽隐忽现，若有若无。呼吸似有似无，以真息行之。练到至虚，则身无其身，心无其心。一些武学大师如实地记录下他们练习化劲时的体会。

孙禄堂先生说，他练化劲时，每天练一形之势，到停势时，心中神气一定，就感觉到海底穴处如有物萌动，后来又出现周身发空的景象，觉得身体一毫也不敢动。再练一些日子，感到丹田内如有两物相争，渐渐安静。这时仍是

①李道纯. 中和集［M］. 正统道藏刻本.

②徐致一. 太极拳选编［M］. 民国本太极拳影印本，57-59.

在练拳趟子，内外一气，缓缓悠悠练之，不敢有一毫不平稳处。练拳时呼吸，用意于丹田，从尾闾至夹脊、玉枕、天顶而下至丹田，与静坐功相同。以后不论行、走、坐、立，皆有内中或动或不动的感觉。有时熟睡时内中忽动，动而即醒，仍用练拳的呼吸方法。再过一段时间，睡熟后内中不动，内外周身四肢忽然似空，周身融融和和，而且不论静坐、练拳都会产生这样的感觉，到这时才体会到拳术与丹理是同一道理。①

尚济先生也有类似的体会。他说："在做静功时，闭目合睛，抱神归一，便会觉得宇宙之大，空无一物，只有眼前一片光明，自身虚无缥缈，遨游太空。一不小心，就有摔下来的危险，所以精神又十分集中。做动功时，使觉飘飘荡荡，如三尺罗衣，挂在无影树上，心无其心，身无其身，随意而动，无可无不可。又如悬肘写大草，将意、气、神集中到笔尖上，按中有提，提中有按，任意而动，则笔走龙蛇。如用之应敌，本无意打他，只是随进攻之势，随意应之，不见而章，无为而成，往往可将对方击出甚远。这即拳经中所说'拳无拳，意无意，无意之中是真意'。也就是崩拳大师郭云深一生的经验总结：'有形有意都是假，拳到无心方见奇'。"②在长期的内心虚静的状态下，中枢神经的反应可以达到极其敏锐的、令人吃惊的地步，乃致"一羽不能加，蝇虫不能落，人不知我，我独知人"。这是形容习武者的感觉灵敏已达极处，即使加上像一片羽毛、一只苍蝇那样微乎其微的力量，也能立即觉察清楚并做出反应。习武者练出了这样的功夫，在同人交手时，只要一搭上手，对敌人的功力深浅即已尽悉无余，而敌人对我却懵然无知，只能处处被动，为我所制。

气功界把练神还虚的最终境界称作"返本还元，复归于婴儿"。道家养生学认为，婴儿状态是人的原始状态，是人体生命的本来面目。在婴儿状态，体内阴阳自然平衡，内气无所不通，意、气、神三者合一。其后，在人的生长过程中，在周围环境的影响下，产生了七情六欲，干扰了内部的平衡，使生命不能按照自然规律进行，于是产生种种疾病，而且生了病自己也不能修残补缺。气功之道即在于以入静的方式，切断外来干扰，将意识集中于自己体内，再通过一定的功法，消除以往因外来干扰而引起的体内变化，使其逐渐恢复到最初

①刘玉增. 形意剑术［M］. 郑州：河南科学技术出版社，1986：269-270.

②尚济. 形意拳内功三经释解［J］. 中华武术，1988（1）.

的自然状态，意气神重新合一。气功家叫作“善养吾浩然之气，常守我独立之神”。武术家叫作“岂知吾得婴儿真，打法天下是真形”。老子说的“常德不离，复归于婴儿”则是从哲学意义上对气功的概括。

既是要复归到婴儿状态，那么不仅要求精神上无思无念，无牵无挂，一无滞碍之处，而且在呼吸上也要复归到婴儿的“胎息”状态。所谓“胎息”，就是模仿婴儿在母腹中的呼吸，自服内气，呼吸皆用鼻而不用口。吸气绵长深透，呼气微细若无，吸气时长引而咽，并闭气不使外逸，至极处微微吐气。不论吸气、呼气都不要让自己听到，不发出任何微细之声。同时还要模仿婴儿的手形和精神状况，即所谓“握固守一”。“握固”是两手拇指内蜷，由其余四指从外握之。“守一”指意念守神抱一，不受任何外界干扰。道家术把练好胎息视为“返本还元，却老归婴”的必由道路。

老子说：“天下之至柔，驰骋天下之至坚。”他又说：“天下莫柔弱于水，而攻坚强者莫之能胜，以其无以易之。弱之胜强，柔之胜刚，天下莫不知，莫能行。”这几句话的大意是，天下最柔软的东西，能驾驭天下最坚硬的东西。世间没有比水更柔弱的，可是冲击坚强的东西没有什么能胜过它，因为没有什么东西能代替它。弱胜过强，柔胜过刚，天下没有人不懂得这个道理，但是没有人能够实行它。所以老子强调“营魄抱一”“专气致柔”。

一般技击家讲究的是以快打慢，以强击弱，高明的武术家却把以柔克刚、以静制动奉为准则。一般技击家在临敌时常常心急如火，气血上涌，恨不得一拳将对方打翻。高明的武术家面对强手，却能做到心平气静，从容不迫，以逸待劳，后发制人。他们在同人交手时，心境空明，无虑无念，置胜败于不计，置生死于度外，形神合一，心无定式，但一抬手、一投足均为精妙招式，威力极大。其动作或快或慢，或柔或刚，如行云流水，绵绵不断，又如钱塘之潮，滚滚而来，令对手无招架之功，无退避之处，处处无不受制。

思考题：观察婴儿，思考道家养生学复归婴儿状态的科学性。

三、达到练神还虚境界的特征

从性情上看，达到了练神还虚境界的武术家，大多性格豁达，心胸开阔，待人谦和有礼，不同人作无谓之争。

武术家耿诚信先生回忆道，自己幼年练习拳术时，肝火太盛，往往与人无故不相合，视同道如仇敌，自己也常感烦恼，而且周身为拙力所拘，不知道自己究竟有多大力量。后来师从深州刘奇兰先生学形意，练明劲四五年，自己感到性格起了变化，对于过去的事常感愧悔。又练暗劲五六年后，每见同道之人无不相和，对于技艺高过自己的人，不仅不嫉妒，反而加以称赞，但自己还有一吝啬之心，不肯以秘技示人。而后又练了五六年化劲，方觉腹内空空洞洞，浑浑沦沦，无形无象，无我无他。这时方能泯没门户之见，遇有同道者无所不爱，遇有不如自己者无不欲教。偶遇人较量，并无先存一个打人之心在内。所用所乏皆是道理，无入而不自得。这时方才明白了形意拳中和的道理，体会到练拳可以变化人的气质，使之入于道的境界[①]。

从外貌上看，达到了练神还虚境界的武术家，大多儒雅清秀，似有仙风道骨。他们目光清朗透澈，神态慈祥和蔼，步履轻盈飘逸，两眉正中隐隐若有红光，拳经上叫作“一点灵光吊在眉”，又称“光聚天心”。练成了化劲的人才真正能称得上武学大师。

在练成暗劲的武术家中，能最终练成化劲的也不过一百个人中有那么一两个吧！也就是说，在所有习武者之中，大概平均每十万人中不过有四五个人有希望成为真正的武学大师，恐怕实际比例比这个估计还要低些。

从年龄上看，达到了练神还虚境界的武术家，大多在40岁以上。一个人如果从十岁开始习武，而且他天资聪颖，悟性甚高，又有名师指点，兼以环境较为适宜，在不间断练武的前提下，大约需要至少30年时间才能走完从明劲到化劲这一段漫长的路程。所以太极拳家们有“十年用功，十年养气”之说。内功的修炼与人的年纪、阅历、文化修养极有关系。人在年轻的时候，对于高境界的内功不容易领悟，很难做到抱神守一、专气致柔。一般是人到中年以后才能悟出个中的真谛，完成由浅入深、由浅乱到浑厚的修练过程。等他成为真正的武学大师时，恐怕已经四十岁开外了。

学艺就是求道，艺之至境即道之所在。为了追求这种境界，有天资的人也须付出数十年的不懈努力。况且艺无止境，即便在同一境界内，也必有高低深浅之分。因此，穷一人毕生之力，也永远探讨不尽拳理拳技，能悟透和掌握的只是其中的一小部分。

对于武术爱好者来讲，武学境界的实现，永远在路上。

---

①刘玉增. 形意剑术［M］. 郑州：河南科学技术出版社，1986：270–271.

【本章小结】

（1）根据中国武学的一般规律，可以把练武的过程分为三个阶段，也可以称作三种境界，即练精化气、练气化神、练神还虚。三大境界的名称，最初是形意前辈从道家“内丹派”那里借来的。

（2）练精化气是初级阶段，重在训练基础功夫，消除拙力，练出刚猛之劲。从功夫层面讲是易骨阶段，从练法上讲是练出明劲阶段。如果有名师指导，习练者勤奋且悟性尚可，大概需要7年左右的时间修完。

（3）练气化神是中级阶段，重在消除刚劲，长柔劲，以意行拳，充实内力。从功夫层面讲是易筋阶段，从练法上讲是练出暗劲阶段。如果有名师指导，习练者悟性较高且勤奋，大概又需要7年左右的时间修完。

（4）练神还虚是高级阶段，重在练至柔至顺之劲，周身内外全凭真意运用，达到拳道合一的至上境界。从功夫层面讲是易髓阶段，从练法上讲是练出化劲阶段。如果有名师指导，习练者悟性高且勤奋，大概又需要7年左右的时间修完。

（5）一个武学大师的成长，需要良好的内外部环境。外有名师指导，家庭支持，内有习练者有一定的悟性，每日练功不辍的勤奋，扎实的国学素养。以上条件具备，假以时日，断然不会落空。

【复习题】

1. 选择题

（1）武学的第一个阶段是<u>C</u>阶段，也即太极拳的着熟阶段。

A. 练气化神　　B. 练神还虚　　C. 练精化气　　D. 练气化精

（2）拙力完全消去，刚力充沛，威气外扬，体强骨坚，步履稳实，表明已经练成<u>A</u>劲。

A. 明　　B. 整　　C. 化　　D. 暗

（3）武学的第二个阶段也称作易筋阶段，是要练出<u>D</u>劲。

A. 明　　B. 整　　C. 化　　D. 暗

（4）人们常说的打通任督二脉中的督脉，是指沿着人的<u>B</u>而行的阳脉。

A. 胸腹部　　B. 脊背部　　C. 两腿部　　D. 两臂部

（5）拳练到“阴阳混成，刚柔悉化”和“拳无拳，意无意，无意之中是真意”的程度，即达到了武学的高级境界。相对而言，此时招式技法对练拳者<u>B</u>。

A. 很重要　　B. 不重要　　C. 不需要　　D. 无用

2. 判断题

（1）练精化气、练气化神、练神还虚是少林拳家对武学境界的划分。（错）

（2）着熟、懂劲、神明是形意拳家对武学境界的划分。（错）

（3）蛮力或拙力，即身形僵硬之力，又称本力，不是武术中要的劲力。（对）

（4）据统计，在所有习武者中，能达到练神还虚境界的约有十万分之五。（对）

（5）真正在武学上有修为的一般来讲应该在四五十岁以上。（对）

3. 讨论题

（1）真正在武学上有所成就的人大多已年近半百，为什么？

（2）由练出明劲到练出暗劲，人的性格上会有什么变化？为什么？

第八章　武术的哲学基础

【学习要求】

通过本章的学习，应当对我国传统哲学的一些基本概念有一个相对准确的认识；厘清太极、阴阳、五行、八卦等传统哲学概念的相互关系；探究哲学思想对于传统武术发展改革的意义；思考自己认知的武术中，有哪些动作或内容是哲学思想的体现；培养对传统文化的兴趣。

任何实践活动，都离不开理论的指导。没有理论指导的实践是盲目的实践。作为人类古以保家卫国、今以强身健体的传统武术，当然也有自己的理论。

中国古代哲学以《易经》的“阴阳八卦”、《老子》的“道”和孔子的“儒家学说”为核心，形成了自己独特的风格。它具有强烈的社会现实性、博大的系统性、鲜明的主体性。它既是对其他意识形态的归纳和总结，也对其他社会意识形态具有不可低估的影响。

作为中国传统文化有机组成部分的武术，在其产生、发展和完善的历史进程中，不同程度地受到哲学思想中通变思想、文感相斥思想和发展变化思想的左右。历史上许多武术家都自觉不自觉地运用了古代的哲学思想来分析解释自己演练的拳法，并能融会贯通地创造出不同风格的拳种。明末出现的所谓“内家拳”，以及后来的太极拳、形意拳、八卦掌等拳种对拳理的解释，都与古代哲学思想密切相联，含有丰富的哲理性。

中国武术作为人类自身完善的一种手段，它是与华夏民族精神完善的手段——哲学，一道建筑起中国文化大厦的。作为精神最高产物的哲学，对于人类任何肉体的和精神的完善手段都起着指导作用，并具有相当程度的影响。

武术有一个独立、完整而又相当严密的庞大的武学理论体系，这个理念体系的核心是儒家的养气、中和之说，它以阴阳五行学说为其基础，同时又吸收了道家的守静致柔和释家的禅定参悟等诸多理论，涉及哲学、医学、宗教、文学、美学、人文地理学、历史学、民族学、心理学等许多领域，形成了世界上独一无二的“武文化”。

在这一章中将回答以下问题：

●传统武术发展过程中受到了哪些哲学思想的指导？
●天人合一学说是什么？对武术产生了什么影响？
●什么是阴阳五行学说，它与武术有什么关系？
●道家理论是如何影响内家拳的？
●佛教禅宗是如何影响少林拳的？
●形神一元论在武术中是如何体现的？

在上一章中，我们一起探讨了武学境界问题，明白了武术修炼的三个层次。武林高手之所以能从低到高，最终达到练神还虚阶段，与修炼者本身的努力有关，还与中国武术博大精深，富有魅力有关。是什么让中国武术如此灿烂夺目，如此地让人魂牵梦绕呢？我想在诸多答案当中，有一个答案是非常重要的。那就是中国武术拥有深厚的哲学基础。

武术不仅是体力与技法的结合，它首先是民族智慧的结晶，是中华民族传统文化在武技上的体现，也是民族心理个性在健身自卫领域的合理反映。

作为一种文化形态，中国武术与佛教、道教有着密切的关系。佛门讲悟性，道家讲虚静。俗话说：“天下名山僧占多。”其实道教也不例外。得天独厚的自然环境和那种超脱红尘、追求内省自悟的宗教意识，使释道两家对中国武术的发展做出了特殊的贡献。

第一节　天人合一学说

中国古代的“天人合一”说，在中国传统文化中占有重要的地位。从先秦至明清，大多数哲学家都宣扬这一观点。张岱年先生说：“中国哲学有一个根本观念，即天人合一。认为天人本来合一，而人生最高理想，是自觉地达到天人合一之境界。物我本属一体，内外原无判隔。”

《黄帝内经》中就指出："人以天地之气生，四时之法成。"汉代董仲舒在《春秋繁露》中进一步提出了"以类合之，天人一也""天人之际，合而为一"的观点。宋代邵雍在《皇极经世·观物外篇》说："学不际天人，不足以谓之学"，"际天人"即是通贯天人，也是天人合一的思想。明确提出"天人合一"是张载，他在《正蒙·乾称》中论述道："儒者则因明致诚，因诚致明，故天人合一，致学而可以成圣，得天而未始遗人"。他又在《理窟》中说："合内外，平物我，自见道之大端。"，"天人合一"亦即内外合一。程朱理学的代表人物程颢也讲"天人一"，他说："故有道有理，天人一也，更不分别"（《程氏遗书》卷二上）。但他不赞同讲"合"，他说："天人本无二，不必言合"。但是程颢关于天人关系问题的思想与前人基本还是一致的。

现代学者冯友兰先生则认为，在中国文字中，所谓天有五义：曰物质之天，即与地相对之天；曰主宰之天，即所谓皇天上帝，有人格的天、帝；曰运命之天，乃指人生中吾人所无奈何者，如孟子所谓"若夫成功则天也"之天是也；曰自然之天，乃指自然之运行，如《荀子·天论篇》所说之天是也；曰义理之天，乃谓宇宙之最高原理，如《中庸》所说"天命之为性"之天是也。

由于不同的哲学家所谓天的意义不同，他们所讲的天人合一也稍有差别。其中，董仲舒在天人合一的基础上提出"人副天数"的观点，认为："人有三百六十节，偶天之数也；形体骨肉，偶地之厚也；上有耳目聪明，日月之象也；体有空窍理脉，川谷之象也。……天以终岁之数成人之身，故小节三百六十六，副日数也；大节十二分，副月数也。内有五脏，副五行数也。外有四肢，副四时数也。乍视乍瞑，副昼夜也；乍刚乍柔，副冬夏也。乍哀乍乐，副阳阴也。……于其可数也副数，不可数者副类"。这种"人副天数"的观点影响十分广泛，盘古开天辟地之后，以周身化周天诸物的故事就是受到这种思想的影响。

天人合一的学说深刻影响着我国的传统文化与思想，同时也渗透到了传统武术的各个方面。并且与传统武术本身相结合，形成了"人身一小天地，天地一大人身"的认识，又进一步发展为"内外合一""物我合一"的武术思想。天人合一学说与阴阳五行学说相互交融，形成了独具特色的武术哲学。

阅读延伸

孙禄堂论天人合一的思想

古者包牺氏之王天下也，仰观象于天，俯观法于地，观鸟善之文，与地之宜，近取诸身，远取诸物，于是始作八卦，以通神明之德，以类万物之情。是以八卦取象命名，制成拳术。

近取诸身言之，则头为乾，腹为坤，足为震，股为巽，耳为坎，目为离，手为艮，口为兑。若在拳中，则头为乾，腹为坤，肾为坎，心为离，尾闾第一节至第七节大椎为巽，项上大椎为艮，腹左为震，腹右为兑，此身体八卦之名也。自四肢言之，腹为无极脐为太极，两肾为两仪，两胳膊、两腿为四象，两胳膊、两腿各两节为八卦。两手两足共二十指也，以手足四拇指皆是两节，共合八节；其余十六指，每指皆三节，共合四十八节；加两胳膊、两腿节，与四大拇指八节，共合六十四节六十四卦也。此谓无极生太极，太极生两仪，两仪生四象，四象生八卦，八八生六十四卦之数也。此四肢八卦之名称。以上近取诸身也。

参见孙禄堂著《八卦拳学》

第二节　阴阳五行学说与武术

阴阳五行学说，是我国古代的哲学理论，是古代用以认识自然和理解自然的一种宇宙观和方法论。它概括了古人对自然界发展变化规律的认识，是原始的归纳辩证法。阴阳五行学说与武术的结合，为武术注入了灵魂，从根本上提升了武术的地位。

一、阴阳学说

阴阳学说是中国古代朴素的辩证唯物主义哲学思想。阴阳学说认为宇宙任何事物都具有既对立又统一的阴阳两个方面，经常不断地运动和相互作用。这种运动和相互作用，是一切事物运动变化的根源。

阴阳，是对自然界相关事物或现象对立双方属性的概括。它最初是指日光的向背而言，即向日者为阳，背日者为阴。而后逐渐引申到一切事物或现象的研究中，凡是光明、温暖的事物或现象便归属于阳，凡是黑暗、寒冷的事物或现象便归属于阴，所以《内经》说："阴阳者，一分为二也"。

阴阳来自太极，《周易·系辞》说："易有太极，是生两仪，两仪生四象，四象生八卦。""太极"是天地万物的根本。"两仪"指天地，又引申为阴（地）阳（天）。《周易·系辞》又说："一阴一阳之为道。"天地之道，以阴阳二气造化万物。天地、日月、雷电、风雨、四时、子前午后，以及雄雌、刚柔、动静、显敛，万事万物，莫不分阴阳。人生之理，以阴阳二气长养百骸。经络、骨肉、腹背、五脏、六腑，乃至七损八益，一身之内，莫不合阴阳之理。

浩瀚宇宙间的一切事物和现象都包含着阴和阳，以及表与里的两面。而它们之间却既有互相对立斗争，又有相互滋生依存的关系，这即是物质世界的一般规律，是众多事物的纲领和由来，也是事物产生与毁灭的根由所在。

《素问》阴阳应象大论说："阴阳者天地之道也，万物之纲纪，在变化之父母。生杀之本始，神明之府也"。讲的就是对立统一是一切事物变化的法则，任何事物都不能违背这个法则而存在。《灵枢·阴阳系日月》中说"阴阳者，有名而无形"，讲的就是阴与阳之间的对立制约、互根互用，并不是处于静止和不变的状态，而是始终处于不断的运动变化之中。

宋代理学家周敦颐的《太极图说》是这样论述阴阳关系的：无极而太极。太极动而生阳，动极而静，静而生阴，静极复动。一动一静，互为其根。分阴分阳，两仪立焉。阳变阴合，而生水火木金土。五气顺布，四时行焉。五行一阴阳也，阴阳一太极也，太极本无极也。五行之生也，各一其性。无极之真，二五之精妙合而凝。乾道成男，坤道成女。二气交感，化生万物。万物生生，而变化无穷焉。

古人认为，物质世界是在阴阳二气的对抗运动中不断地滋生和发展着，阴阳既代表自然界两种对立的物质势力，同时也代表着矛盾对立的两个方面，并进而发展成为人们探讨和阐释事物运动变化规律的阴阳学说。

阴阳变化的规律可归纳为以下三点。

一是阴阳的互根：阴阳既有对立性，又有统一性，以对方作为自己存在的依据。没有阴，就不可能有阳，没有阳，也不可能有阴，“阴生于阳，阳生于阴”“孤阴不生独阳不长”。这种阴阳的对立和统一始终贯彻在生命的全部过程，一旦“阴阳隔绝”生命也就终止。

二是阴阳的消长：阴阳并不是处于静止不变的状态，而是不断地进行着“阳消阴长”或“阴消阳长”的竞争。

三是阴阳的转化：阴阳可以各自向相反的方向变化。表现这个规律的形象图形就是太极图。太极图中，当阳最盛的时候，阴已悄悄出现；当最阴的时候，阳已悄悄出现。盛极而衰，否极泰来，这个哲理还是很深刻的。

中国的哲学思想范畴里，阴阳是宇宙形成的两个主要法则，中国古今的人都相信阴阳的结合与互相作用产生宇宙的一切现象。《老子》四十二章云：“万物负阴而抱阳，冲气以为和。”在此，老子明确提出了“阴阳”属性普遍地存在于天地万物之中，这是道家对阴阳学说的最早理论贡献。道家在观察自然与社会的变化中，发现了事物运动变化过程中的辩证法则“有无相生，难易相成，长短相形……”，提出了“反者道之动”的著名辩证学说，为以后的阴阳理论体系发展提供了坚实的辩证基石，这就是道家对阴阳理论形成的巨大贡献。

思考题：一分为二的认识论根源于哪里？

阅读延伸

苌乃周在《打手论》中论述拳中阴阳虚实

凡打拳，未伸手之先，浑然一太极也。动而生阳，静而生阴。动极而静，静极复动，阴极生阳，阳极生阴，所谓生生不已也。阴变阳，阳变阴，所谓变化无方也。阴中带阳，阳中带阴，入阴扶阳，入阳扶阴，所谓阴阳不相离也。阴转阳，阳转阴，所谓阴阳转结互为根也。

凡打拳，要知避实击虚之法。如彼在南门屯兵，我自北门入；彼在东门屯兵，我自西门入。避实击虚，则用力少而成功多也。

二、五行学说

五行学说为我国古代的一种哲学学说，是认识世界、解释宇宙事物变化的一种学说。“五行”一词出自《尚书·洪范》，主要讲的是事物生克制化的规律。

“五”是指金、水、木、火、土这五种生活中不可缺少的物质；“行”是指运动变化。

五行学说认为宇宙间的一切事物（包括人在内）都是由金、水、木、火、土五种物质的运动与变化构成的。五行说根源于阴阳学说，阐发于“两仪生四象，四象生八卦”。“四象”指春夏秋冬四时，后来又引申为木（春）、火（夏）、金（秋）、水（冬），再加上一个土，就成了“五行”。

古人认为金、水、木、火、土五行乃是构成宇宙的基本物质元素，并把这五种物质的属性加以抽象推演，用来说明整个物质世界，宇宙间各种物质都可以按照这五种基本物质的属性来归类，而且这五者之间具有着相生相克、相互制约的关系，并处于不停地运动变化之中。五行的不断运动和相互作用是宇宙生灭变化的规律和原因，古人将这种原理广泛应用于各个方面。

阴阳家论述强调“五行”的作用，最早的记载见于《尚书·洪范》里，“五行，一曰水，二曰火，三曰木，四曰金，五曰土”。《洪范》中还告诉人们，人类世界和自然世界是互相关联的，君主方面的恶行，会导致自然界异常现象的出现。这种观念被阴阳家发展成为“天人感应论”。

思考题：《尚书》是一本什么书？

三、八卦学说

八卦，是由阳爻“—”、阴爻“--”这两种符号配合组成的三爻卦，共有八个，称为经卦或单卦。八卦都有一定的卦形、卦名、象征物、功能属性等。八卦是《易经》中象征宇宙中八种最基本现象的符号，代表万物的性能均由阴阳两气演化，是包罗万象的整体。

八卦表示事物自身变化的阴阳系统，包含了宇宙万物的整体观、运动观、

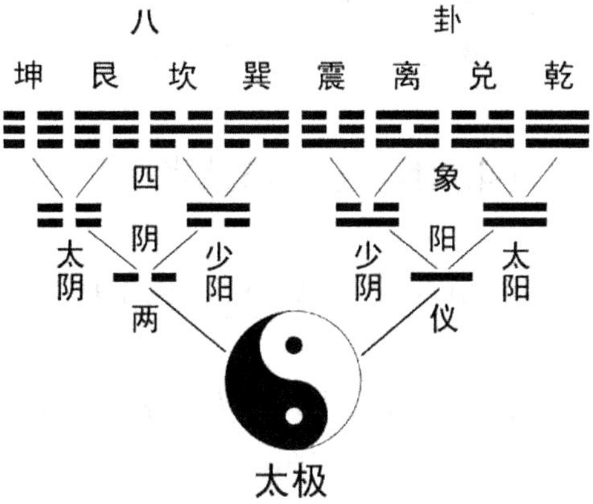

平衡观。在以“八卦为体，五行为用”的关系中，正是体现了这一宇宙永恒的原理。

相传，八卦起源于三皇五帝之首的伏羲，伏羲氏在天水卦台山始画八卦，一画开天。

《周易·系辞下》中讲：“古者包牺氏之王天下也，仰则观象于天，俯则观法于地，观鸟兽之文与地之宜，近取诸身，远取诸物，于是始作八卦，以通神明之德，以类万物之情。”

对于八卦，不要有过多的神秘色彩，它在中国文化中与阴阳、五行一样是用来推演世界空间时间各类事物关系的工具。每一卦形代表一定的事物。乾代表天，坤代表地，巽代表风，震代表雷，坎代表水，离代表火，艮代表山，兑代表泽。八卦就像八只无限无形的大口袋，把宇宙中万事万物都装进去了，八卦互相搭配又变成六十四卦，用来象征各种自然现象和人事现象，基于当今社会事务繁多。

八卦在中医里指围绕掌心周围八个部位的总称。

拳术中所用之八卦，则是多借以指示方位。

拳术中流行的九宫八卦图多为练步练桩所用，又称九宫八卦阵或九宫躲闪桩。九宫指离、坎、震，兑、巽、艮、坤、乾、中，包括正南、正北、正东、正西、东南、东北、西南、西北、中央九个方位，跑位顺序为坎一坤二，震三巽四，中五乾六，兑七艮八离九，练习时由一至九，再由九还一。

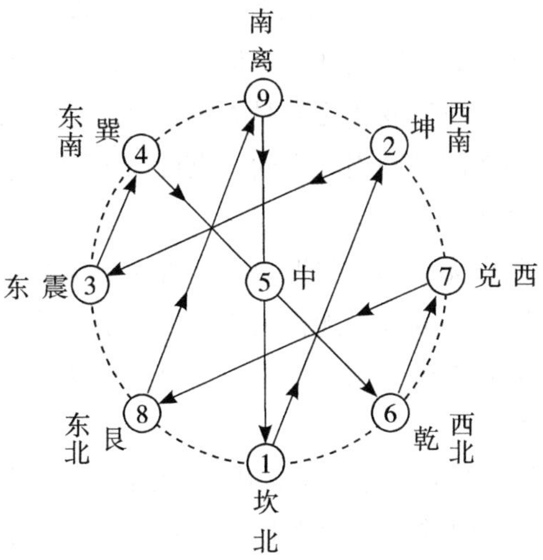

著名的武术拳种八卦掌，其特点是以走转为主。其圆形步法滚滚不停，摆扣转换，疾如飘风，变幻无穷，令对方无从捉摸，深得卦图

中方位变化之妙谛。

思考题：“八卦学说”八卦吗？

四、阴阳五行与武术

阴阳五行学说是中国武术的理论基础，大概成书于西周初的卦书《周易》。

东周时代又出现了专门解释《周易》的“传”。在“传”中，人们明确地提出了“太极”“阴阳”“刚柔”等概念，用来探讨宇宙生成、天地四时变化及人的气质个性的奥秘。

“传”的作者把“太极”“阴阳”与《周易》中的卦数、卦象结合起来，使三者开始组合成一个独立的哲学系统。

古代的学者们把阴阳、五行、八卦同天象运行和四时变化紧密结合在一起，构成了一个以阴阳五行学说为核心的严密的哲学体系。这种阴阳五行学说被后来的道家所吸收，又成为道家思想的理论基础。

在中国武术中，凡是具有较强理论色彩的拳种，无不是以阴阳五行学说作为自己的指导理论。

太极拳是与阴阳学说结合最紧密的拳种。

太极，中国古代哲学用以说明世界本原的范畴，“太极”一词出于《庄子》，“大道，在太极之上而不为高；在六极之下而不为深；先天地而不为久；长于上古而不为老”。太，即大，太有至的意思；极，指尽头，极点。极有极限之义，就是至于极限、无有相匹之意，既包括了至极之理，也包括了至大至小的时空极限，物极则变，变则化，所以变化之源是太极，放之则弥六合，卷之退藏于心。可以大于任意量而不能超越圆周和空间，也可以小于任意量而不等于零或无，以上是太极二字的含义。

拳理认为，练拳时应以虚无为本，此虚无中却又包罗万象，含无数虚实变化。这种虚无的精神状态就叫作“无极”。“太极者无极而生”（王宗岳《太极拳论》）。由“太极”这种动静无端的状态生出阴阳两仪，所以太极被称为“阴阳母”。

阴阳并无定位，在拳理中，一般称动为阳，静为阴，出手为阳，收手为阴，进步为阳，退步为阴，刚劲为阳，柔劲为阴，发劲为阳，收劲为阴，手足伸出为阳，关节曲屈为阴，开展为阳，曲收为阴。有时又称掌心向上为阳手，掌心向下为阴手。

武术中的内功训练也是以阴阳学说为指导。武术家认为背部属阳，胸腹部属阴，所以贯通背部的督脉为阳，贯通胸腹部的任脉属阴，贯通四肢外侧的经络属阳，贯通四肢内侧的经络属阴。在练功时，大都要求面朝南背朝北，与地球的南北极磁场方向相顺应，有助于人体功能的自我调节，强化人体的生物磁场。在调息运气时，可使任督二脉畅通无阻，周身经络活泛，所以武术界有练功时“早不朝东，晚不向西，午不朝南，永不向北”之说。

思考题：为什么练功时会有“永不向北”之说？

古代的武术理论家们以五行来说明各种拳术的原理及其中相生相克的繁复变化。他们认为肺属金，肾属水，肝属木，心属火，脾属土，这种说法与中国传统的医学理论是一致的。

武术家们又根据五行相生相克之说，认为金生水而克木，木生火而克土，土生金而克水，水生木而克火，火生土而克金。形意拳中的五行拳就是根据上述原理而创编的，即劈拳属金通肺，可克崩拳；崩拳属木通肝，可克横拳；横拳属土通脾，可克钻拳，钻拳属水通肾，可克炮拳；炮拳属火通心，可克劈拳。形意拳《相克歌》说：“劈能克崩崩克横，横能克钻钻克炮，炮能克劈归易理，不外五行求奥妙。”形意拳《相生歌》说：“劈能生钻钻生崩，崩能生炮炮生横，横能生劈各形本，万物于土五行生。”（姜容樵《形意母拳》第九章）也就是说，形意五行拳是按照劈、钻、崩、炮、横的顺序相生，而位列第五的横拳则能生化出位列第一的劈拳 。

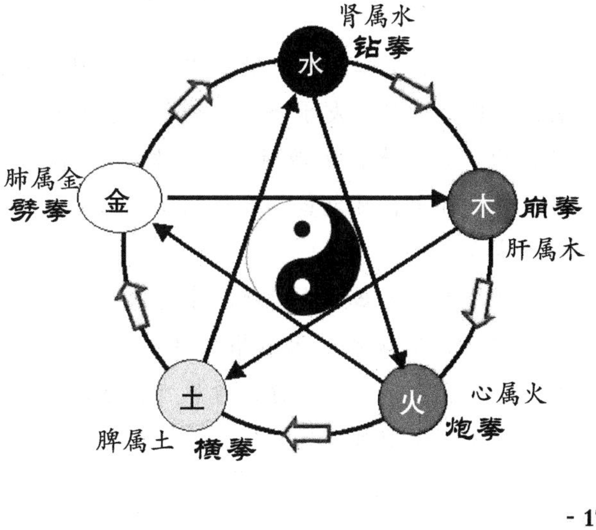

武术家不仅从八卦图中悟出了灵活多变的步法和身法，悟出了修炼内功的门径，而且从中参详出深奥精妙的技击原理。太极拳大师们从八卦图中一天十二个时辰的阴阳盈虚消长的变化中参悟出“引、进、落、空”的技

击真谛，从春夏秋冬的四时更替中悟出与人交手“必占形胜“的道理，即“我之胳膊必先占据上游，据上游则我在高处，彼在低处，胜负之机已决”。

“易传”中凡有关“阴阳”范畴的论述皆源于道家，凡“五行”方位说及“天人感应说”俱来自阴阳家。太极拳哲学理论中很多要求和方法以及运用原则，都离不开道家的哲学理念。如《老子》云：“将欲歙之，必固张之……将欲取之，必固与之。”这种认识方法论就在太极拳诀中体现出来，“如意要向上，即寓下意”“欲左先右”“欲前先后”等。

《老子》云：“以天下之柔，驰骋天下之至刚。”太极拳的技击原则正是“以柔克刚”，在具体运用时，则要求“以弱为本，舍己从人”。

太极拳古典哲学理论中，有关“阴阳”相互间既统一又互相转化的思想随处可见。《太极拳论》中载，“人刚我柔谓之走，我顺人背谓之粘”“阳不离阴，阴不离阳，阴阳相济，方为懂劲”，上述论说就体现了对这方面的深刻理解和引申。

由上可见，阴阳五行学说与中国武术实在有千丝万缕的联系。甚至可以这样断言，如果没有阴阳五行学说，就不可能产生中国武术这样独特的体育项目。不了解阴阳五行学说，就很难深入理解中国武术的奥秘所在。所以，要想在武术实践和武术理论方面有所探求，必须懂得阴阳五行八卦的道理。

思考题：对形意拳影响最大的是什么学说？

阅读延伸

苌乃周在《打手论》中论述拳中五行

凡打拳，要知五行。肝属木，于四时为春，发于外也，其色青。心属火，于四时为夏，发于外也，其色赤。肺属金，于四时为秋，发于外也，其色白。肾属水，于四时为冬，发于外也，其色黑。脾属土，土旺于四时，发于外也，其色黄。五行相克，木克土，土克水，水克火，火克金，金克木。

凡打拳，要知五指所属。中指属心，心属火，火炎上，故中指独长。食指属肝，肝属木。无名指属肺，肺属金，二指长短不甚参差。像二八月，昼夜相停。小指属肾，肾属水，水润下，故小指独短。大指属脾，脾属土，土旺于四时，故大指独居半边。

第三节　拳道、拳禅合一论

在中国历史发展长河中，土生土长的道教和外国传入的佛教，与儒家文化一起构成了中国传统文化的基本格局，对中国的政治、经济、文化、科学技术都有深刻的影响。传统武术发展过程中也不可避免地打上了道教、佛教的深深烙印。道教、佛教与武术在修身养性、探索人生真谛等方面实现了交融。

一、拳道合一

（一）道家理论

在中国古典哲学中，道家思想无疑占有重要地位。

道家思想源于周易、老子和庄周，以《易经》《老子》《庄子》为经典，称为“三玄”。

道家思想的主旨是“自然无为”。老子说：“人法地，地法天，天法道，道法自然。”他认为自然是宇宙间的普遍规律，天、地、人概莫能外。庄子从“丧我”（忘我）“物化”（物我界限消解，万物融化为一）的哲学高度，提出了“天地与我并生，而万物与我为一”的观点（《庄子·齐物论》），把道家思想提高到一个崭新的境界。

庄周还为世人描绘了一位长生不老的神仙形象，说他住在姑射山上，肌肤白嫩得像冰雪一样，体态轻盈柔美，犹如少女。他不吃五谷，以吸风饮露为食。他经常乘着云气，驾着飞龙，巡游于四海之外，与天地精神相往来。他神情专注，使灾疫不生，五谷丰登（《庄子·逍遥游》）。

这个优美的神话像闪电一样照亮了世人的心，后来道家所谓“饮气”“辟谷”（不食五谷）之说大概就本源于此。

《周易》为道家奠定了以阴阳八卦为核心，以特征化、概括化为表现的世界观，《老子》为道家提出了“自然无为”的处世之道，《庄子》则为道家指明了辟谷成仙、长生不老的人生奋斗目标。道家修炼成仙，除了修炼外丹以外，主要途径是练气，也就是人们通常所说的气功。

道家的无为，乃是为了无不为。

道家的修炼很有一种胆识，他们豪放地提出了“我命在我，不在于天”的格言（《云笈七签》卷三十二），又认为“天不可信，地不可信，人不可信，心不可信，唯道可信”（《亢仓子·明道篇》），向宿命论提出了挑战。他们认为，人只要善于摄生养气，就一定能够延年益寿，乃致于得道成仙，养成千年不坏之体。

道家对人体自身的研究，首先表现为对人的精神状态的研究。他们重在探索如何能够有效地控制自己的情绪，主导自己的精神，平衡自己的心理。他们追求的最高精神境界就是所谓“道”。

那究竟什么是“道”呢？老子说：“有物混成，先天地生……独立而不改，周行而不殆，可以为天地母。吾不知其名，强字之曰‘道’”（《老子》二十五章）。就是说，“道”是天地万物之源，它具有超时空性。同时，“道”又表示着一种周行不息，循环不已的运动规律。

老子又进一步阐述道：“致虚极，守静笃，万物并作，吾以观复。夫物芸芸，各复归其根。归根曰静，是谓复命。复命曰常，知常（规）曰明。不知常，妄作凶。”（《老子》十六章）

老子在这里强调了“复归本根”的思想，而本根就是虚静。他认为，“道”是合乎自然的，虚静就是自然状态。可是自从“道”创生万物以后，万物的运动发展离“道”越来越远，越来越不合于自然状态，万物的烦扰纷争都是不合自然的表现，所以只有返回本根，持守虚静，才体合于自然，才能消除一切烦扰纷争（陈鼓应《老子注释及评介》）。就是在“虚静即道”“返璞归真”这一哲学境界上，道家思想与武术理论实现了交融。

思考题：道家理论对养生有作用吗？

（二）拳道合一

凡武术达到一定水平者，其练内功时，一定要求精神保持高度的虚静状态，心中无知无识，全凭意念导引而使真气流贯，这种要求与道家养生气功是完全一致的。《真一金丹诀》讲行气之道时说："行气须闭气，气则上升头面。吐气者，气则下流，自觉气流体股顺脚也。以鼻纳气，以口吐气。气微而引之，名曰长息"（见《正统道藏》四十三册）。这里说的就是运气打通周天的方法，只是道家把周天叫作"河车"，即所谓"一气周流，谓之河车"，而其道理方法与武术的内功练法大体是一样的。

道家把虚静视作练气修仙的必要精神条件，认为"形遗神化，妙合太虚，是谓真仙"。也就是说只有把自己的形体也都忘掉（即"丧我"），神游物外，才能达到那种恍惚窈冥的境界，这才算是真正的仙人。武学大师们则把虚静视作修练内功的必备精神条件。只有在这种虚静的状况下，才能做到心意合一、形神合一，练出那种心意甫动而周身无不应的高深武功，二者所不同的仅是目的，道家要练气成仙，武术家则要通过练气使武功精进。

"练神还虚"既是道家练气的最高境界，也是武术家练拳的最高境界。练神还虚，道家认为最终可得"圣胎"，脱胎而出，可以夺造化之功而成仙。而武术家却认为练神还虚可以练成化劲，以无拳无意、无形无技而得技击真谛，从这种意义上说，可谓拳道合一了。

拳道合一，主要是指武学至理与道家的精神追求的高度契合。二者异途而同归，在"虚静即道""返璞归真"这一哲学境界达到了统一。凡内家拳，其拳理大多源于道家思想，像"以静制动""以柔克刚"等技击原则均从《老子》一书化出。内家拳的产生与发展，内功功法也多得益于道家气功，道教的神仙方术理论及其在"养生术"方面的尝试，只不过扬弃了道家内功中一些荒诞无稽的成分，冲淡了原有的成仙得道的迷信色彩，吸取了切实可行的行功方法，比如，"太极拳""八卦掌"等以柔为主的拳种，就是把拳术动作与道家的"导引""吐纳"相结合创造出来的，使之为技击所用。

由此可知，道家思想对中国武术的发展产生了很大影响。道家思想不仅为中国武术提供了若干技击原理，而且道家的练气养生学说直接促进了武术内功的发展，使武术由筋骨血气之勇上升到以内气为主、形神合一的高级阶段。正是由于道家思想的渗透和道家养生气功的积极作用，才使中国武术彻底民族化、东方化了，成为中国传统文化的一种特殊形态。

思考题：拳道合一有什么意义？

武林人物

一代宗师孙禄堂

孙禄堂（1860年12月—1933年12月），讳福全，晚号涵斋，河北省完县人，是清末民初蜚声海内外的儒武宗师，有“虎头少保”“天下第一手”及“武圣”之称誉。

孙禄堂师从形意拳名家李魁垣，艺成被荐至郭云深大师处深造。之后又承武林大家程廷华、郝为桢亲授，并得宋世荣、车毅斋、白西园等多位武林前辈的认可点播。郭云深喜而惊叹曰：“能得此子，乃形意拳之幸也！”程廷华赞曰：“吾授徒数百，从未有天资聪慧复能专心潜学如弟者。”郝为桢叹服：“异哉！吾一言而子已通悟，胜专习数十年者。”孙禄堂南北访贤，得多位学者、高僧、隐士、道人指点，视野广开，尤其在《易经》、儒释道哲理、内功丹法方面，受益奇丰。孙禄堂精通形意拳、八卦拳、太极拳三拳，他以《易经》为宗旨，融会古今，打通内外，提出“三拳形虽不同，其理则一”的武学理念。孙禄堂已出版《形意拳学》《八卦拳学》《太极拳学》《八卦剑学》《拳意述真》五本武学经典。

孙禄堂创建的“孙氏太极拳”，在国术史上首次提出及印证了“拳与道合”这一经典命题，是太极拳发展史上的一座里程碑。

孙禄堂第一个提出：在文化领域里，武术与文学，具有等同的价值。又率先提出“国术统一”的思想，这在当时中国武术界引发了极大的反响。孙禄堂集武学、文学、书法、哲学、教育学、社会学等多科学问于一身，武有成，文有养，是文武共舞共融的实践者。

（见《孙禄堂武学集注》孙禄堂著，孙婉容校注，北京科学技术出版社，2016）

二、拳禅合一

（一）佛教禅宗

禅宗是佛教的一个支派。建于北魏太和十九年（495年）的少林寺是佛教禅宗的祖庭。南梁普通年间（520—527年），南天竺僧菩提达摩从金陵到洛阳，入嵩山独习禅定，面壁修行数年，被尊为中国禅宗的初祖。

禅宗以“顿悟成佛”而著称。禅宗认为“一切众生，皆有佛性”，主张“直指人心”“明心见性”“见性成佛”。也就是说，只要直视人人本来具有的心性，彻见此心性即可成佛。尽管你心中有无数妄念恶欲，一旦起般若观照，内外明澈，刹那之间即可成佛。这种单刀直入式的禅法，完全摒弃了以苦行为方式的烦琐戒律，给世人指出了一条立地成佛的终南捷径。

禅宗主张梵我合一，“我心即佛”“我心即山河大地”，认为万千世界，日月星辰，皆由我心幻化而出。若无我心，则万千世界、主观客观纯系乌有，所以禅宗重在内心的自我解脱，把恢复本源自性视为成佛的必由之路，教导人们从自己本心去发现佛性，遏止欲念，大悟之后，顿见本性，即可得佛道，而不必向外妄求，假以他力。

思考题：如果街头小店门口有这样的对联“来来往往只需驻足一观皆有缘，忙忙碌碌只要心存善念即为佛”，你会有什么想法？

（二）拳禅合一

拳禅合一的最好体现是少林武术。

首先，少林武术是指嵩山少林寺这一特定的佛教文化环境中历经多年形成，以佛教神力信仰为基础，充分体现佛教禅宗智慧，并以少林寺僧人修习的武术为主要表现形式的传统文化体系。

少林功夫是学佛修禅的法门之一，又称“武术禅”。修习者在用武术技艺锻炼体能的同时，在内心深处冥思少林禅宗要旨，从而使少林功夫的理性认识上升到禅学人生观的高度。以武悟禅，以禅证武，武禅映照，在习武实践中得到“顿悟”，达到“见性”，通过习武，彻底明白佛教禅宗智慧的真谛，体悟人生宇宙真的本性。所以，修习少林功夫追求的是一种“拳无意，意无意，无意之中是真意”的脱化神明之境界。

少林武术的深厚文化内涵正是禅宗智慧赋予的，最主要的表现则是佛教信仰，包括智慧信仰和力量信仰。少林武术的智慧信仰主神为禅宗初祖菩提达摩，力量信仰主神为紧那罗王，这也是少林武术表现为神奇武术的根本原因，也是少林武术与其他武术的区别所在。

可以说，没有佛教在中国的发展，就没有少林武术今天的辉煌。佛教作为外来文化，为少林武术的发展和存在提供了客观条件，同时，武术也大量地吸收禅宗的一些理论，使得少林武术与少林禅宗并肩发展，形成少林寺独特的魅力，形成 “武以寺立，寺以武显”的和谐发展状态。少林寺禅宗与武术并传，是为少林武术之源。

禅宗的最大特点是“不立文字”，这里所说的“不立文字”，是针对文字本身所具有的局限性提出的，并不是不要文字，而是不确立文字的权威性，凭修行者的悟性，去“明心见性”，领悟宇宙的永恒。禅宗利用日常生活中的一句话，一个动作，甚至一声呵斥，一顿棍棒，来启发悟性，即所谓的“棒喝”。

总之，禅宗修习全凭自身体验，这一点与武术的锻炼有着共同之处。武术的招式可以讲说，可以示范、传授，也要靠悟性。禅宗是一种修养，武术也是一种修养，二者有许多相通之处。

首先少林拳师以禅定功夫为根基，泯灭争胜好胜之心，摒弃尘俗纷扰之念，才使得武僧们习惯于在心静如水、无患无虑的状态下练功，又兼以寺院武功的传统优势，所以少林武僧往往得以进入武学的较高境界，这不得不在相当程度上归功于禅法的作用。

其次，少林武学讲究“文以佛学立心，武以技艺练体” 。武术修行讲究“悟”，而悟缘于道家学说，目的是“悟而觉醒，觉而不迷”。此外，少林武术修行还讲究修“忍”，也深受佛教“修忍”“禅定善行”的影响，即“修行”。少林武术通过佛教中的“修行”进一步促进了武术“内外兼修”的境界。

凡少林拳之上乘功夫，俱以内功为根基，以心法为要旨，进退转折尽要从吾心，性能求之。“吾心”，即指反应能力及内功根基，内功越深厚，其反应必更敏锐，身法必更快捷。“性能”当指悟性。一个人的武功能达到什么境地，除了其他因素之外，主要是看个人的天资悟性如何，用佛家的话说，就是“根器”或“根性”。

再次，少林武术与禅宗的结合还表现在其他一些方面。

印度佛教吸收了古印度婆罗门教中流传的一种以调息为主、锻炼身心的瑜伽术，与禅定融合在一起，成为佛门的功法。印度佛教中有一支叫瑜伽行派，很重视对精神、身体的训练，提倡“八支行法”，包括坐法（姿势保持稳固，轻松自如）、调息（调整呼吸）、制感（制止心或认识的各种活动）、执持（使心专注一处）、禅定（使心与专注的对象相融合）、三昧（心与对象冥合为一，获得解脱）等实践阶段，后来又有“三脉五轮”之说。三脉大体相当于督脉，五轮大体相当于任脉。在修炼瑜伽功时，应使气息引发背部脊骨中的潜力，由下而上直达顶端，以打开脉结。瑜伽术随着印度佛教传入中国后，对禅宗内功产生了很大影响，间接地促进了寺院武功的发展。

在少林武术的动作名称中大量出现的，诸如罗汉睡觉、罗汉担刀、罗汉亮臂、罗汉穿衣、罗汉卸衣、罗汉扭衣、罗汉抖衣等招式都是借鉴于罗汉塑像动作形象，也体现出少林武术与佛教文化的融合。

少林武术的手法中吸取了佛教丰富多彩的手印形式和理念，产生了少林“金刚指”“金剪指”“三阳指”“金铲指”等指法。在少林武术套路的起势和收势中，一般都有诸如“童子拜佛”之类的动作，且这些动作在完成的时候把对佛教的虔诚刻画得淋漓尽致，充分反映了少林武术对佛教礼节形式的借鉴，同时，也突出了少林武术作为佛教禅宗表现形式的特征。

少林内功包括练气与养气，合武功与禅学为一，是少林武功中的上乘功夫，要求亦刚亦柔，刚柔相济，即“似刚非刚，似实而虚”，并非只走刚猛一路，而“出于心灵，发于性能”一句则深得禅学精要。

“禅武合一”，这是主持常常说给僧人们的一句话，同样也是少林功夫的最高境界。以禅入武，以武修禅。也就是说，禅是武的内在精髓，武是禅的外在表现，这一内一外，看似简单，实际却不得了。这就使武者不仅仅有了一个思想上的约束，更有了一颗仁慈的内心。

少林功夫刚硬而不失绵软，内修外化，进退有度，既不摧残习武者的身心，又不过分渲染武力的强大；既不伤及敌人的性命，又能及时制止混乱；既不丧失威力，又不索然无味。真正地做到了“止戈”，极好地诠释了“武”的含义，“放下屠刀，立地成佛”。少林寺的戒律对武僧来说同样适用，也是少林弟子不同于其他门派弟子的地方。

“武术禅”这一得天独厚的理念只有在这块宝地才可呈现。武术禅其实就是一种心态，一种不动心，“不以物喜，不以已悲”，这与中国古代文化中的侠和君子有种惊人的契合。由习练少林武术逐渐达到不贪生怕死，进而热爱生命不杀生，直至“见性成佛”的最高境界。

正如佛谒：一花一世界，一叶一菩提。大悟无言，森罗万象，都在其中。

拳禅合一是以少林派为代表的寺院武功的最高境界，其原理与拳道合一无异，只是表现形式与内功练法各有不同，同谓异途而同归。达摩说：“安心无为，形随运转。”慧能说：“但行直心，不着法相”（引自中国佛教协会编《中国佛教》（一）325页）。禅宗的思维方式就是以直观观照和内向验心为特征，通过直观体验和瞬间顿悟而达到内心的解脱。

练习内功与佛家参禅颇有相通之处。在习练内功时，要求心如枯井，静若参禅，无色无相，无挂无滞，真气游走，圆转如意。还要靠直观观照和内向验心，比如，欲要打通任督二脉，必须全凭自己的体验方能察觉到真气运行的方向路线和具体气感。

内功的进境一般是十分缓慢的。有时积十年、八年之功自己尚无明显感觉，大多是一旦交手时才能显示出来。

禅僧们从参禅中体味禅定之趣，武术家们却从由浅入深、由外而内、再由内而外的武功训练中追求那种静动合一、自胜胜人的乐趣，这是哲理相近而追求各异的两种生命方式，也是两种彼此相通的人生归宿。

少林武僧们把禅理渗透到武术中去，以禅理来指导武术的内功训练，以禅理和宗教形象（如金刚、罗汉等）来编排、命名拳术套路和各种动作及功夫，使得禅理与武功紧密结合在一起。于是禅中有拳，拳中有禅，最终是拳、禅浑然一体，达到了拳禅合一的高级境界。

最显赫的武功，是一棍一拳。时至今日，少林功夫已成为中国乃至全世界的“成人童话”。

思考题：拳禅合一都表现在哪些方面？

第四节　形神一元论

无论拳道合一，还是拳禅合一，都是强调意念在技击中的主导作用。拳是外在的形体动作，道或禅是内在的意念，意念与形体动作合二为一，就是武术家们常说的"形神合一"，用哲学术语来讲，就是形神一元论。

形与神，即身与心，这是中国哲学的一个古老命题。早在南北朝时期，著名思想家范缜就提出了"形神相即"和"形存则神存，形谢则神灭"的观点，以驳斥佛教的三世轮回、因果报应之说。中国古代哲学家们关于形与神是否共生共灭一直有争论。而武术家们则是从另外一个角度解释这个哲学命题的。

武术家认为"神为主帅，形为驱使"。武术理论一向主张身心合一，内外兼修。凡一味地死练皮肉功夫的，充其量只是武功中的下乘。

陈鑫说："此艺全是以心运手，以手领肘，以肘领身。"他又说："意者，吾心之意思也。心之所发为之意。其一念之发，如作文写字下笔带意之意。意于何见？于手见之。此言意之发于外也、意发于心，传于手，极有意致、极有神情。心之所发者正，则手之所形者亦正；心之所发者偏，则手之所形者亦偏，如人平心静气，则手法身法自然端正。"

武术的形神一元论要求，首先是神应顺应自然，精神放松，摒除杂念，以意领气，以气运身，而后才能使形也顺应自然，不僵不拙，合于规矩，气血畅通，劲力顺达。精神紧张，血气上浮，为练武之大忌，也是应敌之大忌。有些人练了多年拳，出手之际仍是切齿怒目，挺胸叠肚，威则威矣，猛则猛矣，但劲力沉滞，步法浮泛，若遇强手，必败无疑。个中原因之一，就是未得形神合一、顺应自然之真谛，而徒以血气为本。血气易衰，拙力易竭，焉有不败之理？

形神合一论是中国武术的基本理论，它包容了阴阳五行学说中的有关内容。拳道合一与拳禅合一则是形神合一论在道家拳派和禅宗拳派上的两种不同表达方式。中国武术中有大量的仿生拳种，像形意拳、螳螂拳、鹤拳、虎拳、鹰拳、蛇拳、鸭拳、犬拳、象拳、孔雀拳等，都是象形而取意，以意为主，乃至遗形而取神（如河南形意拳），即为了追求技击效果而不惜牺牲外形动作之美，简单朴实，毫无华丽气息。仿生拳种的这种发展规律，也说明了以神为主，形神合一的理论在中国武术发展衍变过程中的潜在影响。

阅读延伸

孙禄堂《八卦拳学》关于形神的论述

故开合动静，起落进退，生克变化，以致无穷之妙，亦不离八卦。八卦不离四象，四象不离两仪，两仪不离一气，一气自虚无兆质矣。所以练神还虚之式者，与前所习之形式无异矣。惟手足身体，外形不要着力，俱随意而行之。然身体亦并非全不用力，其劲不过极力往回缩去，意在蓄神耳。外形身体手足，俱以意运用之。行之已久，身体气力，化之似觉有若无，实若虚之意。每逢静中动时，身子移出而不知己之动，则不知有己也。每与他人比较时，伸缩往来飞腾变化，如入无人之境，而身体气力自觉无动，是不知己之动，而静则不知有彼也。夫若是，则能不见而章，不动而变，无为而成，至拳无拳，意无意，无形无象，无我无他，炼神还虚，神化不测之妙道得矣。

【本章小结】

（1）天人合一的学说深刻影响着我国的传统文化与思想，同时也渗透到了传统武术的各个方面。并且与传统武术本身相结合，形成了“人身一小天地，天地一大人身”的认识，又进一步发展为“内外合一”“物我合一”的武术思想。

（2）阴阳学说是中国古代朴素的辩证唯物主义哲学思想，是我国古代劳动人民用以认识自然和理解自然的一种宇宙观和方法论，是原始的归纳辩证法。阴阳学说认为宇宙任何事物都具有既对立又统一的阴阳两个方面，经常不断地运动和相互作用。这种运动和相互作用，是一切事物运动变化的根源。武术理论家把它与武术结合，为武术注入了文化元素。同时，武术与阴阳学说的结合，也为人们开辟了通过武术体悟传统文化提供了一个途径。

（3）八卦，是由阳爻“—”、阴爻“--”配合组成的三爻卦，是《易经》中象征宇宙中八种最基本现象的符号，代表万物的性能均由阴阳两气演化，是包罗万象的整体。武术家不仅从八卦图中悟出了灵活多变的步法和身法，悟出了修炼内功的门径，而且从中参详出深奥精妙的技击原理。

（4）五行学说认为宇宙间的一切事物（包括人在内）都是由木、火、土、金、水五种物质的运动与变化构成的。古人把这五种物质的属性加以抽象推演，用来说明整个物质世界，并认为这五种物质不仅具有相互滋生、相互制约的关系，而且是不断地运动与变化的。古代的武术理论家们以五行来说明各种拳术的原理及其中相生相克的繁复变化。

（5）在中国武术中，凡是具有较强理论色彩的拳种，无不是以阴阳五行学说作为自己的指导理论。阴阳五行学说与中国武术联系紧密，不了解阴阳五行学说，就很难深入理解中国武术的奥秘所在。

（6）拳道合一，主要是指武学至理与道家的精神追求的高度契合。两者异途而同归，在“虚静即道”“返璞归真”这一哲学境界达到了统一。内家拳更多地以道家学说作为自己的理论基础。太极拳以阴阳学说为主，强调虚实；形意拳以五行学说为主，强调相生相克；八卦掌以八卦学说为主，强调方位变化。

（7）少林功夫是学佛修禅的法门之一，又称“武术禅”。修习者在用武术技艺锻炼身体的同时，在内心深处冥思少林禅宗要旨，从而使少林功夫的理性认识上升到禅学人生观的高度。以武悟禅，以禅证武，武禅映照，在习武实践中得到“顿悟”，达到“见性”，通过习武探求佛教禅宗智慧的真谛，体悟人生宇宙真的本性。外家拳多以佛家学说作为自己的理论指导。这大多是因为外家拳多来自少林拳，而少林拳来自少林寺，与少林寺是佛教禅宗祖庭有关系。

（8）无论拳道合一，还是拳禅合一，都是强调意念在技击中的主导作用。拳是外在的形体动作，道或禅是内在的意念支配作用，内功的修炼，离开了意念都将是纸上谈兵。意念与形体动作合而为一，就是武术家们常说的“形神合一”，用哲学术语来讲，就是形神一元论。

（9）武术是一项性命双修的运动。达到理想的地步，必须超越自我，以虚静之心，大彻大悟。做到这一步的基础在于练功人的文化素养。

【复习题】

1. 选择题

（1）阴阳变化的规律可归纳为阴阳具有A性、消长性和转化性。

A. 互根　B. 依附　C. 对立　D. 变化

（2）五行是指D水、木、火、土五种物质的运动变化。

A. 山　B. 泽　C. 雷　D. 金

（3）八卦学说，是指我国古代人民创造的用八种卦形象征或代表着某种自然物或社会现象，并以此来推演世界空间时间各类事物关系的哲学学说。其中离卦代表D。

A. 雷　B. 水　C. 泽　D. 火

（4）在中国武术中，凡是具有较强理论色彩的拳种，都以A学说作为自己的指导理论。

A. 阴阳五行　B. 阴阳　C. 八卦　D. 太极

（5）拳禅合一是以A派为代表的寺院武功的最高境界，其原理与拳道合一无异，只是表现形式与内功练法各有不同，可谓异途而同归。

A. 少林　B. 武当　C. 峨嵋　D. 太极

（6）武术家认为一味死练皮肉功夫的，最终练出的是武功中的B功夫。

A. 上乘　B. 下乘　C. 中乘　D. 不入流

2. 判断题

（1）阴阳，最初是指日光的向背而言，即向日者为阳，背日者为阴。（对）

（2）八卦起源于三皇五帝之首的伏羲，伏羲所作的八卦称作后天八卦。（错）

（3）八卦中每一卦形代表一定的事物。巽代表风，艮代表山，兑代表泽。（对）

（4）古人认为人类世界和自然世界是互相关联的，此即“天人感应论”之基础。（对）

（5）武术界有“早不朝东，晚不向西，午不朝南，永不向北”之说。（对）

（6）道家思想源于周易、老子和庄周，以《易经》《老子》《庄子》为经典。（对）

3. 讨论题

（1）拳禅合一的结合点在哪里？为什么？

（2）论述形神一元论在拳术中的体现。

第九章　武术与养生

【学习要求】

通过本章学习，应当对武术养生形成一个概括性认识，明白武术养生的概念，把握武术养生的原则，掌握一定的武术养生技能。

作为世界四大文明古国中唯一一个能把文明绵延至今的国家，中华民族有丰富的生存经验，其中敬畏生命，善于保护、调养生命的理念，功不可没。自古至今，国人精于调阴阳、和气血、保精神，运用调神、导引吐纳、四时调摄、食养、药养、节欲、辟谷等多种方法，以期达到健康、长寿的目的，并由此产生了具有民族特色的养生学。

武术养生是运用武术原则、功法而进行的养生，属于狭义的养生学。

常言道："拳医相融，一功两用。"传统武术融合了中医养生文化、道家养生文化等中华传统养生文化，故被称为养生术。

传统武术不仅锻炼外在形态姿势，更讲究内功的修炼。"内练一口气，外练筋骨皮"是各个武术流派都遵守的练功准则，各种功法和技法皆以意带动，形随心动，以形达意，形意合一，注重通过练功达到疏通经络，防止疾病，保健强身的目的。

通过练习传统武术可达到精神、形体的双重冶化，全面改善生理、心理的机能。这也正是武术养生有别于一般体育锻炼的重点之所在。

在这一章中将回答以下问题：

●养生、武术养生的含义是什么？

●什么是武术养生的本质？

●武术养生应该遵循什么样的原则？

●操作性强的武术养生项目有哪些？如何去做？

武术溯其历史，可说是源远流长；究其内容，也可说是博大精深。在各个历史时期，武术有其不同的作用。在原始社会，武术是随着中华民族为争生存，在与自然、与人的斗争中萌生和发展的，且成为不可或缺的手段。在冷兵器时代，武术在抗击外部侵略，维护国家主权、民族利益中，建立了不朽的历史功勋。当今进入高科技现代化武器时代，武术就自然地退出了战争的历史舞台，但它具有的健身、防身、修身功能依旧有益于当代社会，且有着广泛的群众基础。武术与养生的合体，为中华民族的身体健康做出了巨大的贡献。

第一节　源远流长的武术与养生

武术界流传有“拳起于易，理成于医”的说法，这句话高度概括了武术与医学之间的关系。的确，武术的形成、发展过程几乎都受到医学的影响，而养生一直是中国古代中医的重要组成部分。可以说，武术与养生都是在相同的历史背景下、相同的哲学基础上产生、发展起来的，武术离不开养生，养生也离不开武术这种形式。二者相辅相成，共同为人类身心健康发光发热。

一、武术养生的概念

（一）养生与武术的交融

养生产生于上古先民为抗御严酷的自然环境，调整体力，抗御疾病，防治疾病的需要。在远古时期，先民们就掌握了一些基本的治疗病痛的方法。我们知道的砭石、骨针、灸法等地应用，无一不是先民们生活经验的总结。例如，灸法便是先民们在向火取暖时，发现热力可以减轻一些病痛，于是进一步发展成为以烤热的石块、树枝等对身体的局部进行加热，以减轻或者消除一些病痛，逐渐衍生出成熟的灸法疗法。养生是先民在长期的生活实践中总结生命经验的结果。

养生可分为广义的养生和狭义的养生。

广义的养生学，可以指整个中医学说等在内的，凡是为人的身家性命服务的理论和实践活动都应该视为养生。其实，在《吕氏春秋》中就将医学定义为“生生之道”。

养生是一种防重于治的思想。《素问·四气调神大论》说，“是故圣人不治已病，治未病；不治已乱，治未乱。夫病已成而后药之，乱已成而后治之，譬犹渴而穿井，斗而铸锥，不亦晚乎！”，这里强调的就是“预防为主”。

狭义的养生学，就是我们通常所说的养生，它是指通过非药物的方法达到提高自康复能力的学问。

武术养生是古代养生术的一种形式与传承。

作为防身、强身健体的武术，萌芽于原始社会先民们的打渔狩猎，发展于部落之间的斗争，是先民们的斗争经验总结，是攻防格斗等技术的集合。攻防格斗过程中，难免有人受伤。因此，要求习武之人掌握一些跌打损伤的治疗方法，以便于自救或者救人。姜侠魂在《国技大观》中说：“武术杀人之技也，知有杀而不知有救则大背人道也。”正是基于这种思想，历代习武者们不断研究跌打损伤的治疗方法。据《少林寺伤科妙方》载：“寺僧从战迎敌，战必有伤亡……必然启僧自医，故出僧医也。”

武术自古以来就有不少养生的功法。中国武术界历来有一个说法，就是先养生、强身，达到身体的强健才可练习技击。如身体虚弱，不击便自倒，怎可谈论搏击。因此，各门各派都有自己的养生、强身之道，且大多包含在桩功与拳路之中。

作为“同是人类在生活实践中摸索出来的追寻人类最佳生活方式的人类文化系统”，武术与养生的交流是可以被理解的。虽然武术与养生的整体交流较晚，但是武术从养生中得到的益处，却是不可低估的。据考证，大禹时期便有简单的气功用于养生。东汉时期，名医华佗便创编了五禽戏，通过模仿五种动物的动作来锻炼身体各部位的机能。与传统武术的发展状况一样，明清养生思想与养生术的普及，使中国古代养生也由此进入了鼎盛时期。武术与养生的一并普及与昌盛，使两个本来就有联系的文化系统更加强大、辉煌。

我们每一个人都在供养着我们自己的生命，由于供养的方式和条件，以及自身遗传等因素的不同，因而有不同的结果。武术养生之道就是遵循生命活动的基本规律，利用武术特有的理念和养生保健方法去积极主动地保护生命和保养身体，使人更健康、更长寿。

思考题：武术、中医有无共同点?

延伸阅读

《逝去的武林》中关于武医融合的描述

按照李存义的桩法，小脑、肾、性腺都得到开发。所谓“形意一年打死人”，不是说招法厉害，是说形意能令人短期内由弱变强，精力无穷，是体能厉害。

还有一点，叫“传徒先传药”。武家是有药方的，有练功的、有救命的，自称是某某的徒弟，先得拿出几张药方。唐维禄便有李存义传的“五行丹”作凭证，此药化为膏质是一种用法，化为丹质又是一种用法。

薛颠传的桩功，一个练法是，小肚子像打太极拳一般，很慢很沉着地张出，再很慢很沉着地缩回，带动全身，配合上呼吸，不是意守丹田，而是气息在丹田中来去。这个方法，可以将壮阳，肾虚、滴漏的毛病都能治好。另外打拳也要这样，出拳时肚子也微微顶一下，收拳时肚子微微敛一下，好像是第三个拳头，多出了一个肚子，不局限在两只手上，三点成面，劲就容易整了。

还有一个方法，站桩先正尾椎，尾椎很重要，心情不好时，按摩一下尾椎，就会缓解。从尾椎一节一节脊椎骨顶上去，直到后脑，脊椎自然会反弓，脑袋自然会后仰，两手自然会高抬，然后下巴向前一钩，手按下，脊椎骨一节一节退下来。如此反复练习，会有奇效。脊椎就是一条大龙，它有了劲力，比武时方能有“神变”。

（二）武术养生的定义

养，就是供养、保养、调养、护养之意；生，就是生命、生长、生存摄生之意。

从形式与传承上讲，古代养生可以分为道家养生、儒家养生、佛家养生、医家养生和武术养生等。各家对养生的理解并没有实质性的区别，门派之说只是就其分布领域而言。道教的思想和理论对各种形式与传承养生影响最大。

所谓武术养生，就是根据生命活动的基本规律，运用武术运动的功法理念，采取能够保护生命、增进健康的方法、手段而进行的自我保健。

与现代诸多健身术相比，武术里的养生术更加适合于中老年人。但这并不说明不适合年轻人，作为年轻人，练习武术既能了解中国的传统文化，提高修养，又可以强身、健身、防身。

当代社会的武术健身多以太极拳为主。早在清末，太极拳的保健作用就已引起人们的重视。近年对太极拳健身作用的研究，证明了太极拳对人的神经系统、运动系统、循环系统、消化系统都有良好的影响。新中国成立以来，国家体委也一直强调全民健身。一直推崇武术健身项目以太极拳为主。现在体委所编的太极拳套路，其内容大多是杨式大架。据传说，杨式太极拳祖师爷杨露禅任清政府京师旗营武术教师时，为了适应清朝达官显贵和体弱年迈者的体质，扩大传习范围，适应保健需要，删改太极拳中的发劲、跳跃和难度较高的动作，编制成杨式太极拳架，使得杨式太极拳动作姿势舒展、简洁，动作轻柔，缓慢匀速，因此成为大众化的养生健身武术拳种。

其余武术流派也有很好的养生功法，如少林五形八法拳、形意拳中的三体桩。少林五形八法拳具有拳禅一体、内外合一、神形兼备的特点。内容包括龙、虎、豹、鹤、蛇五种拳形和内功、意念、外功、拳、腿、擒摔、身步、发声用气八种功法的锻炼。该拳不仅练艺，而且主张“练身修心”。如龙形拳法，主张以意为先，凝神守中，主练“神”。这对于调节中枢神经系统的功能，有良好作用。虎形拳法，腰实臂沉（头正身直）主练“骨”。这有助于调节体型，锻炼腰、腿、肩、背肌肉和促进骨骼生长，尤其对培养青少年的正确姿势，促进正常发育很有益处。豹形拳法发力迅猛，拳势暴烈，主练“力”，可增强劲力，提高灵敏、速度等素质。蛇形拳法柔巧迅疾，主练“气”。不仅能锻炼深长的呼吸，增大肺活量，还可促进血液循环，提高心血管的功能。鹤形拳法稳实轻柔，聚精凝神，主练“精”，可培养人的内在精神，使头脑清醒，精神振奋，有益于提高全身各器官系统的机能。

形意拳养生效果也很显著。其三体式桩功，每日站10分钟左右，动作姿势站到位，3个月之后，身体便会强健。意拳即大成拳的养生、健身效果更为显著。很多年前便开始流行的甩手疗法来源于通背拳……中国武术门派种类繁多，其养生功法自然也数不胜数。只要坚持日久，定有成效。

思考题：为什么说武术养生更适合中老年人？

二、武术养生的本质

（一）武术养生是武术与中医两大国粹的结合

武医同源。中国传统文化中的阴阳相济、中和的理念，武医共用。武术与传统医学同属人体文化的范畴，它们有着共同的哲学方法论基础，并在同一文化领域内相互融合、渗透，又共同丰富、发展。

传统医学是在唯物主义元气论的哲学基础上建立起来的，其根本特点与优点就是它的整体综合观与阴阳辨证观，并进而提出“精、气、神”为人体“三宝”的观点，认为三者一体，互相依存。武术则将传统医学的这些理论完整地吸收到自己的理论体系之中，逐渐形成了形神合一、内外兼修及内养性情、外练筋骨的养生思想和健身之道。

另外，武术与传统医学的骨伤科也具有血肉相连的关系。不仅中医的理论指导着武术的养生与技击，如传统医学中的点穴、拿脉、解骨及救治偏差术等直接用于自卫与技击中，而且武术的某些功法也丰富了中医伤科的治疗技法，如中医伤科的“一指禅推拿”“拍打疗法”等。

武术与中医的结合，不仅创造了独特的中国养生、功夫按摩、武术伤科、伤科针灸、运动医药、练功疗法、救治偏差、特种功夫这八大技术成果以及一大批有关的学术著述，而且这种历史结合必然有力地促进两者在今后的共同发展。

（二）武术养生就是“治未病”

两千多年前，《黄帝内经》中提出“上医治未病，中医治欲病，下医治已病”，即医术最高明的医生并不是擅长治病的人，而是能够预防疾病的人。可见，中医历来防重于治。面对现代五花八门的疾病，以及发病年龄越来越低、亚健康人越来越多的状况，利用中医和武术进行养生保健无疑是最合适的方式。

历史上，有一则关于我国古代名医扁鹊的传说。

魏文王问名医扁鹊："你家兄弟三人，都精于医术，到底哪一位最好呢？"

扁鹊答："长兄最佳，中兄次之，我最差。"

文王再问："那为什么你最出名呢？"

扁鹊答："长兄治病于病情发作之前，一般人不知道他事先能铲除病因，所以他的名气无法传出去；中兄治病于病情初起时，一般人以为他只能治轻微的小病，所以他的名气只及本乡里；而我是治病于病情严重之时，一般人都看到我下针放血、用药，都以为我医术高明，因此名气响遍全国。"

唐代孙思邈所说："善养性者，则治未病之病，是其意也。"

古人的"未病之病"，类似于今人的亚健康状态。

由于都市生活的不良饮食、生活习惯、环境污染，从而影响到人类机体健康。世界卫生组织将机体无器质性病变，但是有一些功能改变的状态称为"第三状态"，我国称为"亚健康状态"。亚健康即指非病非健康状态，这是一类次等健康状态，是介于健康与疾病之间的状态，故又有"次健康""第三状态""中间状态""游离（移）状态""灰色状态"等的称谓，实际上就是人们常说的"慢性疲劳综合征"。因为其表现复杂多样，国际上还没有一个具体的标准化诊断参数。

在历史长河中，历代武术家凭借 "治未病"的理论与技法，皆注重武术养生技艺的习得和积累，形成了独具特点的武术养生功法。这些功法通过调节意念、应用呼吸及变化姿态，来调节和增强各个身体构成的机能，启发和增加内在潜能，着重借助内在自身能力，调心与调形并重，提高脏腑机能，调节气血、疏通经络、平衡身心，防治疾病发生，以实现治未病之目的；或增强正气，防治疾病进一步发展，贯穿于生命周期的全程。

武术养生"不治已病治未病"理念非常符合绿色健身、休闲健身的现代养生理念，而且在武术养生层面，中国武术门派众多，异彩纷呈，非常有利于适应个性化养生情趣的需求。

思考题：对照健康标准，自己有亚健康症状吗？

第二节　武术养生的功能

武术养生以养精、炼气、调神为运动的基本要点，以动形为基本锻炼形式，用整体观念协调统一形、身、气、血、表、里。武术养生强调意念、呼吸和躯体运动的配合，意守、调息、动形的统一。要达到形神一致，意气相随，形气相感，使形体内外和谐，动静得宜，以期起到养生、健身的作用。

武术养生的功能体现在以下八个方面。

一、培补元气

人体的健康状况，取决于元气的盛衰。元气充沛，则后天诸气得以资助，从而脏腑协调，身心健康；当先天禀赋不足或因后天因素损及元气时，则后天诸气失助而衰败，导致一系列疾病的发生。武术锻炼，非常重视培补人体元气。如意守丹田、命门之法，是由先天之精藏于肾，肾位于腰部，因此通过意守和呼吸锻炼，使肾中元精益固，所谓“精化为气”，元气充益后，则可更好地激发与推动脏腑进行正常有效的生理活动，这对维持机体的健康具有重要意义。

二、疏通经络

经络遍布全身，是人体气、血、津液运行的通道，是联络五脏六腑的生理结构。经络有广泛而重要的生理作用，概括起来，经络有运行气血、营内卫外、联络脏腑、病邪传变、诊察病机等作用。因此，武术功法的医疗保健作用，也必将通过疏通经络这一机制来实现。传统武术功法在疏通经络时，一是通过肢体的活动，并配合意念循经络运行来进行，如太极拳内功等；二是直接沿经络的意识导引或按摩拍打来实现。

三、调和气血

气血是构成人体的重要组成部分，是维持人体生命活动不可缺少的精微营养物质。在正常情况下，气血之间维持着一种“气为血之帅，血为气之母”的相辅相成的动态平衡状态，是谓“气血调和”，而“气血不和，百病乃变化而生”。传统武术项目中的“意守”，指静练时意守病灶，病灶在哪里，意念亦放在哪里，以意领气直至病灶，因为气能推动血液至病灶，从而改善病灶部位的血液供应，加强营养和滋润作用，使病灶组织得以修复，恢复气血调和的状态。

四、平衡阴阳

阴阳的动态平衡是维持人体正常生理活动的基础，阴阳平衡关系的破坏，就意味着疾病的发生。中医认为，疾病的发生、发展、诊断、治疗等，都是以阴阳学说为理论依据，如《内经》指出，“阴胜则阳病，阳胜则阴病”，所以，武术锻炼能养生祛病的机理，必然也寓于阴阳变化之中。如对阴盛阳虚的病人，就应选择以动态为主的练习，以求助阳胜阴；而对阴虚阳亢的病人，则应选择练习静态为主的功法，以养阴制阳。

夏季以静态为主，以防耗阳；而冬季则以动练为主，以防阴盛。病势向上（如肝阳上亢），则意念向下；而病势向下（如气盛脱肛），则意念向上。所有这些，皆为平衡阴阳。

五、调理脏腑

中医脏象学说将人体器官分成两大类：心、肝、脾、肺、肾称为脏，胆、胃、三焦、小肠、大肠、膀胱称为腑。脏腑功能状态的正常与否，决定着人体的健康和疾病，脏腑失调是人体失去健康的病理基础。

中医认为，人体的生长、发育、衰老都与肾脏休戚相关。肾乃水火之长，阴阳之根，元气之本。所以，传统武术中，几乎所有的动作都是以腰为主宰，腰部命门是其主要锻炼之处，把命门作为意守的重要部位，可使命门相火旺盛，肾气充益。命门元阳之火充足，则脾阳得资，脾气充足健运，后天水谷得以消化，精微物质得以运化，从而为人体脏腑、经络乃至四肢百骸的正常活动提供了物质基础，这就是传统保健体育功法何以能全面增强体质的道理。

六、调心安神

传统武术中的“调心”，就是调心神，心静神凝，则身安气和，并使气、意、志处于协调安定的状态，这样能使内脏安和，心身健康。

七、延年益寿

许多年老体弱的人通过传统武术功法的锻炼，治愈了疾病，增强了体质，高寿而无老态。这是因为传统保健体育功法能使生命的原动力旺盛，所以使人精神焕发，老当益壮，延年益寿。

八、开发潜能

传统武术功法能激发人体潜能，使人益智强能。通过一些锻炼上丹田（即大脑部位）为主的练习，可使人的身心完全放松，充分休息，缓冲外界环境对大脑的不良刺激，恢复人体正常的活动，储存能源的副交感神经技能得以充分发挥，从而使人精力旺盛，思路敏捷，工作效率明显提高。由此可见，传统武术养生术对开发人体潜能具有积极的作用。

思考题：武术养生功能有哪些？

第三节 武术养生原则

世界卫生组织（WHO）总结出健康的四大基石，就是合理膳食、适当运动、戒烟限酒和心理平衡。这与我国传统养生之道有其不谋而合之处。

养生的根本目的在于使人健康地延长寿命。那么健康的含义是什么？由于人们所处的时代、环境和条件的不同，对健康的认识理解也不同，但概而言之，健康的含义不仅是没有疾病，而且还应该是身体、精神和社会的完善状态的体现。所以健康的内涵应该包括生理健康、心理健康和社会健康等内容。

小卡片

健康的标准

关于健康状态，世界卫生组织曾提出过一个身心健康标准，即“五快三良好”。五快是以下五项内容。

吃得快：吃得快指的并不是速度上狼吞虎咽，而是胃口好，有食欲，不挑食。因为胃口好坏与胃肠道系统关系密切，如果老是没胃口，吃什么都不香，很可能肠胃不好，消化吸收功能不行。

便得快：大便时间3～10分钟属正常，老年人可适当长些。说明胃肠消化好，大小便通畅。小便、大便与一个人的排毒能力有关，如果速度不够快，毒素就可能积攒在体内。有大小便障碍的人，结肠癌概率较高。

睡得快：躺下15分钟就睡着，睡时不被噩梦惊醒，起夜不超过两次，第二天醒后精神焕发。睡得“快又好”说明中枢神经系统的兴奋、抑制功能正常，是人体免疫力的保证。

说得快：反映大脑的健康程度，说得流利、表达正确、符合逻辑，也表明人精力充沛，头脑清醒，说明人的思维能力好，大脑反应灵敏。

走得快：走路能反映关节、韧带、肌肉等健康与否，还与大脑功能有一定关系。走路时左右摇晃，无法走成直线；没走多远就腿疼，都说明健康不达标。走得快具体指行动自如、身体敏捷、反应迅速，说明躯体和四肢状况良好，心肺功能好，生命力旺盛。

三良好是指以下三项。

良好的个性：性格温和、意志坚强、心境乐观、坦荡；能做到客观看待人和事、自控能力强。

良好的处世能力：能应对突发及复杂环境。

良好的人际关系：不吹毛求疵、不过分计较、能与人为善。

要想拥有健康，就要“储蓄健康”，千万不能“透支健康”。科学的养生保健就是“储蓄健康”，而不良的生活习惯就是“透支健康”。诸如吸烟酗酒、暴饮暴食、睡眠不足、过度疲劳、饱食贪睡、缺乏运动、压抑情绪、极度紧张、饮水不足、暴晒太阳、久蹲厕所、偏食零食、常吃肥肉、食糖过多、不吃早餐、刻意节食、生活懒散、乱吃补药、久开空调、久看电视、蒙头睡觉、食盐过量、饮食结构不合理等都是不良的生活习惯，这些都是引起常见病、现代生活方式病和影响健康长寿的重要因素。人们必须清醒地认识这些不健康的生活方式，它违反了养生之道，这是在“透支”健康，减短寿命。

古人说：“久视伤血，久卧伤气，久立伤骨，久行伤筋，久坐伤肉，是谓五劳所伤也。”忧愁思虑则伤心，形寒饮冷则伤肺，恚怒逆上而不下则伤肝，饮食劳倦则伤脾，久坐湿地、强力入水则伤肾。人有五气，喜、怒、忧，悲、恐也。怒则气上，喜则气缓，悲则气消，恐则气下，寒则气聚，热则气泄，忧则气乱，劳则气耗，思则气结。喜怒不节，寒暑过度，气乃不固。这是实践经验的总结，是古代人民留给我们的宝贵精神财富。

武术养生，要继承前人的经验，结合现实的客观环境，遵守以下原则。

一、顺应原则

四时（四季）气候是人类赖以生存的基本条件，人类要维持正常的生命活动，必须与四时气候相适应，否则有损健康，引起疾病。《素问·上古天真论》云：“阴阳四时者，万物之终始也，死生之本也。逆之则灾害生，从之则苛疾不起。”人如能顺应四时气候的变化，就能增进健康。“顺应四时，趋安避邪”“起居有常，莫伤莫强”正是武术养生恪守的准则。

从实际操作层面来讲，在顺应四时方面，武术养生分别有不同的拳术练习方法与之对应。形意拳的五行拳包括了劈、崩、钻、炮、横五种拳法，分别对应五行、五脏，在一年中的练习侧重上也有其讲究。春季养肝练崩拳，夏季养心练炮拳，秋季养肺练劈拳，冬季养肾练钻拳。

在不同季节进行体育锻炼时，有着不同的注意事项。春季养生，大地回春，阳气升发，是万物复苏的季节。春季养生调息，要按照“春捂秋冻”原则，可以保护膝等关节。从精神调节方面来看，春属木，与肝相应，肝主疏通，其志为怒，恶忧郁而喜调达。故春季要力戒暴怒，更忌情怀忧郁，要心胸开阔，乐观愉快。由于在寒冷的冬季里，人体的新陈代谢，藏精多于化气，各脏腑器官的阳气都有不同程度的下降，因而，入春以后，应加强体育锻炼，多做伸展练习，但运动量不能过大。

夏季进行体育锻炼，最好在清晨或傍晚较凉爽时进行，场地宜选择在公园、河湖水边、庭院空气新鲜处。夏天不宜做过分剧烈的运动，因为可致大汗淋漓，汗泄太多，伤阴损阳。

金秋天高气爽，是开展各种运动的好时期，但因为人体生理活动处于“收”的阶段，阴精阳气处于收敛内养状态，故武术养生也要顺应这一原则。

冬季更应该注重武术养生，俗话说“冬天动一动，少闹一场病，冬天懒一懒，多喝药一碗”。冬日虽寒，仍要持之以恒地进行体育锻炼，以积蓄体能和强健内脏，但要避免在大风、大寒、大雾中锻炼。民间有“冬练三九、夏练三伏”之说，更多的是一种要求，在实践过程中，还是要注意遵循气候规律。

顺应四时对我们一年四季的活动提供指导，起居有常对我们一天中的不同时段也有着不同的要求。中医认为人是大自然的组成部分，人的生活习惯应该符合自然规律。把人的脏腑在12个时辰中的兴衰联系起来看，环环相扣，十分有序。

子时（23点至1点），胆经最旺。人应该入眠，胆方能完成代谢。胆汁排毒代谢不良容易生成结石。

丑时（1点至3点），肝经最旺。肝藏血，人卧则血归于肝。要求有深睡眠。

寅时（3点至5点），肺经最旺。肝将血液提供给肺，由肺推给全身。咳醒要喝水。

卯时（5点至7点），大肠经最旺。应该起床排宿便。

辰时（7点至9点），胃经最旺。易消化、吸收得好。要吃早饭。

巳时（9点至11点），脾经最旺。脾是消化、吸收、排泄的总调度，全身血液的统领。多喝水、绿茶、花茶、蜂蜜水。

午时（11点至13点），心经最旺。午时一小憩，安神养精气。

未时（13点至15点），小肠经最旺。多喝水、喝茶有利于小肠排毒降火。

申时（15点至17点），膀胱经最旺。津液足利养阴。适当活动有利于体内津液循环。

酉时（17点至19点），肾经最旺。不适宜喝水及激烈活动。

戌时（19点至21点），心包经最旺。心包经保护心，是气血通道。可打太极，看书，放松心情，释放压力。

亥时（21点至23点），三焦经最旺。三焦通百脉。睡眠最好。

简易歌诀：寅时气血注入肺，卯时大肠辰时胃，巳脾午心未小肠，申属膀胱酉肾位，戌时心包亥三焦，子胆丑肝各定位。

思考题：俗话说“冬练三九，夏练三伏”，武术练习是不是越勤奋刻苦越好呢？

二、适度原则

生命在于运动，而且是身心运动。武术养生是运动养生，武术运动动作设计科学，重视人体内部功能的保养与调节。动作慢，简单，效果好，符合人体生理规律，这也是武术养生术与现代很多健身术的区别所在。现代很多的健身术动作过快，幅度过大。

调养身心的武术动作应“缓慢、柔和、连贯、协调”，注意“收发平衡”。运动一定要有度，小于“度”则达不到目的，大于“度”则有伤身体。

唐代《千金药方》云：“才所不逮而强思之，伤也。力所不胜而强举之，伤也。”意思是说智力达不到而过分思考，或体力不能胜任而超量活动都将损害健康。所以说“运动量越大越好，脑子用得越多越灵”并不完全正确。事实上，用脑过度会衰竭，用力过度会造成死亡。

为什么不少国家级运动员退役后都是一身伤病？那就是因为他们的运动大大超过了人体能承受的“度”，变成了身心“劳动”。一味地“练、用”而不“养”，当精力耗竭后，身体就会变差。

在武术界有练拳之说、要拳之说，还有养拳之说。养拳有三个层面的意思，首先就是练拳要适度，要以一种轻松愉悦的态度练拳，去除功利主义，不骄不躁，不给自己心理压力。按照老师的要求与引导练，久而久之，功到自然成。第二个层面就是练拳之后，不可再从事过分的体力劳动。因为练拳在于去掉身上的拙力、僵力，而一旦进行体力劳作，用力方式就由整体转向局部，与练拳的要求大相径庭。因此在武林中又有一个讲究，叫作”手不提篮，肩不挑担”，就是这个意思。第三个层面就是要修身养性，涵养道德，以德性来养拳。

因此，要注意掌握运动量的大小。运动量太小则达不到锻炼目的，起不到健身作用；太大则超过了机体耐受的限度，反而会使身体因过劳而受损。操之过急，往往欲速而不达。经常运动，不勉强、不疲劳、不超负荷才是合理的运动观。

三、三调合一原则

在武术养生中，认为人是“形、气、神”三位一体的整体，神为形、气之主宰，形为神、气之所依，气为神、形之联系。因此，武术养生尤为注重“调形、调息、调心”三调合一。

武术养生认为“形不正则气不顺，气不顺则神不宁”，因此三调的根基在于调形。在实践过程中，每一个动作都有对外形的严格要求，但总体上体现出“立身中正，协调贯串”的特点。

调息方面注重对呼吸的调节。武术养生中有自然呼吸、腹式呼吸、逆腹式呼吸三种呼吸方法，在实践过程中，与动作相协调配合，一些情况下还会有一些发声吐气的用法。

武术养生应当重在“调心”，传统文化中倡导清心寡欲、淡泊明志，就是为了让人心情平静。“少则得，多则惑”，当人的心情平静、呼吸均匀、动作缓慢的时候，交感神经系统受到抑制，副交感神经系统兴奋，气血就会畅通，身体能够获得足够的营养物质，因此可以起到健体养生的作用。

武术养生是通过锻炼以达到健身的目的。锻炼身体并非一朝一夕的事，只有持之以恒、坚持不懈，才能获得健身效果。武术养生不仅是身体的锻炼，也是意志和毅力的锻炼。练武也是在习文。武术中的修身修心文化，是对人精神的陶冶和净化。筋骨壮健是外在形式上的强壮，心理虚静，自胜者强，才是内在的、最重要的强壮，这是武术健身的真谛。

从“调形、调息、调心”三调的操作层面讲，调形、调息都有路可循，调心似乎有些不可捉摸，更像是抽象化的东西。接下来我们就着重讲一下武术养生应该如何调心。

调心，是通过调养心神、舒畅情绪、调节生活等方法来保持人体的心态平衡，从而保证身心健康。《云笈七签》中提出了十二少的调心方法，即“少思，少念，少欲，少事，少语，少笑，少愁，少乐，少喜，少怒，少好，少恶。行此十二少，乃养生之都契也”。

祖国医学将人体心理活动归纳为喜、怒、忧、思、悲、恐、惊，简称为“七情”，分别由心、肝、脾、肺、肾五脏所主。在七情中，只有“喜”属于良性刺激，其余六情属恶性刺激，喜为心态，笑为心声，笑是喜形于外的体现，经常保持喜悦、乐观的情绪，对健康有莫大好处。所以中国的养生学家非常重视精神调节在养生保健中的作用。把精神养生作为养生诸法的核心，是“千古养生第一法”。

正是基于上述情况，传统文化倡导清心寡欲，淡泊明志，并提出“忘字诀”和“无字诀”。

“忘字诀”是忘物以养心，忘情以养性，忘境以养神，忘色以养精，忘欲以养形，忘形以养气，忘我以养虚，忘世以养道。无所不忘，则无所不养。

“无字诀”是对境无境，居尘无尘，处事无事，应世无世，在念无念，用心无心，无天无地，无人无我。观点与佛家的参禅没有多少区别，看起来十分玄虚。但是，少凡情、脱俗气、减人欲、淡名利却实实在在是养生之道的根基所在。

从我们所处的现代社会来讲，调心主要包括以下四个方面。

第一要有高尚的情操。一个人是不是培养和建立了高尚的道德情操是决定能否调节好自己精神状态的重要前提。《黄帝内经》中就指出，能够青春常在的人应该是有高尚道德的人，只有“德全”才能“不危”，有了高尚的精神境界，才能真正达到精神保养的各项要求，而且大大有益于自己的精神健康。

第二要有清静恬淡的心态。“清”是指善以待人，不安坏心；“静”是指无论遇到什么情况，都要镇静安定，戒骄戒躁；“恬淡”是指没有超越现实的杂念，不背沉重的精神负担。人的一生总有顺境和逆境，喜怒哀乐是人之常情，无论何种情况，都应当在高尚的道德观念的指引下，面对现实，不要使情绪过分激动，事事随遇而安，相信“好人一生平安”。

第三要有乐观豁达的态度。中国人提倡“虚怀若谷”“宰相肚里能撑船”，气量要大，胸襟要宽，这就是豁达。在困难面前要看到光明，充满希望，这就是乐观。必要的时候，“自得其乐”不失为一种精神安慰。如果能助人为乐，更能使自己得到精神上的补偿。

第四要保持良好的心理平衡。心理平衡是最为重要，也最难做到的。心理平衡在养生保健中的作用，超过一切保障的总和。可以说，谁掌握了心理平衡，谁就掌握了养生保健的钥匙。一个人心理平衡，生理就平衡，精神一崩溃，生理就失衡，轻者可致疾病，重者可致死亡。那么，怎样才能保持心理平衡呢？三句话："正确对待自己，正确对待他人，正确对待社会。"现今，社会处于一种竞争环境中，为适应社会的发展，必须培养竞争意识和拼搏精神，必须学会自我调节，做到胜不骄，败不馁，不为琐事烦忧。要有容忍别人超过自己，更有超越别人的勇气，要有包容宽大的胸怀，在公平竞争中能保持心理平衡。

四、食疗原则

"安身之本，必资于食。不知食宜者，不足以存生。"武术养生中，饮食也是非常重要的部分。那么，饮食养生有哪些需要遵守的原则呢？

（一）饮食有节

中国传统养生向来有"三寒两倒七分饱"之说。七分饱，是百年养生的三大法宝之一。七分饱是指进食宜饥饱适中。人体对饮食的消化、吸收、输送，主要靠脾胃来完成。进食定量，饥饱适中，恰到好处，则脾胃足以承受。消化、吸收功能运转正常，人便可及时得到营养供应，以保证各种生理功能活动。反之，过饥或过饱，都对人体健康不利。在大多数人都营养过剩的今天，郑重建议大家食不过饱。

《吕氏春秋·尽数》中亦有："食能以时，身必无灾"；《千金要方·养性序》中也强调："不欲极饥而食，食不可过饱；不欲极渴而饮，饮不欲过多。饱食过多则结积聚，渴饮过多则成痰澼"。说明日常饮食应有节制，不可过饥或过饱，且应定时定量。饮食过饱，脾胃运化不及，易伤胃气，且过多的食物积滞于中，易蕴而化热，影响脾胃气机升降，出现胃痛、反酸、痞满等证，若邪热下迫大肠，肠中气机壅阻，气滞血淤，则下痢脓血，结滞不散者，则成痔疮。如《素问·生气通天论》言："因而饱食，筋脉横解，肠僻为痔"。另外，饮食过饥也不利于身体健康。《灵枢·五味》中说："故谷不入，半日则气衰，一日则气少矣。"饮食过饥，脾胃生化乏源，水谷之精难以充养全身，长此以往，正气亏虚，疾病乃生。

有学者对10万只小鼠进行长期的研究，发现少食鼠的平均寿命可达到36个月，而自由进食鼠的平均寿命是24个月。从最高寿命来分析，限食鼠的最高寿命可达到32个月，证明食不过饱的养生观点是科学的。这里讲的节食是指合理、适当地减少进食，而不是越少越好，它的原则是既减少进食，又不能处于饥饿状态。简单的掌握办法是减少平时进食量的1/3，这种进食量属于限食而不是饥饿状态。

唐代养生家孙思邈提出的掌握方法是“常令饱中饥，饥中饱”，意思是进食量控制在比吃饱的量要少，比饥饿的量要多，接近饱而又未饱的水平。在民间有“差一口，欠一斗”的说法，意思是少吃一口饭就像少吃了一斗米一样。所以当感到再吃一点就可以吃饱，而吃这一点似乎还不过瘾的时候，就不要再吃了。这里仍然要强调的是节食不等于饥饿，因为在饥饿状态，人体将消耗体内蓄积的营养成分，这对人体健康有害。

思考题：究竟是吃饱了有益健康，还是吃少了有益健康？

（二）顺应自然

顺应自然在饮食养生中具有两层含义，第一是顺应时序，第二是顺应地利。

《素问·四气调神大论》中提出“春夏养阳，秋冬养阴”的四时顺养原则。这是因为随着季节的交替，日月更迭，人的体质会发生相应的变化，在养生保健时，要顺应时气的变化特点，做到毋逆天时，勿失气宜。饮食养生也应因遵循四时寒热温凉的变化，选取适当性味的食物，如《备急千金要方·食治》述：春“省酸增甘，以养脾气”，夏“省苦增辛，以养肺气”，长夏“省甘增咸，以养肾气”，秋“省辛增酸，以养肝气”，冬“省咸增苦，以养心气”。当春之季，万物复苏，应减酸益甘以养脾气；夏令之时，气候炎热，机体阳气最为旺盛，宜减苦增辛以养肺气；长夏主湿，气候闷热，应减甘增咸以养肾气；当秋之际，万物生长平缓主收，气候干燥，应减辛增酸以养肝气；冬令之时，万物收藏，气候寒冷，应减咸增苦以养心气。以五脏应四时，根据五脏生克关系，使五脏之气处于平衡状态，不至于太过或不及。

《素问·异法方宜论》曾载：“东方之域，天地之所始生也。鱼盐之地，海滨傍水，其民食鱼而嗜咸……”“南方者，天地之所长养，阳之所盛处也”

“西方者，金玉之域，沙石之处……其民华食而脂肥”“北方者，天地所闭藏之域也……其民乐野处而乳食”“中央者，其地平以湿，天地所以生万物也众。其民食杂而不劳……”。地域不同，气候、环境、生活方式及饮食习惯也存在差异，机体的生理和病理特点也不尽相同，因此，食养也须参考地域差异。北方天气寒冷，其人体质壮实，饮食厚浊，在进补时可选羊肉、狗肉等大温大热之品；南方人，体质柔弱，宜选用鸡肉、猪肉等温补之品。西北地区，干燥多风，燥易伤肺，宜多吃百合、银耳、梨子、蜂蜜等滋阴润肺之品。东南沿海地区，地势低洼，湿气重，应适当食用健脾利湿的薏仁、冬瓜、扁豆、冬笋、玉米等。

思考题：多吃荤好呢还是多吃素好呢？

（三）五味调和

《素问·生气通天论》指出：“阴之所生，本在五味……是故谨和五味，骨正筋柔，气血以流，腠理以密，如是则骨气以精，谨道如法，长有天命。”饮食具有酸、苦、甘、辛、咸五味。《素问·六节藏象论》言：“天食人以五气，地食人以五味……五味入口，藏于肠胃，味有所藏，以养五气，气和而生，津液相成，神乃自生。”从饮食中摄取的五味能养五脏之气，人体气机调和，津液化生，形神乃俱。《灵枢·宣明五气》又提出了“五入”即酸入肝、苦入心、甘入脾、辛入肺、咸入肾，说明五味对五脏具有选择性的亲和作用。在食养时应谨和五味，不可偏嗜。脾胃居中焦，为后天之本，水谷精微需依赖于脾胃的运化及转输功能，才能散布全身，维持五脏六腑的机能。张仲景主张“四季脾旺不受邪”，也强调了脾胃之气的重要作用。因此，饮食养生应以顾护脾胃为中心，而顾护脾胃莫过于清淡饮食为佳。《千金要方》云：“善养生者……常宜轻清甜淡之物。”程钟龄亦有：“莫嗜膏粱，淡食为最。”清淡饮食，既能最大限度地保持饮食物原有的营养成分，又减少了脾胃的负担，相较于厚味之品而言，其对心脑血管的风险也低。皮肤、肌肉、筋脉、骨骼得以充养，气血顺畅。若偏嗜某一味，致五味失调，脏腑功能失衡，就会导致疾病的产生，如《素问·生气通天论》载有：“味过于甘，心气喘满，色黑，肾气不衡。味过于咸，大骨气劳，短肌，心气抑。味过于苦，脾气不濡，胃气乃厚。味过于酸，肝气以津，脾气乃央绝。味过于辛，筋脉沮弛，精神乃央。”

五味调和，其实也包含另一层意思，即合理搭配，营养均衡。《素问·藏气法时论》记载："五谷为养，五果为助，五畜为益，五菜为充，气味和而服之，以补精益气。"谷肉果蔬性能各不相同，不可偏胜。如谷类中含有大量的碳水化合物，是人体热能的直接来源，此外，还含有较多的B族维生素；果蔬中含有丰富的维生素和膳食纤维；肉类能提供大量的蛋白质、脂肪及氨基酸，肉类和果蔬还能提供人体所需的各种微量元素。这些营养物质都是人体生长发育所必需的，讲究饮食均衡，荤素搭配，才能达到身强体健，预防疾病的目的，习武者不可不察。

知识拓展

辟谷

"辟谷"源自道家养生中的"不食五谷"，是古人常用的一种养生方式。它源于先秦，流行于唐朝，又称却谷、去谷、绝谷、绝粒、却粒、休粮等。

辟谷最早的记载源自《庄子·逍遥游》。作为一种延年益寿的养生法则，辟谷在很多古书典籍里也有记载。传统的辟谷分为服气辟谷和服药辟谷两种主要类型。

服气辟谷主要是通过绝食、调整气息（呼吸）的方式来进行，其效用目前缺乏科学依据；服药辟谷则是在不吃主食（五谷）的同时，通过摄入其他辅食（坚果、中草药等），对身体机能进行调节。

在古代，辟谷是一种较高层次的修为，是为了达到一种高深气功境界的必要手段，因为在他们看来，只有却谷食气才能使腹内无浑浊，唯有腹内无浑浊的人才能入道。

现在辟谷，更多的是亚健康等虚胖人群的减肥排毒。人体通过辟谷，能清除各种由于饮食进入身体而造成和遗留的毒素，能消耗体内脂肪和重新调节增强生理功能，通过自身能量消耗来维持正常的生命活动，完成清仓理库、消除病体的效果。

辟谷还可以健脑益智、开发人体潜能。由于去掉了体内多余的脂肪和毒素，肠胃得到了调节和休养，体内得到了全面的清洁，诱发机体本身潜在功能和先天特异素质，完成人类自身的身心改造，增强人的生命活力。

在科学的指导下有针对性地进行辟谷，确实有利于身体的健康，但其功效不应过分夸大，其中的科学原理仍有待研究。

为安全起见，以下几种病人不宜参加：精神病者、有精神病史者、身体特别虚弱者，包括晚期癌症病人、病人生活不能自理者、经常内脏出血或吐血者、溃疡病穿孔者、心肌梗塞特别严重者、肾病特别严重者、严重心脏病或狭心症者、有心肾等器官移植切除者、肺结核严重的病人以及有传染病者，先天严重不足者（包括完全失去劳动力、听力、视力者，痴呆者）。练习辟谷，需要有专家给予指导。

第四节　武术养生项目推荐

传统武术养生不仅锻炼外在形态姿势，更讲究内功的修炼，武术家们从实践中总结出了大量行之有效的功法和技法。各种功法和技法皆以意带动，形随心动，以形达意，形意合一，注重通过练功达到疏通经络，保健强身的目的。这里我们选择几个易学、易练的功法项目推荐给大家。需要说明的是，如果有可能，请尽量在老师指导下练习，以避免偏差。

一、打坐

打坐

打坐，又叫“盘坐”“静坐”，是一种调用身体资源，通身体、通情绪、清减心念、提升心性、优化人们身心状态的养生健身法。打坐是道教对这种修练方式的称呼，在佛教中叫“禅坐”或“禅定”，是佛教禅宗必修的。在中华武术修炼中，打坐也是一种抻筋拔骨，修炼内功，涵养心性，增强毅力的途径。近年来，国外流行的冥想就借鉴了打坐功法。

对于精神元气比较充足旺盛的人，打坐确实可以调理、提升体质，增进身体健康。但是对于体质较弱且精神元气因疾病、困倦、疲劳而出现亏损的人而言，打坐是不会有什么明显的效果的，甚至在某些情况下会造成精神昏沉、身体疲弱，进一步影响到我们的脊椎、肩颈和脏腑健康。所以初学者一定要注意，不要在状态很差的时候才去做打坐练习，而是要在精神、状态最好的时候开始自己的内在优化。

《素问·举痛论》里讲道："余知百病生于气也。怒则气上，喜则气缓，悲则气消，恐则气下，寒则气收，炅则气泄，惊则气乱，劳则气耗，思则气结。"这说明情绪波动对人体的气活动有走向的导引作用。比如说当我们遇到害怕的事物时，我们会心跳加速，脸色变得苍白，这是害怕的情绪把气定向地导引向肾的结果，所以才说"恐则向下"；当我们发怒的时候，往往会表现出脸红脖子粗，太阳穴处有青筋暴露，这是因为发怒的情绪将气定向地导引向头部的结果，所以才说"怒气向上"。在打坐中，我们的心归于平静，在长期的练习下，我们的情绪底色会逐渐得以改变，而情绪底色又决定我们在实践中展现的情绪，当我们的情绪被我们清楚地看到、掌控时，便不会再侵扰我们的健康。

在打坐修习中，我们的身体会逐渐被疏通，肺腑功能会被不断增强，心念会越来越少，心性会不断提升，面对事情时平静、沉稳，不再受情绪左右，这显然有助于身体康健。

打坐的特点是"静""久静则定，久动则疲"。因此，打坐结束后，要活动筋骨，如打拳、舞剑、踢毽、自我按摩等，做到"动静结合"。

打坐可以采取双盘或者单盘。双盘时，先将左足置于右腿上，再将右足置左足上，称金刚坐。先将右足置左腿上，再将左足置右足上，称如意坐。两种坐姿都可以采用，也可以在腿痛时轮换交替。如果不能双盘，便用单盘。

打坐时，脊柱垂直是关键。臀部应垫一个两、三寸高的软垫。上体自然正直，不前俯后仰，百会穴与会阴穴成垂直一线，但务必放松自然。屁股的姿势是微微往后外翘的，从侧面看，整个脊柱是在类似于屁股跟腿的中间的位置，坐着就像座塔，非常匀称。

打坐时，两肩舒张下垂，但不要挺胸。从外看，肩是一条平行线；从后看，肩是圆的。

打坐时，把左手放在右手下面，大拇指有意无意地碰在一起，放于脐下。

打坐时，头中正，下巴稍微往前低一点点，后脑稍微向后收放。双眼微闭，舌抵上颚。

打坐练习引导语

请大家按照打坐的要求双盘或者单盘，上体自然正直，两肩舒张下垂，左手放在右手下面，大拇指有意无意地碰在一起，放于脐下。头中正，下巴微收，舌抵上颚。

现在微微闭起你的眼睛。

想象自己全身的肌肉开始慢慢地放松，现在深吸一口气，然后再吐气，再深吸一次，再吐气……

注意你的呼吸，你会察觉到空气在体内流通，感觉氧气进入全身每一个细胞，你的身体就会自动展开补充能量。你越能将注意力集中在你的呼吸上，你的身体就会更健康、更有活力。

继续深呼吸，一边深呼吸，一边聆听我的引导，很自然地，你什么都不必想，也什么都不需要想，外边的一切声音都不会对你产生影响，反而会让你更加地专注于我的声音，只要跟着我的引导，很快你就会进入非常深、非常舒服的放松状态……

现在，把注意力放在吸气上，去感觉空气进入鼻腔……专心地吸气，就像要从空气中吸收特定的能量一样……每一次吸气，身体的每一个细胞都被神奇的养分充满……每一次吸气，全身都注入了更多的能量……

好，非常好……

把注意力转移到吐气上，去感觉空气流出你的鼻腔……专心地吐气，就像要排出体内的废物的感觉……每一次吐气，都将紧张释放出来……每一次吐气，都将压力吐出去……把所有毒素排出体外去……

从现在开始，每一次的呼吸，我要你想象，你的吐气是经过胸腔出来，伸展全身的肌肉并放松。

现在放松你脸上所有的肌肉……放松你的头皮……放松你的额头……放松你的眉毛……放松你的眼睛及眼睛周围的肌肉……眼皮有一种沉沉的感觉……放松你的脸颊……鼻子……嘴巴……嘴巴附近的肌肉和你的嘴唇开始放松……你的牙齿微微打开并放松……放松你的下巴……让你的头部完完全全地放松下来……

现在放松你的脖子……整个脖颈完全地放松下来……将这放松的感觉继续

向下延到你的肩膀……感觉你的肩膀渐渐地放松……这种放松的感觉会让你非常舒服非常安全……在这个属于你自己的放松时间放下一切……让它完完全全地放松下来……

然后放松你的两只手臂……从上臂……到前臂……往下一直放松到你的手腕和手掌……再到你的手指头……现在全部地放松……你的手臂开始变得沉重……这种放松后的沉重会让你更舒服、更安全、更放松……就像洗过的湿衣服一样……

接下来让你自己更舒服地呼吸，自己的呼吸比刚开始还要深、还要自然、还要有规律……每一次呼吸都会更放松更舒服更安全……现在让你胸肌完全地放松……这种放松的感觉延续向下到你的胃部……感受胃的肌肉开始放松……胃里的压力释放了……继续放松你的腹部……完完全全地放松……现在放松你的背肌……你整个脊柱及脊柱周围的肌肉彻底地放松下来……让这种放松的感觉继续向下到达你的腰部……臀部也开始放松了……你的大腿开始放松了……然后是你的膝盖……你的小腿……你的脚踝……然后放松你的脚掌……就连你的脚指头都完全地放松了……现在你整个身体都处在一种完完全全的放松状态……当你开始进入更深、更放松的阶段，这些肌肉会继续放松……感觉会更舒服、更安全、更放松……

过一会儿，我会从20数到1，在每数一个数字的时候，你可以用自己的节奏进入更深的放松状态。

现在我将要由20数到1，每数一个数字你会加倍地放松，并且每一次都会进入更深更深的放松状态。当我数到1的时候，你会进入最放松的状态。

20开始深入地放松……19更加地放松……18……17有种很舒服的感觉……16……15……放……开……一……切……14……13……更加深……越来越深……12……11……完完全全地深入……10……9……8……7……完完全全地进入……6……5…………4……放下一切……静静地体会……3……2……当我数到下一个数字的时候你会进入最放松的状态……1……你完完全全地放松了……请你记住这个感觉，深深地记在潜意识之中，以后只要打坐就会有这种感觉。

（休息3或5分钟）

好，你先可以清晰的听见我的声音，在享受了这种美妙经历之后，让我们慢慢地愉快地醒过来。

现在我从10数到1，当我数到1的时候，你就会完完全全地醒来。你会感觉到头脑会非常清醒。眼睛会非常明亮，身体充满活力，心情非常愉悦（可重复一次）。

10，动一动你的双脚，让你的双脚慢慢地醒过来……9，动一动你的小腿，让它们醒过来……8，动一动你的大腿，让它们醒过来……当下一次打坐冥想的时候，你会更快地进入打坐冥想状态……7，动一动你的腰部，让它们醒过来……6，动一动你的上半身，让它们醒过来……5，动一动你的双臂和双手，让它们醒过来……当我数到1，你醒来的时候，你会感觉到头脑会非常清醒。眼睛会非常明亮，身体充满活力，心情非常地愉悦……4，动一动你的脖子，让它们醒过来……3，动一动你的头部，让它们醒过来……2，动一动你的眼睛及眼睛周围的肌肉，让它们醒过来……数到下一个数字愉快地醒过来……1，愉快地睁开眼睛。

二、太极浑圆桩功

太极浑圆桩功是站桩功的一种。它的动作要领和原理如下。

浑圆桩

两脚平行而立，左右分开与肩同宽。要求两脚与肩同宽，可使习练者根基牢固，稳定性好是为了使脚掌的涌泉穴与肩部的肩井穴相对应，就好比气血在泉眼与井眼间上下相流通，泉水与井水彼此相融洽，使天地二气相交，实现“天人合一”之目的。也可以做成当两足与肩同宽时，脚尖内扣10度，即稍成内八字；下蹲时，两膝与两脚尖同宽，这样能保证“圆裆”。两膝在垂直面内不能超过脚尖，这时脚掌的感觉是：两脚掌的外侧着地。

舌抵上腭，嘴唇轻轻闭拢，上下牙不要接触，舌尖自然地抵于上齿龈上。还有一种是翘舌抵于上腭（口腔的天花板）上。

头正项直，虚领顶劲，下颌微收，但不强硬，头顶百会穴上好像有一根线把头拎起似的；鼻尖对脐，可使习练者的任、督二脉易于流通。

含胸拔背。含胸：在腰背直的情况下，两肩稍向前向内合，会感到内衣轻轻地贴住了背。这种感觉，背部的上面明显，下面次之。拔背：腰背直，脊椎骨一节节安放好。把腰窝填平。从百会穴，下至会阴穴成一直线。这是人的中轴线，至关重要。

沉肩坠肘，在腋窝中好像搁上一、二个鸡蛋似的，两手在胸前抬起，位置上高不过眉，低不过脐，远不过尺，近不贴身，十根手指自然分开；两手胸前环抱（意念如抱一个气球），易于形成如同“山环水抱”似的人体浑圆气场。小臂的放松程度，好比身在游泳池中，手随浮力会自然浮起一样。这样练功，往往得气快，功感强，功效高。练功日久，会逐渐达到“气圆、力圆、神圆”的境界。

站桩时，手型要求是五指自然分开，每个指缝之间似夹有一根铅笔，虎口撑圆，而指尖微敛，站桩时要时刻关注虎口位置，看是否撑到位。掌心内吸，手心内含，同时与五指遥相呼应。食指挑，中指顶，无名指按，此三指成品字形，中指微外挑，相临两指微内弯，感受这指尖间形成的牵扯的绵韧劲。大拇指和小指形成上下对拉之势（拇指和小指对拉也能形成掌心内吸），这样摆好后用拇指和小指分别外张地感受一下，不要过份用力，动作也不要大，感受绵韧的分争。这个手型与我们平常打篮球时的手型多少有些类似，打过篮球的朋友都有体会，特别是控球的时候，拇指、食指和小指都是很关键的，太松和太紧都不能控好球。

小卡片

手部锻炼的意义

中国传统文化认为人体组织由血、肉、筋、骨所组成，与这些组织相对应的末端是指四梢。发为血梢，舌为肉梢，齿为骨梢，指为筋梢，因此四梢的锻炼直接关系到血、肉、筋等人体内部组织的健康与功能锻炼。梢者，末也。人体末梢强健，说明机体组织脏器功能健全，经脉筋络畅通，营养状况及血液循环良好。反之，则为健康不佳或不健康的表现。注重四梢的养生保健，更有益于健康长寿。

站桩之所以强调手型，概因手指是人体上肢的筋梢，有统领之义，气血流注到此而返回，五指作用必不相同，极散为合，方集各指所长，手指一弱，周身纵有千力之力也不得真正一用，手型饱满，梢节自然有力。

古有“十指连心”的说法，五根手指有6条经脉循行。心、肺、大肠、小肠、心包、三焦等经络在手指尖部起始交接，这几条经络沟通表里、联络脏腑、运行气血。人体经络一旦被堵塞，气血便会受阻，内脏也会失衡，长期累积会形成疾病。十二经脉的起点和终点都在身体末梢，其中有六条走到双手，停在指头。五根手指，各司其职，相互配合，才完成了各种复杂的工作；五根手指，又各主不同的脏器，相互补充，才保障了全身气血的顺畅。

目视前下方，意守下丹田，全身重量自然下行。两眼似闭非闭，面带一丝笑意，可减少周围环境对习练者的刺激和干扰，也有利于面部肌肉的放松，松则易静。在脸带微笑时，大脑可以分泌一种类似吗啡的“内腓肽”，内腓肽能使机体提高免疫能力，能起镇痛、镇静作用。练功时，面带微笑，有助于提高身体的免疫功能。以后即使碰上不顺心的事，面带微笑（有些像皮笑肉不笑），也起到同样的作用。

收腹提肛，该功法要领中要收腹提肛，但不要过度。敛臀，将骶骨、尾骨往身体的正面稍前移，这时大腿根部的肌肉有紧张感，也感到提肛了，小腹也收了，姿势保证收腹提肛，不要去想提肛。上身不要因为避免翘臀而后仰。

臀部如坐高凳，膝部微屈前顶，可使习练者尾闾中正，下元充实，重心平稳，腿部轻灵，步伐稳健。

十趾抓地，在内八字基础上，将脚尖上翘稍前伸，使前脚掌靠近脚趾的部分虚空，而后使虚空的那部分脚掌先着地，再屈脚趾着地，这时感觉脚弓部分和涌泉穴好象是不挨着鞋底似的。这是十趾抓地的要领，在练功准备时，做好十趾抓地后，再做起势或下蹲动作。以后在练功过程中，就不需要再注意十趾抓地的要领。在姿势较低时，十趾抓地，不抓地，站不稳。姿势高的时候可以不抓地，有助于今后自发动功的产生，也便于扳趾。

呼吸，嘴微闭，鼻呼吸，要自然（指与平时的呼吸一样）呼吸。

如果整个姿势摆正后，脚掌的感觉是两脚掌的外侧着地，重心大部分在脚后跟上。这样，有助于提高睡眠质量。原因是脚后跟上有一个睡眠穴，因为站桩，得到了充分的刺激。

松腰、松胯，在收腹提肛的前提下，注意腹股沟处（也是髋关节处）要放松。

眼皮一松，面部肌肉也跟着放松，这样才能使神敛，神一敛则心静，心一静则全身关节肌肉随之皆松，肌肉一松，气血畅通，功感明显。所以，习练者应先从眼皮松、面部松开始，逐步引导到肩松——腰松——胯松，促使人体关节逐段松开，如同水渠打开闸门。俗话说："人身气血如大江，一处不到一处伤。"通过这样练功，才能放松入静，治病健身，力达梢节。

练功时，只要意念专注，很快就会产生功感。当有了麻、热、胀的功感时，就开始意念导引，先想到手部放松，手部开始出现麻、热、胀；尔后导引至手腕、前臂、大臂、肩部、后背、前胸、腹部、腰部、臀部、大腿、膝部、小腿、脚部。最后，全身放松，全身上下均出现麻、热、胀功感。功夫到了高级阶段，练功者应淡化意念，只需去静心体会身体内部的变化就行了。要知道，意念导引，不过是初练功者"借船渡河"的方法，当练功者有了功感之后，就不必去一板一眼，刻意导引；而是行云流水，放任自然。

简单而言，即无意要有意，有意要去意，去意才自然，自然合大道。在意念上不要太重，太执着，对麻、热、胀感应似有似无，绵绵若存，无过无不及，勿忘勿助长。麻、热、胀三种感觉，只要出现哪怕是一种感觉即说明上功了。麻感，是神经细胞发放的生物电波在传导过程中所产生的一种生理物理反应。热感，是练功者体温升高，气血运行畅通，体内物质分解化合的反应。胀感，是练功者动脉血管、静脉血管和毛细血管扩张的反应。

在练浑圆桩时，应"看到远方（视而不见或微闭双眼），想到手上（即想到手上出现麻、热、胀），思想集中（不去东想西想），全身放松（松才能静，静下来才能感觉到麻、热、胀）"。必须明白，练功者在"独立守神""抱圆守一"的练功过程中，静静地体会"麻、热、胀"在人体各个部位的动态，这是初练气功保养元气的最佳方法之一。

练功时间由少到多，逐步增长，以不疲劳、不难受为原则，累了要休息，不要硬撑。练功过程中，膝盖不仅仅是难受，膝关节会疼痛。方法是站高姿或中姿，练功时间不要太长，初学者先从20分钟一次站起，一天可练几次，逐渐增加时间，凡事总有一个适应的过程。累计达1小时左右为好。

临床实践证明，浑圆桩可防治数十种慢性病和疑难杂症，常见的如：慢性肝炎、血小板减少症、慢性胃炎、低血糖引起的头晕、贫血、半身不遂、慢性风湿性关节炎、神经衰弱、肥胖症、全身性硬皮症、心脏病、腰椎病、近视眼等。

通过站桩，腿部力量增强，走路，爬山就感到轻松。

在修炼浑圆桩功时，要注意以下要点。

第一，站桩不可太低，不可硬挺，不可努气。太低则坚持不了多少时间，还没等找到感觉，腿已经站不住了。多高最为合适呢？可以参考人在蹲下往上起跳的时候，那个蹲下的高度，是较为合适的。不可以太低。因为我们站桩不仅是为了增加腿部的力量，太低勉强忍耐吃力只能是努气，正犯了太极拳之练功走偏犯努气的毛病。

第二，站桩要追求整体效果，而不能片面追求腿部的力量。我们站桩首先是为了解决全身各个部分的协调问题，即周身一体的“整”的问题。在练拳时必须做到一动无不动，上下相随，内外相连，其中的关键在腰，腰就像发动机的主轴，一切的力都是从这里传送出去的。而在练拳时，腰部动作和平时是不一样的，练拳时对腰的要求是“塌”，与骑自行车时的感觉有几分像，要在站桩里注意去体会。另外就是手的感觉，站桩时间短了就体会不到手的分量，往往是腿已经坚持不住了，而手还没有累的感觉，造成上下不协调，不能同时长进。站桩以胳膊和腿同时感到累为最适宜。在站的时候，意念要不断地在周身循环引领，只有意念循环了，气才能循环。

第三，要用脑子站桩，不能傻站。在站桩时不动，可以有充分的时间去找劲儿，去试力。什么叫找劲儿？首先，往那里一站，手伸出去了，六个方向都有没有劲儿？即手掌向前推，立掌手背向后挂，塌腕坠肘向下，食指上挑，小臂外翻向外撑和虎口张开拇指向里合的前后、上下、左右六个方向的劲儿。用意念去找，不可用拙力。然后就是找顺劲儿，运用意念去寻找自己发力的感觉，我要做什么动作，我的发力点在什么地方，我足跟蹬，力是如何传导到手掌上的，虽然手脚都没有动，但思想是在不停地动。再有就是找逆劲儿，寻找身体内部各个方向上的逆向合力，或称对称平衡力，前手用多大劲儿向前，后手就要用多大劲儿去平衡。三者综合起来也就是我们所常说的内劲儿。内劲儿是靠意念去修为的，是化去虚浮僵硬之后自然而然地生长出来的。

初学者最好将站桩与练拳结合，每天站一会儿桩，也练几趟拳。

站桩与练拳结合起来，可以消化瘀气，免生不通之疾。同时，这样也可以提高学者的兴趣，不致枯燥。到了一段时间后，就可以把站桩、练拳和推手结合起来，同时进行，在推手中可以发现问题，而要求其在站桩中弥补。有经验的人都知道，拳上的毛病十之八九在桩中可以纠正，站桩是增长功夫最快的途径。

三、拍打功

本套全身拍打功主要是为了增加自身的抗击打能力，此功法没有什么技术难度，只是对全身上下从躯干到四肢进行由轻到重的拍打。长期坚持，抗击打能力自然就提高了。不是习武者，练习此功可以用于日常养生保健、强身健体。

第1节：拍指尖

方法：双手手臂向上拍打50下，手指放松。

功效治疗：调节末梢血运，加强动能，激发全身活力。

第2节：拍腕（太渊、神门）

方法：一掌取立位，另一手掌从上往下拍太渊穴，从下往上拍神门穴各50下。

功效治疗：对失眠，咳嗽，腕关节疼痛，活动受阻，小儿哭闹有效。

第3节：拍肘（尺泽）

方法：双手交叉拍打50下，先拍上方（尺泽穴），后拍下方（少海穴）。

功效治疗：治疗网球肘，咳嗽，鼻塞，焦虑，抑郁等。

第4节：拍肩（肩井）

方法：双手交叉拍两侧肩井穴50下，拍的时候手掌往下压。

功效治疗：治疗肩颈背疼痛，头晕，头疼，耳鸣等。

第5节：拍胸（中府、云门）

方法：手掌拍中府、云门两穴附近50下，同时向后扩至肩胛。

功效治疗：治疗肩背痛，呼吸系统疾病（咳嗽、咳喘等）。

第6节：拍肋（期门）

方法：双手拍打期门穴附近50下。

功效治疗：疏肝解郁，胸痛，胸闷，腹胀，恶心呕吐。

第7节：拍腹部（神阙、气海、关元、大横穴）

方法：双手一前一后交叉，拍打神阙、关元俞穴附近。

功效：治疗小腹凉，腹痛痛经，月经不调，腹泻便秘，老年遗尿遗精，尿频等。

神阙穴是身体的长寿穴。拍打神阙穴，可使人体真气充盈、精神饱满、体力充沛、腰肌强壮、面色红润、耳聪目明、轻身延年，并对腹痛肠鸣、水肿膨胀、泄痢脱肛、中风脱症等有独特的疗效。关元穴、气海穴有培肾固本、调节回阳的作用。

气海穴，就是指所谓“气沉丹田”中的“丹田”。丹田与人的元气相通，是元阳之本、真气生发之处，更是人体生命动力之源泉。此穴能鼓舞脏腑经络气血的新陈代谢，使之流转循环不息，生命因此得以维持，故有“性命之祖”之称，也称为“十二经之根”“五脏六腑之本”。又因为丹田是“呼吸之门”，任、督、冲三脉所起之处，全身气血汇集之所，故此也称为“气海”。

大横穴是健脾的穴位。拍打可治疗气血瘀滞化热引起的便秘、肠痈以及虚寒洞泄、着凉腹痛、体虚多汗，有除湿散结、理气健脾、通调肠胃的作用。

第8节：后腰部（命门、肾俞穴）

方法：双手一前一后交叉，拍打命门、肾俞穴附近。

功效：治疗肾气不足、精力衰退、腰痛、腰扭伤、坐骨神经痛等。

命门也是身体的长寿穴。拍打命门穴对肾气不足、精力衰退、有固本培元的功效。对腰痛、腰扭伤、坐骨神经痛有明显的治疗作用。

命门穴和神阙穴在人体上是相互对应的关系，两者一为督脉上的阳穴，一为任脉上的阳穴，同时拍打这两个要穴，可以通行气血，调和阴阳，激活人体的元阴元阳，祛病强身。所以，命门穴可以配合神阙穴一起拍打。

第9节：拍臀（环跳穴）

方法：双手拍环跳穴附近。

功效治疗：腰腿疼、臀部疼（梨状肌损伤）。

第10节：拍大腿根部（髀关）

方法：拍打大腿根部腹股沟髀关穴附近50下。

功效治疗：腰腿痛、肚子疼、下肢麻凉。

第11节：拍大腿（殷门穴）

方法：拍殷门穴附近。

功效治疗：腰腿痛、下肢静脉曲张、遗尿、下肢麻木。

第12节拍膝盖（犊鼻穴、血海穴、伏兔穴、足三里穴）

方法：脚蹬矮凳，大小腿呈90°左右，拍打50下。

功效治疗：膝关节疾病、脾胃不和、消化不良、痛经，糖尿病辅助治疗。

第13节：拍小腿（承山穴、足三里穴、三阴交穴）

方法：拍打承山穴、足三里穴、三阴交穴附近。

功效治疗：腰腿痛、下肢静脉曲张、遗尿、下肢麻木，通经活络、疏风化湿、扶正祛邪。

足三里穴，有调节机体免疫力、增强抗病能力、调理脾胃、补中益气之功效。

第14节：摔涌泉

方法：双脚掌分别击打地面50下。

功效治疗：头疼头晕、便秘、嗓子疼、喑哑、身痛肢冷。

第15节：拍三窝

方法：拍腋窝、肘窝、膝窝。

功效治疗：腋窝处的极泉穴是心经的重要穴位，平时容易着急、暴躁，这是心火大的表现。而拍打腋窝，能打通了心经，使人平静下来，还能除祛心火。肘窝有肺经、心包经、心经这三条经络通过。拍打肘窝能除心肺的火气和毒素。膝窝的中点有一个重要穴位叫委中穴，走的是膀胱经。膀胱经是人体最大的排毒祛湿通道。拍打腘窝，能祛湿毒，排热毒等。

第16节：拍肩背、头

方法：双手指腹拍打50～100下（微闭双目）。

功效：背部是人体两大经脉中督脉的行经之处，两侧经络和五脏六腑关系极为密切，经常刺激背部，有利于气血运行，滋养全身。拍打、按摩、刮痧都是激活背部免疫细胞的好方法。拍头治疗头晕头痛、颈肩疼、失眠等。

拍打功对人体穴位、经络的认知要求不是很高，对提高身体素质有很大的作用。练习长了可以随心所欲地变换姿势及拍打部位。中医学里有个穴位名词叫“阿是穴”，就是哪里痛就拍哪里。痛就是有病灶反应。拍打病灶处要由轻到重试探着加力，一有不适，就应停止。尤其是拍打头部、拍打胸部更是要格外小心。做之前，衣服不宜太厚，不宜空腹，不宜过饱，最好两餐之间进行。日日坚持，必有回响！

小卡片

如何在站桩中求劲呢？

正确的站桩是有内涵的，不是说站个姿势就是站桩。劲是桩的内涵，也就是说站桩要找到拳劲才有意义，才是有效的做功。初学者可以通过以下步骤找到拳劲。

①两脚与肩等宽，做几次起跳动作，并用心体会在起跳和下落的瞬间，身体腰胯的间架结构状态，将这种间架定住并体会内在的劲力状态。

②负重起蹲，体验蹲起较劲的状态，这种腹腰脊背自然得力的状态就是站桩所需要的身躯状态。

③端水试劲，两手端一盆水，体验水盆的重力从手臂传导到腰部的劲感，然后放下水盆，空着两手做寻找端水盆的劲感，这就是上肢要找的拳劲，形松意紧，松而不懈。

④头顶悬，虚领顶劲，诀窍在于下颌回收，将颈项上顶。睡觉时，体验颈部枕枕头的状态，这是颈部最自然的状态。

⑤检验桩劲是否正确，按上述4步要求做浑元桩（抱球桩），然后直接起跳下落，桩架不散、内劲不失就是正确的整劲站桩了，这种要求可运用到各种桩功训练中。整劲是站桩的本质，要领是五心归源，即头顶手足心的力都向丹田（力源）汇聚传导。

【本章小结】

（1）武术和养生作为中华民族优秀传统文化的两个重要组成部分，在漫长的历史岁月中为中华民族的繁衍生息保驾护航。二者有各自独立完整的体系，又在诸多方面相互渗透，息息相关。

（2）中国的养生功法具有悠久的历史。从形式与传承上讲，古代养生可以分为道家养生、儒家养生、佛家养生、医家养生和武术养生五个体系。

（3）武术养生，就是根据生命活动的基本规律，运用武术运动的功法理念，采取能够保护生命增进健康的方法与手段而进行的自我保健。

（4）中国传统的养生术是武术与中医相结合，重视内部功能的保养与调节，具有动作慢、简单、效果好的特点，具有培补元气、平衡阴阳、疏通经络、调和气血、调理脏腑、调心安神、延年益寿、开发潜能的作用。

（5）武术养生的原则包括治未病原则、顺应原则、适度原则、三调合一原则、食疗原则。武术养生中的食疗原则包括饮食有节、顺应自然、五味调和。

（6）打坐是一种调用身体资源，通身体，通情绪，清减心念，提升心性，优化我们个人状态的高效方法。

（7）站桩对养生作用格外好，它能调整神经系统的机能，促进血液循环和新陈代谢功能的改善，因而能调整、恢复和加强人体各个器官组织的机能，保持健康，治疗疾病。

【复习题】

1. 单项题

（1）青年人练习武术既能了解中国的传统文化，提高修养，又可以<u>A</u>和防身。

A. 健身　B. 强身　C. 壮身　D. 修身

（2）武术养生运动中，合理的运动观应是不勉强、不疲劳、不<u>A</u>。

A. 过量　B. 间断　C. 结伴　D. 独行

（3）国内最大众化的养生健身的武术拳种是<u>B</u>。

A. 形意拳　B. 太极拳　C. 少林拳　D. 咏春拳

（4）传统的辟谷分为<u>A</u>辟谷和服药辟谷两种主要类型。

A. 服气　B. 吸气　C. 吐气　D. 纳气

（5）国外盛行的冥想，是源于我国的传统功法中的<u>A</u>。

A. 打坐　B. 坐盘　C. 静坐　D. 入定

（6）中国传统养生向来有“三寒两倒<u>B</u>分饱”之说。

A. 六　B. 七　C. 八　D. 九

2. 多项题

（1）目前广泛流传、最易于练习的武术养生拳种和功法有<u>A E</u>。

A. 太极拳　B. 形意拳　C. 少林拳　D. 八卦掌

E. 站桩法　F. 推手

（2）世界卫生组织提出的身心健康标准“五快三良好”中的五快是指吃得快、拉得快和<u>A B C</u>。

A. 睡得快　　B. 走得快　　C. 说得快　　D. 跑得快

3. 判断题

（1）武术养生，就是运用武术运动的功法理念而进行的自我保健。（对）

（2）武医同源说的是武术和中医的强身健体理念是一致的。（对）

（3）亚健康即指非病非健康状态，就是人们常说的“慢性疲劳综合征”，练武术无助力于其改善。（错）

（4）武术养生应该是顺应天时而行。（对）

（5）“冬练三九、夏练三伏”之说，是不要管气候规律，天越热越练，越冷越练。（错）

4. 讨论题

（1）武术界中有“冬练三九、夏练三伏”之说，谈谈你的理解。

（2）为什么桩功要以“清虚其心、轻松其体”为原则？

第十章　武术与现代人生

【学习要求】

通过本章的学习，对我国武术的发展环境和趋势有基本的认识；明白武术商品化属性的基础与价值；认识门派意识和师徒关系对武术传承的利弊；思考武术在全球化发展的过程中如何保持自己的民族性；能够客观地看待传统武术中一些神秘现象，看待武术与世界上其他拳种的异同；理解武术作为一种生活方式和人生归宿的内涵。

随着中国的崛起，古老的中国传统文化越发充满了吸引力，作为传统文化一部分的武术文化也越来越受到重视。大力发展武术运动，推动传统武术进校园，发挥武术的强身健体、完善精神气质作用，正方兴未艾。

在中国老龄化社会来临的大背景下，如何让老人安度晚年，提高老人的生活幸福指数成为必须考虑的问题。让武术进入社区，让老人参与武术养生锻炼，发挥武术应有的作用，武术的养生功能将大有用武之地。

从发展规律上来看，武术需要如同中医民间拜师学艺的传承方式保持其相对的封闭性、原生态性。武术面对改革开放的大潮，其商品化属性会更加凸显，遇到更多的挑战在所难免。武术需要丰富发展。

对武术不能夸大其词，需要破除其神秘性。同时也不能故意贬低，把它变成炒作的工具。发挥其强身健体的功能，弘扬武术文化的正能量，造福社会大众，是武术人的责任和担当。

在这一章中将回答以下问题：

●目前我国传统武术的发展环境如何？

●学习武术一定要拜师吗？

●武术为什么会商品化？为什么会有“穷文富武”的说法？

●在武术全球化发展的过程中，世界性和民族性如何统一？
●如何看待传统武术和现代搏击？二者应该如何对比？
●武术有必要统一形式吗？
●为什么说修炼武术是一种人生归宿？

第一节　武术推广与传承展望

武术从诞生时起，就因其技击、健身属性受到人们的青睐。私有制、阶级、国家出现之后，武术逐渐成为强人占有资源的工具。其兴衰无不受到统治者意志的影响。由于文人和文化的加入，使得武术与文化结合起来，武术又被赋予传统文化载体的身份。在当代，武术健身价值更被人们看重。武术推广与传承，需要更多有识之士的关心。

一、武术的春天

2017年9月4日，中央电视台大型公益节目《开学第一课》特意请来了三大武术名家，带来三门顶级的中国功夫，分别是螳螂拳名家于海、太极拳名家陈正雷、八极拳名家王世泉。

著名演员吴京，通过远程视频的方式与中小学生分享他对“武”的理解。他说自己的儿子现在3岁了，希望自己能够用实际行动告诉孩子，要做一个真正的男子汉，一个有担当、有血性、有骨气的中国人，一个真正的英雄。

现场主持人还请于海、陈正雷、王世泉介绍了传统武术的奥秘和魅力，让观众体会势如破竹的气势和浩然正气的风骨。

党的十八大以来，习近平总书记多次论述中华优秀传统文化的思想内涵、道德精髓、现代价值和传承理念，赋予中华优秀传统文化新的时代内涵，指出“中华优秀传统文化是中华民族的精神命脉”，将中华优秀传统文化提升到一个崭新高度。

2017年10月8日，中共第十九次全国代表大会上的报告中指出：“深入挖掘中华优秀传统文化蕴含的思想观念、人文精神、道德规范，结合时代要求继承创新，让中华文化展现出永久魅力和时代风采。”

2018年3月3日，教育部部长陈宝生在人民大会堂“两会部长通道”上就优秀传统文化进校园等问题进行了解答。他说想要做好优秀传统文化进校园，就要办好四件事：第一件事是教材体系建设。针对各个学段特点，选择合适的内容进入教科书。优秀传统文化有的是涉及规律性的、有的是涉及方法论、有的是涉及技术层面、有的是涉及审美层面。针对不同学段，小学生、中学生、大学生适合什么内容，教材里面就选什么内容。第二件事是拓展校园文化。在校园文化里面，传统的戏曲、国画、书法，甚至包括中医药，都可以进。还包括传统体育，如武术、太极等。拓展校园文化，为优秀传统文化创造更好的沃土、更好的氛围。第三件事是加强研究和阐释。对中华优秀传统文化经典要按照“创新性发展、创造性继承”的原则，加强研究阐释。同时学科建设要加强培养人才。最后一件事是推进国际传播。不仅要进校园，还要出国境，讲好中国故事。

有消息称，在有些省市，武术已正式被列入中考范围！在河南省焦作市，太极拳作为中考体育项目已经推行多年；上海市也将武术作为中考的体育可选项目，依照段位制武术套路进行考试。随着武术的推广和中考体育选择多样化改革的推进，越来越多的省市开始关注武术。河南省自2015年以来积极打造和推进武术特色学校建设，不仅弘扬了中华优秀传统文化、丰富校园文化生活、增强了师生的身体素质，更重要的是加深了全体师生对传统文化的了解，为坚持“文化自信”、实施“文化强国”战略打下了坚实的基础。截至2018年12月，已发展审核武术特色学校89所。

可以说，随着祖国的繁荣富强，社会物质文明、精神文明的极大进步，国家对传统文化建设越来越重视，从“百家讲坛”到“武林大会”再到“中国武术散打超级联赛”等，足以看出国家弘扬传统文化的决心和支持力度。这是武术事业发展的最佳时机，也是武术历史上具有里程碑意义的一件大事。

国家为什么要推进武术文化进校园？有研究表明，武术文化教育能够促进学生的身心健康；能够提高和培养学生的人文品德修养；能够树立学生正确的道德观和人生观；能够培育学生的民族精神；能够培养学生的整体思维，从而建立和谐的人际关系；能够培养学生创新精神和良好的竞争心态。

武术作为中华民族所特有的文化表现形式，蕴含着许多丰富的内容，如尊师重道、讲礼守信、勇敢仗义、坚韧笃实、刻苦求进等。这些传统美德对于提高青少年的思想道德水平，弘扬和培育民族精神具有重要的作用。比如，太极拳强调阴阳，八卦掌强调变化，实际上都是哲理、易理。阴阳统筹万事万物，易理博大精深，无所不包，无所不统。用拳理可以说明处事之理、做人之理。

思考题：国家为什么要推进传统武术进校园？

为了进一步加强武术宣传，更好地继承和发扬中华武术，国家体育总局武术运动管理中心与央视加深合作，共同打造传统武术，将古老悠久带有东方神秘色彩的中国武术搬上了大荧幕，使人们可以更好地了解武术、关心武术、热爱武术，使武术工作者、武术爱好者倍受鼓舞，更加明确从事武术工作的重要性和传承武术的历史使命。

武术有着优秀且深厚的文化底蕴，但要长足发展，必须挖掘其内在的巨大潜力和经济价值。1998年全国武术经济工作会议上，第一次提出“武术经济”一词，清醒地认识到发展武术产业的必要性。在当下市场经济繁荣发展的今天，以单一的文化视角去开辟一条让武术得以持续发展的道路，的确有些不切实际。

2015年梅威瑟和帕奎奥的“世纪大战”，绝大多数拳迷到现在仍然记忆犹新，因为那场比赛创造了拳击史上的太多记录，尤其是在“经济收益”方面。赛后算上出场费和其他分红，帕奎奥一共获得1.33亿美元的收益，梅威瑟的收入更是接近2亿美元。这场比赛算上赛事方、直播等各方的总收益达到6亿美金，创下职业拳击历史上单场收入的最高纪录，这些正说明了搏击运动所蕴含的巨大经济价值。

同年，教育部列出七项国家重点扶持体育项目同时也是大学校园教育运动项目，分别为足球、武术、田径、游泳、篮球、排球和体操。从这七项运动项目中，我们发现，能够入围的都是在世界范围内受关注度较高的运动，而武术的入围并位列第二也正说明了国家对本土“自主”项目的重视。搏击运动在全球的蓬勃发展或许也是国家重点扶持武术项目的重要原因之一。

从文化传播上来讲，“功夫”早已是中国的又一个代名词，而用武术的方式让世界认识中国、了解中国进而喜爱中国，对中国未来的发展来讲具有不可估量的价值。通过国家的重点扶持，必定能够让民间武术土壤更加肥沃，武术得到更大范围的推广，让更多的人热爱这项运动。

由国家意志推广武术方面，国外的经验可以借鉴。

国外格斗多半以社团性质存在，学生进入中学都可以根据兴趣选择自己喜欢的社团参加。在韩国，很多学校都开设跆拳道课程，基本上10个韩国孩子里，有7个是学过跆拳道的。反观我国，武术在孩子们中的普及率实在不值一提。

现在世界各地都有跆拳道、空手道、柔道的学习班，世界都在练韩国、日本的搏击术，连俄国总理普京都是日本空手道高手，这与韩日两国以国术、国文的性质向外推广，国家政策给予支持是分不开的。对此，我们应该有足够的认识。

目前，武术从漫长历史中所形成的尴尬境地走出来了。武术得到了国家的认可和支持，民间也有了足够的理性与热情投入真实武术传承。

武术的春天正在来临！

思考题：目前传统武术的发展环境如何？你都知道哪些武术活动？

二、门派意识与拜师学艺

社会中有门阀氏族，武林中有武术门派。不同的门阀氏族组成了人们所生活的社会，不同的武术门派组成了异彩纷呈的武林。

在《中国武术百科全书》一书中，武术门派的定义为：武术拳种和派别的合称。一般具有拳理、套路、器械和别具一格的劲力特点与练功方法的称为“门”，如“少林门”“太极门”。数门相近的拳种兼而习之称为“派”，如“少林派”“太极派”。

在这里我们将武术门派界定为：习练同源拳术的群体组成的社会组织，一般按照地域或者习练拳种划分。传统武术中，门派意识非常强。这是传承的需要。武术传承需要有一定的封闭性，需要严格地遵循一些规则，正是它的封闭性保留了武术传承的原生态。

受门派意识影响，武术拳种多以某家拳、某门拳命名，这就是在宣示这拳为我家独有，为我门独有，不传非我家，非我门中人。（而以某式命名的拳种则表现出了相对宽阔的胸襟，只是表示哪种风格的拳种，例如，杨式太极拳的英文翻译为Yang style TaiChi，这种描述是十分贴切的）。这种对受众的限定本身就是对传播的限制，其根源一是我国传统文化中家本位思想和门户之见，一些特有技术技能可以作为在社会上安身立命的根本，人们希望通过这种限制传播的方式，世世代代独享这些技术技能带来的便利。这种独有性是其竞争力的核心，一旦开始推广，其独有性被打破，就会影响到他们的生存状态。因此在技艺的传承中，非但外人接触不到，就连自家人也要进行筛选，例如，传统的“传儿不传女”的观念，因为传了女儿随着女儿的出嫁必然为外姓人所得，在生存空间有限、固定和重叠的情况下，定然侵犯本家族的既有利益。在这种心理的驱使下，武术拳种的生长空间就此限定在一家一姓之中。其根源二是武术本身的特性所决定，俗话讲“文无第一，武无第二”，武术技击的本质使不同的拳种很难在同样的受众中取得认可。在旧社会中，武术交流是一件极为慎重的事，比武的成败关系着武林人生存核心的名声和地位，一些情况下也关系着武林人的生与死。这种生态致使武林中人对于“秘技绝学”深藏密裹，不肯轻易示人，更不肯轻易教人。

思考题：武术拳种命名有什么规律？

我们看到当下的武术队伍分三类：一是体育院校的“新式科班”，二是民间培养的“传统科班”，三是自学为主的“非科班”。在武术的民间传统科班中，拜师学艺、门派意识还代代相传。

为什么要拜师？拜师其实是一种形式，并不是为了拜师而拜师。它是通过这种拜师的形式匡正、约束习练者，让习练者知道你在做一件什么样的事。武林中称的师父的父，之所以是父母的父，就是一旦建立师徒关系，在某种意义上讲，就是像父子关系。这种亲情关系在这个社会里面显得极其独特和复杂，它让双方承担传承责任。

师徒之间的这种传承关系，是一种属性。你要把师父的东西继承下来，师父的教学不能有任何的偏差。传承就像拷贝和复制那样一种感觉，就是直接把师父身上的东西传承下来，传承就像击鼓传花时所用的道具，如果我们传的是一个苹果，无论传到谁那儿都应该还是苹果，不能变成梨或者香蕉，变味了就不是传承。

当然，传承只是第一步，当你的功夫达到一定的层次之后，也可以进行革新。但是在你的功夫没有超越师父之前，还是要按照师父的要求去做。因为师父的功夫比你深，对于武术的理解力和领悟力也要优于你。像很多革故鼎新、开宗立派的前辈，都是在青出于蓝的基础上进行的改良，例如，孙禄堂、薛颠、王芗斋等人，但是这种人，百万中无一。

从传承角度看，传统武术是一个小众的技艺，它一定是师父耳提面命、言传身教，把真正的武术精华、精髓传授给徒弟。它不同于武校的程式化教学，那是一种体育训练，实际上只学到了武术的这个外形，内涵的东西没有师父的言传身教、长期的严格要求是达不到的。如果你学习武术的目的只是当一个保安，则训练个一年、半年就可能胜任这个工作。但你要是想成为一个优秀的武术家或者武术高手，那你必须拜有功夫的老师，才能得到真传，练出功夫。

社会在变化，传承的规则也并非完全不变。随着热兵器时代和法治社会的到来，武术传播时展示出了开放的胸怀与姿态，为一门一派所独有的武术，开始作为中华民族共同的文化遗产而得以弘扬。但是不能否认的是，在相当长的一段历史时期内，门派意识伴随着其背后的思维逻辑，限制了武术的传播。同时从传承的角度来讲，这种师徒、父子之间的教授模式，也使得武术拳种在传承方面做得更好，因为师徒关系和门派责任感，多是倾囊相授，而不会藏私，利于武术拳种原汁原味的留存，是保持其差异化的基石。

作为中国传统文化的一部分，中国武术的发展需要百家争鸣的局面。各门各派的一招一式都是一种积累，是不同文化精髓的传承。遗憾的是，近年来社会上出现了某些别有用心的人利用武术制造的业内乱象，如自封门派、招摇撞骗的伪大师，打擦边球的山寨社团，以炒作为目的私下约架，夸大吹牛、虚假宣传自己的技术与理论误导群众等。这些乱象的存在，抹黑了武术人的整体形象。

对此，2017年8月，国家体育总局印发《关于进一步加强武术赛事活动监督管理的意见》，对武术从业人员和习武人员列出八条禁令，明确规定：不得自创门派、私下约架、恶意攻击、相互诋毁、歧视他人；不得自封“大师”“掌门”“正宗”“嫡传”等称号，误导群众；不得以“拜师收徒”“贺寿庆典”等为名收费敛财，以及其他违背公序良俗的行为；不得背离武术精神利用“虚假广告”“虚假宣传”和“恶意炒作”等手段发表不当言论，造谣传谣或骗取钱财；不得伪造、销售“假运动员等级证”“假段位证”“假教练员证”“假裁判员证”或相关资格证书；不得通过武术赛事和活动从事赌博、诈骗、非法集资等违法行为；不得利用武术活动场所或指使纵容他人从事宣传封建迷信等非法活动；不得进行其他违法违规行为和活动。

有理由相信，这些规定必将对中国武术和中国传统文化发扬光大起到积极作用。

但有江湖的地方，注定有门派。既然不能自创门派，那门派究竟如何评定？据了解，民间希望认定新拳种，需提供翔实完整的资料，并经专家鉴定评审。

1982—1986年间，原国家体委针对拳种进行了一轮大范围的挖掘整理，按照“源流有序、拳理明晰、风格独特、自成体系”这十六字的基本方针，经过筛选最终认定了129个拳种。在那之后还有为数不多的拳种被认定。

如果希望认定新拳种，首先需向当地的武术运动管理部门和武术协会提出申请，并提供相应材料，待专家考察。材料内容包括记录拳种起源的完整资料、传承谱系、历史拳谱，以及能够作为佐证的各种文物等。若审核通过可向上汇报，接受进一步考察。认定过程，也需基于上述十六字方针。

随着社会的发展，人们的文明程度和文化水平不断提高，有人认为门派意识是提高和发展中国武术的一个障碍。我们看到体育院校武术教学似乎开始兼容并包。体育院校教学不再专注于某一门派。一个武馆也可能教数种拳。传承的规则在悄悄发生着变化。

思考题：武术还会产生新拳种吗？为什么？

三、武术商品化倾向

随着尊重知识、尊重劳动的观念深入人心，人们开始愿意为了知识和技能消费，而2016年，更是被称为“知识付费”的元年。武术作为一种运动技能，在冷兵器时代作为安身立命的技艺，其传承向来不是免费的。

武林中一直流传着穷文富武之说。说的是穷人家孩子想出人头地就去读书，学文化。因为学文化体力消耗小，书本也不贵，一旦考中，功名随之而来。

有钱人家方可学武。因为想要练就真功夫，必须吃大苦，耐大劳，云游天下，遍访名师。和人比武，伤筋动骨在所难免。其体力补充、路费、医药、器械、交友都需要花费时间和金钱。电影《神丐》中曾大业有一句话这样说：“习武可不是凭一股脑热气就行的，你家供得起吗?”

古代真实武林永远不像小说中的幸运主角。小说中的主角通常会得到高手传功、秘籍、灵丹等，数月甚至一盏茶的时间就能从庸手变成绝世高手，这在现实中是不可能的。高超的本领都是用金钱、时间、血汗换来的。

过去生产方式落后，整体生活条件很差。一般能把这个功夫传承下来的人都是富家子弟，要么就是王侯将相，要么就是很有钱的人，请来一个师父在家里面教自己的孩子。而如果你在这个社会上没有一定的地位，没有一定的经济基础，你饭都吃不饱是不行的。东西传给你不是一两天的事，它需要十年、二十年，甚至一辈子，需要有一个良好的生活环境、足够的资金支撑你专心致志练功。如果你天天忙于生计，没有时间练拳，师父再教也教不出来。功夫不息法自修，它是靠你具备一定的经济条件，自己日积月累修出来的。

富人练武是为了健身、防身。练好武，也能挣钱。拳师也爱传授一些家境、人品较好的学生。这样的学生尊师重道，也有能力孝敬师父，功成之后也不会成江湖匪类。

有些功夫对人是有要求的。比如，太极拳是需要人化掉自己的，不能用、也不能有拙力、僵力的，过去老前辈讲叫“肩不挑担，手不提篮”。因为用力结构方式的不同，从事体力劳作之后，可能功夫就白练了。这样来看，那就只有富家子弟，他们才有大量的资金或时间支撑他去练武术。

但穷人不可能做到这样。穷人不赚钱养家是不务正业，练出功夫了再用以挣钱要等到猴年马月。更重要的是有的穷人一旦有了本事很容易被声色犬马所吸引，打家劫舍，为非作歹，败坏师父、门派声誉。所以穷家子弟，拳师也不爱教。

武术从业者的商品化由来已久。俗话说“学成文武艺，货与帝王家”。旧时，保镖、护院、江湖拳师、武术教官等，都是以武术为职业，凭一身武艺换碗饭吃。武术界中早就流传着这样一句话，叫作“三十年前将钱换艺，三十年后将艺换钱”，一身好功夫又何尝不是谋生的本钱呢？

其实，师父教授徒弟付出了劳动，传授的又是真功夫，收取一定的费用名正言顺，没有必要遮遮掩掩。《西游记》中唐僧师徒费尽千辛万苦到达西天圣地，如来佛祖拿出真经，但条件是唐僧要拿出紫金钵盂来换。真东西就贵，值这个价，如果是假的，白给也没有人要。目前大家能接触到的免费的东西，很多是在浪费你的时间，消耗你的精力，就质量而言，与收费的不可同日而语。

社会商品经济的迅速发展和社会治安状况的不稳定，是促进武术商品化的根本原因。

商品经济社会，讲究市场化运作。韩国的跆拳道打进了奥运会，打入了国门，是最为成功的运作，让国人欲罢不能。武术的发展，也需要超越跆拳道的气概，大格局、大运作，因为它远比跆拳道优秀。

武术与谋生紧密联系在一起，武术的实用价值显得更突出。所以，实用技击、养生部分是武术体系中首先商品化的东西。

思考题：你是如何理解“穷文富武”的？

四、保持武术的民族性

（一）武术的全球化传播

中华武术博大精深，源远流长。1990年，国际武术联合会（简称国际武联）正式成立，总部设在中国北京。现有会员单位142个。2002年2月，国际奥委会第113次全会通过正式承认国际武术联合会的决定，武术同时成为国际奥委会承认的体育项目。在新的历史时期，伴随着“一带一路”和“中国文化走出去”的战略实施，武术已经成为我国对外交流的靓丽名片。2018年2月，中国外文局发布了《中国话语海外认知度调研报告》，在充分调研了8个主要英语圈国家后，根据认知度指数得分列出了认知度最高的100个汉语词汇，其中“少林”排在第1位，“武术”排在第6位，“功夫”排在第16位，这充分表明了少林武术在国际文化交流中的名片作用。

在经济全球化、网络全球化、信息全球化浪潮席卷世界的今天，各个国家地区的文化交流同步增多，文化全球化也成为一种趋势。党的十八届三中全会决议明确指出要“扩大对外文化交流，加强国际传播能力和对外话语体系建设，推动中华文化走向世界”，习总书记在会议上强调，要“弘扬中华优秀传统文化，扩大文化领域对外开放与宣传”。

“文化走出去”的战略规划告诉我们，开放合作、交流融合已经作为重要概念上升到国家层面。文化作为一种软实力，和经济、政治呈现出一种相互交融、相互影响的态势。文化的推广交流有利于增强不同国家和地区之间的认同，有利于提高不同主体之间的信任。更重要的是，文化能不能走出去，对于一个国家的国际影响力来说至关重要。推动中国文化走向世界，对于实现中华民族的伟大复兴具有积极意义。

积极推动我国的体育文化走出去，就要将民族的体育项目推出去，武术无疑是一个最佳的着力点。武术作为我国优秀传统文化的典型代表，源远流长，底蕴深厚。它植根于神州，从浩瀚厚重的中华文明中汲取营养，代表着中华民族独特的思维方式和处事风格，历传不衰，渐成体系。武术以细腻成熟的技术，丰富翔实的理论，以运动促进养生的指导思想而展现出强烈的民族性。

武术作为我国对外交流的一张名片，在国际社会中具有极高的知名度和广泛的影响力。例如，太极拳作为一种体育运动，不仅具有强身、健身、益智、防身的作用，更有着深厚丰富的文化内涵。在国际传播的过程中受到各国人民的一致好评，在世界范围内掀起了“太极拳热”。今天，武术已经成为中国元素和中国符号的代表，对于中国文化的国际化推广来说，武术具有很强的视觉识别效果。官方的重视，加上广大人民群众爱好武术这个基础，武术将来定会发扬光大，更好地走向世界，造福世界。

（二）武术的民族性

中国传统武术，首先从地域上来讲，必须特指是中国的。世界上的格斗术流派纷繁，诸如泰拳、跆拳道、空手道等，但此类格斗术，均不可称为武术。之所以如此限定，是因为中国武术不仅仅是一门用于格斗技击的技术，更是我国几千年来绵延相传的一种优秀文化。其中蕴含着我国优秀的传统哲学思想，中医理论，文学渲染，以及习武者的礼仪道德规范。因此，传统武术烙满了中国元素独特的印记，和其他格斗术有明显区别。

由此看来，中国传统武术作为一种极具生命力的文化，其流传不衰的根本原因，在于它无可替代的独特功能。武术本身具备着技击格斗、娱乐欣赏、促进交流等功能，但本质在于它的技击功能，这是传统武术不可替代的核心功能。由于受到我国传统哲学思想的影响，特别是儒家学说的影响，传统武术更多地讲求“用中守中”。由此发展，中国武术逐渐形成了旨在防身自卫、自保求安、保健养生的独特风格。

武术作为中国传统文化形态的一部分，其发展以中国传统文化为基础，倡导守静与中和。无论是道家的守静致柔、物我合一，儒家的诚心正意、孝悌谨信，还是佛家的舍己为人、讲求悟性，都在武术文化或者招式中有具体的体现。传统武术正是在中国深厚的文化底蕴上成长起来的一株奇葩，它有着鲜明的民族特征和风格，注重通过身体的锻炼对传统的哲学思想进行体会和感悟。如太极拳，通过具体的动作来表现阴中有阳、阳中有阴、阴阳消长。中国文化是传统武术固有的文化特征，因此武术的传播也体现了中国人的价值观念和生活方式。

（三）世界性与民族性的统一

目前向全世界提倡推广的武术不同于海内外广泛流行的传统武术，它是一种单纯追求竞技化的武术推广战略。武术追求竞技化，给武术运动的发展带来了严重的影响。比如，就套路竞技而言，武术演练的舞蹈化倾向偏离了武术技击性的本质特征。就散打竞技而言，与人们的心理期望和传统技击观大相径庭，批评之声不绝于耳。竞技化的武术将有可能失去武术健身性、娱乐性，技击性于一身的文化特征，脱离中国人传统的技击观念和审美价值观，失去武术的文化特点和固有魅力，难以符合人民大众的娱乐欣赏、追求情趣、防身健体的多层次的心理需求，不利于真正地把中华武术推向世界。如何让武术更符合奥运会比赛项目的特点，又能保持自身的独特性，这需要认真考虑。

我们知道，武术是中国文化所独有的产物，它不仅是民族体育项目，其表现出来的深厚的文化积淀、独特的运动风格、博大的内容体系、复杂的功能结构，是西方体育无法比拟的。武术作为一种与中国的民族精神、传统文化融会贯通的文化形态，是得以生存和发展的动力源泉及活力所在。

西方国家在发展过程中出现了一些难以解决的问题，开始重视中国文化，他们希望能从中国传统文化中寻找到一些有效的答案或有益的启示。特别是随着中国经济的快速发展，越来越多的国际友人想了解中国文化，而作为中国文化载体的武术则能够满足他们的愿望。因为具有传统特征的武术项目融合了哲学、中医、养生、气功、兵学等内容。而这些内容都是中国传统文化中具有代表性的部分。我们可以把传统武术所具有的这一特性称为文化性。

在未来的武术传播中，具有文化性、技击性、健身性、娱乐性的传统武术项目将更加有利于国际传播。21世纪体育所具有的健身和娱乐功能都是武术所具备的，而且传统武术中的健身、养生的方法与西方的健身方法有很大的不同，具有东方特色，因此很有利于国际传播。

2015年，作者到德国去进行了一次讲学活动，讲学的内容主要是关于武术文化的。讲到武术文化就要讲到拳，然后这些学员说，老师能不能教我们学拳。当时就用一天的时间，教他们实操中国的传统武术。在这个过程中，我发现西方人对于中国武术非常感兴趣，他们对武术动作中体现出来的文化甚至是着迷的。通过武术可以更深刻地认识中国传统文化，为人类正确处理个人、社会、自然的关系，提供一种新的认识工具和价值选择。

在武术的推广上，我们要处理好武术的民族性和世界性的关系问题。有一句话叫作“越是民族的，越是世界的”，世界对武术的认同上，你越是有民族特性，大家对你越感兴趣。民族性是武术走向世界的社会基础和内在依据，正是因为武术是中国传统文化的重要内容，它具有深厚的社会基础，才使得武术获得了走向世界的社会支持力。

武术的发展不能脱离自己的传统，不能脱离自己的本质内容，更不能离开自己原有的社会土壤，武术走向世界绝不是否定自己的民族性，而是在超越中肯定自己的民族性。实现武术走向世界的目标，必须以武术优良传统的继承和中华民族武术运动的大发展为前提，因而我们必须做到尊重武术的民族性，尊重传统武术的地位，不去迎合竞技体育的要求。在全民当中普及武术运动，它能够为提高民族的体质做贡献，有助于弘扬武术的精神功能。

当然，武术的大发展离不开世界和人类的大舞台，要求我们用时代精神去充实改造传统武术，对武术传统当中的封闭保守和迷信色彩，以及唯我独尊的陋习等惰性力量加以清除。认清传统武术中的精华，在保持武术的独特的文化个性的同时，对武术的形式和内容加以恰当的改造，把更科学化的武术奉献给世界，为人类的发展做出贡献，这样也必将使武术获得更大的发展空间。

思考题：武术的民族性体现在哪些地方？如何保持民族性？

第二节 今日武术观

武术发展到今天，功能呈现多元化，表现形式呈现多样化。面对这种变化、甚至异化，人们议论纷纷，或哀叹传统的遗失，或否定精华的存在。真实的武术到底应该是什么样子，武术应该如何与现代社会融合，为现代社会服务，我们该如何评价当今的武术发展现状等问题，需要我们思考与回答。

一、破除神秘化

说起武术，人们首先想到的一般是一些武功盖世、叱咤风云的英雄豪杰、侠客义士，例如，郭靖、乔峰、展昭等。他们的故事在我国可谓是妇孺皆知，为民众所津津乐道。与这些英雄侠客同样为人们熟知的，就是那些异彩纷呈的武林绝学。哪怕黄口小儿相戏之时，口中也必然是“降龙十八掌”“乾坤大挪移”等盖世神功。

在现实生活中，我们说起武术中的描述，也会疑云丛生。“刀枪不入”“隔山打牛”“踏雪无痕”“飞檐走壁”等等这些词汇描述的功夫，到底存在不存在？对此，有些人说古时候是存在的，现在的人们把它传承丢了，有些人根本就不相信，往往嗤之以鼻。

实际上，这些东西并不神秘，它主要牵涉到我们如何认识、理解的问题。

一是到底什么叫飞檐走壁？到底什么叫踏雪无痕？我们今天理解的是否与前人相一致？这些东西很多没法考证，也没有翔实的记载。中国武术在正史上记载的并不多，很多东西都是传闻的东西。现今我们主要是通过武侠小说、古人的文学作品以及一些影视作品来了解这些功夫的。在人们充分发挥了自己的想象力之后，飞檐走壁、踏雪无痕的真实面目或许并非我们今天所想象的那样。

古时的踏雪无痕，应该是那些武林高手藏匿自己行踪的一种技能。这些高手爆发力、弹跳力或他的攀爬能力远远高于正常人、普通人的认知水平。他突然间一转身，就很快速地离开了，脱离了你的视线，在你意想不到的角度，让我们找不到他的痕迹。可以把它理解成形容人的行动非常迅速，就像个侦察兵一样，他到一个地方忽然就消失，你找都找不着，连一点踪迹都没有。随着现代科学（现在的红外线显影、卫星识别、热成像等技术）的发展那些常见的军队伪装术已经落后了。但在我们国家古代或者没有现代技术的情况下，他的隐身伪装能力要高的话，你发现不了他，可能觉得他跑了，其实他可能藏起来了。

现在有一种运动形式叫跑酷，也可以展示出攀墙走壁那种效果，其实这个就很像过去的轻功。古时轻功的练习可能从三岁就开始，要蹦坑，就是挖一个坑，一点一点往外蹦，要蹦到长大，那他的弹跳力各方面的能力就会相对比较强，那肯定会比现在的跑酷会更强一点。

但今天把踏雪无痕想象为一个人踩到雪上都没有脚印，那就想错了；走到草地上，那草都不倒，肯定是一种夸张的想象，就不切合实际了，就违背了科学原理。

另外需要我们注意的是，以影视片和小说中的武术代替真正的武术是不可取的。现实中武侠小说多为幻想小说，武侠片也大多是幻想片。最初国内拍摄的一些武侠片，如南拳王、少林寺还都算是中规中矩的武侠片，虽然对武术有一定的演绎和夸大，但是不离谱。

但到了今天，随着特效技术的进步和特技装备的升级，武侠片已经被夸大到无与伦比的地步，动辄上天入地、移山填海，堪比神话小说。一些恢弘大气的场面和新奇有趣的特效也做了出来，例如，东方不败练个葵花宝典就能行动如飞，段誉练个北冥神功可以吸别人精力，这样的功法只能出现在文学作品中；六指琴魔弹个琴千军万马就炸飞崩溃，吸星大法能把人吸成一个团，这些都是影视拍摄中为了画面感采用的技术手段。

事实是，六脉神剑、一阳指、独孤九剑、辟邪剑法、灵犀一指、神照经、连城诀等绝世武功，在真实武术中是不存在的，这些都是小说家发挥想象力的产物。而武侠作品里面普遍存在的轻功，像一个跟头翻十余丈，水上漂、草上飞，恐怕只有孙悟空才能做到。

想想看，要是国人有这样的功夫存在，奥运会金牌我们能完全包揽吧。

艺术的夸大和想象，这种例子在国外也并不鲜见。诸如施瓦辛格一个人杀光一支部队啊，拳霸一个人打赢几十人啊，现实中是不可能存在的。对于这类影视作品，大家要有个清醒的认识，不能当作真实来看。

同时，我们还应该相信人体存在着无限的可能，科学的探究是没有止境的。很多东西现代科学不一定能完全解释，就像中医的经络一样，我们看不到，但是它确实在针灸、按摩过程中存在。武术中一些特殊现象，用现代体育的运动力学、运动生理学一般能够解释，但是也存在一些解释不通的现象。但是只要是这种现象存在、可重复，就一定有它内在的科学原理。随着科技的进步和我们对世界认识的加深，会将这些现象背后的原理一步步地揭开。

中国武术因为是在冷兵器时代形成的，有几千年的传承。但是科学发展到今天，武术中一切不符合力学原理、人体原理的都是不正确的。就像有的大师展示的太极拳打人技术，不接触人，人都飞出去了，靠一种气，这是不存在的，是一种宣传。同时这对传播中华传统文化是非常恶劣的一个行为。任何事情一定要讲究科学，武术也不例外，只有符合科学，才能沿着规范的正确的道路前进。

思考题：你是如何看待武术中的诸多神功的？

二、武术养生风光无限

2015年5月，国务院办公厅印发的《中医药健康服务发展规划》中提出大力发展中医养生保健服务，推广太极拳、健身气功、导引等中医传统运动。2016年10月，中共中央办公厅、国务院办公厅印发的《“健康中国2030”规划纲要》中提出扶持推广太极拳、健身气功等民俗民间传统体育项目。2017年5月12日，在体育总局与卫计委（现为卫健委）体医融合工作座谈会上，赵勇强调：“体医融合势在必行，迫在眉睫。要以关键环节突破带动体医深度融合，让老百姓不得病，少得病。”

随着科技的进步与现代武器的普及，传统武术已渐渐失去了它纵横沙场的决人生死的生存土壤。但是武术并没有因此而衰落，反而是更加地繁荣。人们对于武术的诉求也不仅仅是力量层面的向往，武术也不再是血淋淋的字眼。武术开始在健康方面崭露头角、大放异彩。这无须好奇，武术的本质虽然是格斗技击，但立德树人、健身养生从来就是它功用的一部分。武术保留下来的并不是“最厉害”的技术，而是“最适合现代需要”的技术。

其实这种思想的转变由来已久，早在民国时代，太极拳一代宗师孙禄堂从程廷华死于快枪一事中，就悟出来在热兵器时代练习武术之作用在于养我浩然正气，改变人的气质。

中华武术的哲学基础是儒释道理论，武术养生的核心是“精气神”，武术养生更重视内部功能的保养与调节。与现代很多健身相比，武术养生术更适合于中老年人。但这并不说明不适合年轻人，练习武术既能了解中国的传统文化，提高修养，又可以强身、健身、防身，同样也是很适合年轻一辈的人。

武术养生是一种高层次的活动，是一种凝结智慧的修炼，它可以提高身体素质，增强和维护生理功能。作为一种整体运动，要求内外合一，所有动作都要求身体各部分以及内在精神的协调配合，这样身心各部分都得到了锻炼，从而全面提高或维护练习者的柔韧、反应、灵敏、协调、力量、速度等身体素质，调节身体内环境的平衡，调养其气血，改善内在机能。

武术养生又能锻炼意志，其武德训练是一种使人心态平衡的修养方式，可以提高人的精神境界，降低人的欲望，解决期望与实际结果之间的差距造成的心理不平衡问题，保护人的身心健康。

传统武术的练习，将人的生理健康、心理健康和人生哲学联系在一起，相互作用；把心态平衡、延年益寿和生活情趣融为一体，兼而得之，较好地把健身养生结合起来。

当今中国经济发展很快，人民生活富裕，再加上老龄化社会的来临，人们更注重身体健康。蕴含中华民族传统文化的中华武术，除了可以防身，其最重要的功能就是强身健体，适应现代社会需求，武术养生功能将更加凸显，武术的养生必将会掀起一股潮流。

相信武术养生功能的开发，必将推动武术的进一步传播和发展。

思考题：面对老龄化社会的来临，武术可以发挥什么样的作用，如何发挥？

三、传统武术与现代搏击

这里的现代搏击并非指的是产生于现代的技术，而是指近代以后传入我国，并且竞技化的格斗项目，主要是指拳击、综合格斗、泰拳、跆拳道、日本柔道、巴西柔术、截拳道、合气道等。目前我国现代搏击发展也如火如荼，《武林风》《昆仑决》《笼中对》等，催生出一大批如王洪祥、一龙等搏击明星。

近两年，似乎每隔一段时间传统武术都会莫名其妙地“躺着中枪”，总有人爱拿中国传统武术与其他格斗技术相比，大有一种围观或围攻之势。在网络上一些“传统拳种（如太极拳、形意拳、咏春拳）和现代搏击（如散打、拳击、综合格斗）哪个厉害？”的争论更是从未停止，日甚一日。由此而产生的各种洋相百出的“约架”更是赚足国人的眼球。

在这种环境下，“民族虚无主义”者、崇洋媚外者、自以为是者、人云亦云者，开始在网络上肆无忌惮地抨击传统武术，大有“除之而后快”的意思。其激进者称传统武术为“破鼓”，使传统武术成了弃儿，认为在这个注重格斗和“战绩”的时代，传统武术无法与现代搏击抗衡，主张传统武术被淘汰，被彻底遗弃。实际上，这种论调是很偏激、片面的，是对传统武术的不了解。

我们就拿太极拳来讲，熟悉其历史的，都会知道它毋庸置疑的技击属性。

相传，杨露禅的扬名源于一次宴会上的表现。在京城里，有一张姓富豪，开小店出身，人称小铺张，后来富裕了，便雇有拳师数人看家，顺便教一班富家子弟学拳练武。一次，张府宴请杨露禅等拳师。小铺张见杨露禅身材瘦小便有些看不起，问道："杨先生，你的绵拳能不能打人？"杨露禅说："我这绵拳除了铜人、铁人、石头人不能打，爹生娘养的、有血有肉的都能打！"小铺张又说："你能不能与在座的各位比试一下呢？"杨露禅说："好！我就和各位师傅亲热亲热。"

拉开阵势，杨露禅与一拳师过招。一举手，对方立即跌出几丈开外。另一拳师见状，不服气，扑了过来，只一招，也跌了出去。其余拳师不敢再比。小铺张大惊，马上吩咐重摆酒席，请杨露禅上座。杨露禅见小铺张如此势利，愤然离席，扬长而去。这事很快传播开来，北京各门派的代表人物一一找上门来切磋技艺，无不铩羽而归，杨露禅也得了一个外号——"杨无敌"。他的儿子杨班侯脾气火爆，实战记录比较多，后来继承了父亲"无敌"的英名。

今天，传统武术与现代搏击相比，似乎实战能力受到怀疑。造成这种状况的原因在于以下几点。

首先，现实的传统武术和现代搏击侧重点不同。

传统武术蕴含着中华民族对搏击之道的独特理解。它既不同于那种张扬自我、崇尚刚猛的欧美拳击，又不同于极具岛国文化特色的日本空手道，也不同于带有浓烈热带丛林气息的泰拳。中国武术讲究刚柔相济，内外兼修，既有刚健雄美的外形，更有典雅深邃的内涵。

传统武术不仅仅是搏击术，它饱含着哲理，深蕴着先哲们对生命和宇宙的参悟，以一种近乎完美的运动形式诠释着古老的东方哲学思想，追求那种完美而和谐的人生境界。技击、养生并重，"详推用意终何在，延年益寿不老春"。

武术是一种文化，不单纯以打倒对方为目的。电影《精武英雄》里面，日本老武师问李连杰演的陈真最好的拳是什么？陈真说是最短时间把别人击倒的拳。日本老武师说你完全错了，最短时间击倒别人应该是用手枪。而练武的最终目的是强身健体，使人的意志和身体素质达到极点。

传统武术盛行于明清时期，历经五百年左右，曾经在战场上发挥出它的威力。今天这个时代，冷兵器的肉搏战已经基本不存在，更不要说徒手肉搏。传统武术在当代，主要以养我浩然正气为追求。

而现代搏击从一面只追求的就是抗击打能力和攻击力。他们以打为职业，简单直接，年龄、体能均是最佳状态，现役重量级选手打普通人头部，最多三拳可以打死或重伤一个人。但这种纯粹以打为目的的项目，副作用极其明显。格斗练习多了，或多或少都有后遗症，甚至会出生命危险。老年拳击手基本都为职业后遗症所苦，拳王阿里也有严重的帕金森综合症，就是脑部被多次重击以后的结果。

其次，传统武术格斗能力呈持久性特点。

要说传武能不能打，那要看和谁打，传统武术如果遇见一般的地痞流氓，碰瓷儿的无赖，普通百姓，肯定是能派上用场，毋庸置疑。如果要是上擂台和职业选手去打，肯定要吃亏。这是因为民间武术大多没有经过格斗对抗性训练，因此在擂台搏斗中攻击与防守的意识跟不上，力量也不足，很容易吃败仗。

所谓格斗，就是打，每天都要打，在实战中练习。这对于业余武术爱好者来说根本就是不可能的，也没有必要。所以，普通业余习武者根本不能和专业拳击手和散打运动员匹敌，因为这种对抗是有失公正的。而优秀的运动员也明白这个道理，所以也对传统武术给予尊重，并不会与传统武术练习者对垒。

拳击是对抗性最强的运动项目，除了练基本功以外，唯一的训练就是对抗，一切都以对抗作为标准。拳击是非常实用的格斗技巧，也很容易上手。它的拳路很简单，就只有直拳、摆拳、勾拳，没有中国武术繁杂的套路。但实战中，越简单的就越有效，拳击比赛最大目的就是击倒对手。所以两个身体条件相同的人，一个人练拳击，一个人练传统武术的套路，一月后、一年后两人对打，拳击手获胜的可能性更大。

奥运会的拳击运动一直不允许职业拳击手参加，因为职业拳击手受到的训练和业余选手是天壤之别。一个是为了体验运动快乐，靠得分和技巧获胜，一个就是完全为了钱，靠击倒甚至杀了对方获胜，让职业选手和业余选手对战，本来就是不公平的。

传统武术界有着很多厉害的高手，但因为传统武术的自身特点所决定，半年一年的短期练习不容易超过拳击的练习水平，因为毕竟拳击就是单纯的格斗技巧，针对性极强。

传统武术的训练方法下，习练者技击能力提高得很慢。但正是由于这种踏踏实实和稳步增长，使它保持的时间更长。短期内现代搏击手的技术能很快得到提高，技击效果要优于中国传统武术。长时间看，传统武术技击效果要优于现代搏击。一个现代搏击手用现代体育的训练方法，三年技术就很成熟了。其身体的弹跳力、爆发力、反应能力强于传统武术爱好者，但十年、二十年后就开始退化。反观那些练习传统武术的，年龄达六七十岁了，还能生龙活虎地运动，并且技击水平保持着进步。

最后，一些比赛规则限制了传统武术的发挥。

现代搏击有专业市场推广，有强大的资本支持，制定了一套完整而科学的比赛规则，因而发展迅猛。第一，体重，也就是你属于什么公斤级；第二，击打方式采取哪种规则。MMA中，按体重分为各种级别，全开放攻防（不准插眼，踢裆，打后脑，倒地膝击头等）基本上以降伏获胜。

传统武术商业化之路刚刚探索。传统武术讲踢打摔拿，分筋挫骨，点穴闭气，四两拨千斤。擂台上相应的科学的实战比赛规则尚未出台。

应该说，不同的规则对选手限制很大。如果不按照搏击规则比赛，不限制比赛规则，搏击选手也未必有把握打赢民间武术爱好者。

同理，拳击什么都不怕，就怕散打。因为拳击用拳，散打主要用腿，近处还可以摔。两个高手对打，拳击手不容易打到散打手的近处，就算到了近处由于存在散打摔法，攻击很难奏效。但如果散打不允许用摔法，拳击手只要找到对方破绽，近距离勾拳攻击还是有一定把握的。一旦近距离攻击成功，散打手很难应付。

至于散打对泰拳也是这样，散打不能用膝盖、手肘，主要是这两者杀伤力太大，搞不好就会出人命，太危险。但泰拳可以用膝盖、手肘，导致他们攻击力很强，副作用也就很多，泰拳手被打死的现象时有发生。

当然没有格斗性和观赏性的格斗，也是较难生存的。这也需要有国家牵头，像跆拳道、空手道一样以国家意志进行科学研究，找出最具有格斗性的技巧加以发展推广，研制出符合中国武术特征、能展示中国武术特色的竞赛规则；同时传统武术传承人也要增强对练与单操，提高武术的格斗性，以此来推动中国武术对抗竞技的发展。

今日的传统武术已经远离战场许多年了。传统武术要想提高实战能力，必须转换思维方式，去接受和了解现代搏击，知己知彼，才有正确认识和发展。

思考题：一些人认为武术不如现代搏击，你对此有什么看法？

四、形式各异的武术种类将长期并存

5000年的中华文明史，文武相承相传。

“二战”后，全球用“竞技体育”方式来消除“二战”余下的戾气。新中国顺应国际形势，大力发展竞技体育，导致中国武术被卷入体育范畴，以比赛、竞技等形式“发展”至今。然而以奥林匹克精神所推动的竞技体育，其使用的规则，与中国传统武术“止戈为武”的核心思想迥然不同，两者之间难以拟合、厘定，导致当今中国武术形成以表演为主、以竞技为主和以民间传统功夫为主的不同概念不同表现形式的武术并存的局面。

思考题：竞技武术可以代表武术吗？为什么？

以表演来展示的“武术”，追求的是高、难、美、新，是舞术，无法展示出武术真正的实战作用与效果。为实现中国人的“武侠梦”，在20世纪70年代末演化出一项“散打”运动，糅合了中国武术踢、打、摔、拿、推等多种技巧。“散打”的出现，使中国武术第一次有了完整的竞技体系。2004年，随着《武林风》的出现，中国竞技武术飞速发展。但竞技武术的散打毕竟是瞬间艺术，以竞技方式所展示的武术，形而下不能体现武术的杀伤性所带来的震慑力；形而上不能体现武术对修习者精气神综合素质的提升。因此，若以武术效果和竞技结果去衡量武术的效果，是落入了错误的桎梏里面，没法了解真正的中国武术。更糟糕的是以表演和竞技为目的展示的武术，使得很多人将武术局限在观赏性与竞技性范围内，而忽略武术对修习者带来的“消停侵袭”、强大内心的核心价值，导致对中国传统武术的误解，不利于中国武术的修习和传播。

竞技，是以体育为基础，以展示体育成果为目标的社会活动形式。竞技体育是在西方现代解剖学主导的框架下解释的运动形式，它不能涵盖中国传统武术所包涵的对修习者除身体之外在精、气、神等综合方面的提升。2015年3月

19日，国家体育总局武术运动管理中心陈国荣副主任，在对中国武术的历史和社会地位等问题进行了全面阐述后，重新将武术与体育的关系进行定义：中国武术不仅涵盖了西方体育的多种运动形式，而且，还拥有独特的东方传统运动形式、深邃的思想和厚重的文化。从这个角度来说，中国武术不是隶属于体育，而是体育的上位概念。

历史发展到今天，冷兵器时代已经结束，人们练武术更多的是追求身心的愉悦，或者追随管理者的意志去做竞技，打比赛，拿金牌。民间练习的传统功夫尽管没有用武之地，人们也不会丢弃这个武术的本质特征，写入了英文词典的Kung Fu（功夫）并不会消亡。

以表演为主、以竞技为主和以民间传统功夫为主的不同概念、不同表现形式的武术并存的局面将会长期存在。

第三节　练武是一种人生归宿

前面我们从不同的侧面，探讨了武术的现在和未来。

无论如何，武术的未来离不开人，离不开人们从时间和精力上的投入。

在现代社会，每个人都有属于自己的生活方式，每个人也都有自己的人生归宿。

练武的人把武术变成了自己生活中不可缺少的一部分，视武术为自己生命的一部分。虽未必一出生就开始练，但必定与生命相始终。

练武是一种生命方式，当然也是一种人生归宿。人生在世，必将有所希望，有所寄托，艺术家们寄托于艺术创造，官员们希望不断升迁，商人们幻想发大财，贫穷者盼望小康，小康者渴求大富。希望所在，不知有多少人被搞得如醉如痴，如颠如狂。他们“使自己的生命活动本身变成自己的意志和意识的对象”，这是一种生命的异化现象。可以说，人生的希望寄托，本身就意味着一种生命方式。

练武的人同样是“情有所钟”，他们希望功力与日俱增，念念在兹，拳不离手，殚精竭思，锐进不已。他们耗智劳心，付出了巨大的体力和智力的代价，日复一日，年复一年，以岁月的流逝换来了功夫的长进。他们为练功吃过不少肉体上的苦头，甚至要面对在空手道已然登陆奥运、泰拳即将进入

2024年奥运会、瑜伽成为联合国教科文组织非物质文化遗产、击剑和剑道成为都市时尚运动的时候，一些国人对于传统武术的怀疑、否定、挑衅、嘲讽和向传统武术的屡屡发难，他们忍受寂寞和清贫，忍受误解和嘲笑，怀着一颗痴心坚守在武术文化的家园里，默默地传习师父和父辈留下的艺业。他们深知，这些艺业是一种历经了时代和岁月的文化遗产，是一种从历史中走来的武技和武艺，附带着一代代人的情感和故事。如果说武术是“道”的层面的技术和文化，那么传统的一路相守与承载恰恰就是为“道”提供丰厚的素材。为此，他们作为苦心人、有心人和痴心人，爱着、追寻着、传承着，甘愿经受许多精神的磨难。

但他们也从练武中获得了许多常人所无法领略的乐趣。当他首次一掌劈开一块厚砖的时候，当他首次在众目睽睽之下一拳将对手打倒在地的时候，当他动辄放人丈外、震慑四座的时候，当他扶弱解困，痛痛快快完成一桩义举之后，他的心头会陡然间升腾起一种莫名的自豪感，他会突然之间发现了自己的价值，觉得自己高大了许多。

自信、自豪、陶醉、惊喜、回味，许多种难以名状的复杂的感触一下子全都涌了上来，再回忆起练功的艰苦，只用两个字便可作结，那就是“值得”。

今天的中华武术，凝结着两千年来无数先人的心血智慧。也可以说，正是有了两千年来无数武林中人的上述生命方式的积淀凝聚，才有了今天的中国武术。

今天的中国武术之所以充满朝气与活力，也正是此前无数武林中人的心血。一代又一代的武林高手把自己的练功心法和武功精要辗转下传，犹如自己的生命得到了延续。岁月如流水，一代复一代，我们后人至今仍能依稀见到前辈高人的丰姿侠影，令人感慨不已。

这种生命延续方式恐怕是没有止境的，董海川、郭云深、杨露禅走了，又有了孙禄堂，孙禄堂走了，又有了王芗斋，王芗斋走了，又有了李小龙，李小龙走了，又唤起了张小龙、赵小龙、刘小龙……只要中华民族在地球上存在，中华武术的生命就一定会延续不息。

在中华武术的漫漫长河中，已经不知有多少人从中找了自己的归宿。他们曾经轰轰烈烈地活过，又悄然淹没在历史的尘埃之中。他们把自己的生命，或部分、或全部默默地奉献给自己心爱的事业，犹如对情人的眷恋之情，终生不渝，无怨无悔。今后，还将有人继续这样走下去，像他们先辈那样，顽强而坚定地走向自己的人生归宿。“问世间，情是何物，直教人生死相许？”武术家们以武术为生命，生不可离，死而后已，想来也是一种人间至情，大可当得起这“生”“死”二字了。

武术是一种生活方式。禅宗注重当下的感受，说你把每个当下做好，连接在一起就会拥有精彩的人生。我要说，人生没有彩排，每一场都是现场直播，把握好每一次演出，便是对人生最好的珍惜。

我希望传授给学员的正是这种孜孜以求，不忘初心的生活方式。不管你传承功夫，还是从政、经商办企业，都要拥有这种积极向上的人生方式。和一群志同道合的朋友奔跑在理想的道路上，回头，有一路的故事，低头，有坚定的脚步，抬头，有清晰的远方。生活充满了希望和美好，人生是满满的正能量，有此，足够！

念念不忘，必有回响！

最后，愿更多的人能从武术文化中受益，祝各位学员身体健康，人生幸福美满，事业有成！

思考题：许多武术家为了武术奉献一生，你对此怎么看？

阅读延伸

杨明漪《近今北方健者传·董老公》节选

董老公海川者，大侠也。少至少华山（或曰桃花山，有谓在浙者有谓在苏者）见二小僧以掌向树旋走，董讶之，僧曰是拳术之精也；董恃其武勇，与其一角，蹶焉；乃谒老僧，尽传其术。僧劝其出家，董不肯，僧送之，嘱曰：勿忘勿忘，终以出家为归也。嗣后董迫于境，熟忆僧言，以为阉人无家，得无出家谓此乎？遂自净身（自宫之称），入肃王府，司菜盘役。是时清廷禁汉人拳勇，而觅精拳勇者教其子弟，或养之使老死于酒食，以弭隐患，肃王其著也。肃见董之矫捷，嘱某拳师教之技击。一日董独与拳师俱，谓拳师曰：君术啖饭具耳，无裨实用；拳师忿，董授拳师枪使刺己，拳师刺之，董以掌拨枪退走，无如董何，逼墙际，拳师觑准，尽力刺之，枪入墙者三寸，董坐墙上焉；笑语拳师曰：师力何猛也，予岂妄言哉！然君自拳师，予自太监，各事其事，食其食，相安可也，无避无宣。久之，有闻于王者，王薄试之，信，遂进董代拳师。董授人以罗汉拳，不甚传八卦掌。晚思所以宏其传，乃出王府焉。其弟子之著者，曰梅马，曰眼镜程，曰李存义，曰翠花刘，曰程四（眼镜程弟）。

明漪曰：董之事迹，都下人道之详且多，不胜载，载有其证者。董之老且死也，门人有倚其背以为之易裤言者，董怒，背之，言者由董顶上翻筋斗仆于二丈外；棉缀时，幽将瞑矣，门人抚其衣，董惊起拔壁间刀，欲斩，见为门人也，曰吾谓谁何人，孩子们耳，弃刀复卧；又以两臂作换掌式，嘱门人重视八卦，至将所衣马褂磨烂云。又闻之于周详云，有人谓董初避匿京西某庙中，见塑神群起环走，董杂其间，而得八卦掌；此则故神其说，不足信。然八卦掌传于董，必非始于董，则太极八卦之拳理，上与河洛数合，古哲之遗远矣。吾国拳术源流之失传，不止八卦一门，而倡之者，方以拔本塞源鸣天下，呜呼学事日偷，可以观世变矣。

【本章小结】

（1）随着祖国的繁荣富强，社会物质文明、精神文明的极大进步，国家对传统文化建设越来越重视。武术的教育价值、经济价值、健康价值逐步得到发掘，武术迎来了发展的春天。

（2）社会尊重知识、尊重劳动的观念深入人心，人们开始愿意为了知识和技能消费。武术作为一种运动技能，在冷兵器时代作为安身立命的技艺，其传承向来不是免费的。而“穷文富武”的说法，在特定的历史时期内，也有其内在的含义。

（3）社会中有门阀氏族，武林中有武术门派。不同的门阀氏族组成了人们所生活的社会，不同的武术门派组成了异彩纷呈的武林。我们将武术门派界定为：习练同源拳术的群体组成的社会组织，一般按照地域或者习练拳种划分。拜师其实是一种形式，通过拜师这种形式建立起类血缘的技艺传承关系。在这种关系的基础上，师父言传身教，耳提面命，把真正的武术精华传授给徒弟。

（4）热兵器时代和法治社会的到来，武术传播展示出了开放的胸怀与姿态，为一门一派所专有、独有的武术，开始作为中华民族共同的文化遗产而得以弘扬。但是不能否认的是，在相当长的一段历史时期内，门派意识伴随着其背后的思维逻辑，都限制了武术的传播。同时从传承的角度来讲，这种师徒、父子之间的教授模式，也使得武术拳种在传承方面做得更好，利于武术拳种原生态留存。

（5）在新的历史时期，武术已经成为我国对外交流的靓丽名片。武术蕴含着我国优秀的传统哲学思想、中医理论、文学渲染、礼仪道德规范、思考方式和生活方式。因此，传统武术烙满了中国元素独特的印记，具有很强的民族性。在保持武术独特文化个性的同时，我们需要对武术的形式和内容加以恰当的改造，把更科学化的武术奉献给世界。

（6）武术中一切不符合力学原理、人体原理的动作都是值得商榷的。任何事情一定要讲究科学，武术也不例外，只有符合科学，才能沿着规范的正确的道路前进。

（7）由于科技的进步与现代武器的普及，传统武术已渐渐失去了它纵横沙场的决人生死的生存土壤。但是武术并没有因此而衰落，反而是更加繁荣。人们对于武术的诉求也不仅仅是力量层面的向往，武术也不再是血淋淋的字眼。武术开始在健康方面崭露头角、大放异彩。这无须好奇，武术的本质虽然是格斗技击，但立德树人、健身养生从来就是它功用的一部分。武术保留下来的并不是“最厉害”的技术，而是“最适合现代需要”的技术。

（8）首先，传统武术和现代搏击侧重点不同，中国武术蕴含着中华民族对搏击之道的独特悟解。其次，中国传统武术格斗性训练呈持久性特点。最后，一些比赛规则限制了传统武术的发挥。

（9）以表演为主、以竞技为主和以民间传统功夫为主的不同概念和形式的武术并存的局面将会长期存在。

（10）练武是一种生命方式，当然也是一种人生归宿。

【复习题】

1. 选择题

（1）2002年2月，国际奥委会第113次全会通过正式承认国际武术联合会的决定，<u>B</u>同时成为国际奥委会承认的体育项目。

A. 太极拳　　B. 武术　　C. 功夫　　D. 少林拳

（2）社会商品经济的迅速发展和<u>C</u>的不稳定，是武术商品化的根本原因。

A. 国际局势　　B. 社会　　C. 社会治安状况　　D. 收入

2. 判断题

（1）武术中的“一人当百，百人当万”是不可能的。（对）

（2）中国武术的精华大多保留在民间。（对）

（3）武术是技击、养生并重的，当今主要是用于技击。（错）

3. 讨论题

（1）武术未来发展的趋势是什么？谈谈你的理解。

（2）为什么说练武也是一种生活方式？

结束语

如果选择了习武生涯，你应当了解确保学有所成的若干重要事项。下面是成熟的习武者提供经实践检验有效的一些策略建议，写在这里供读者参考。

（1）习武成功三要素：明师、勤奋、悟性。明师能把武学原理讲明白，会教人。勤奋是老师肯教、学生肯学。悟性则指能举一反三、创新学习。

（2）习武一定要拜个导师，它能让你少走很多弯路。要知道，很多知识都可以自学，唯有习武不行，它需要师父的身传口授。

（3）习武修行，你不能不认真，但也不能太认真。不认真你真的练不出来，太认真容易出偏差。所谓“拳无拳，意无意，无意之中是真意”。

（4）拜师学艺是“师择徒，徒亦择师”。好老师加好学生等于好功夫。交点学费是对双方的约束，促使教者认真传授，学者珍惜机会。大多数师父不会因学费与弟子计较，当然也会拒绝装穷之人。

（5）出工又出力为“功”，二人一起练为“夫”。好功夫是你花时间和精力与他人一起练出来的。

（6）武功的本质是技击。习武不能防身，一定是没学到真功夫。功夫两个字，一横一竖。对的，站着；错的，倒下。只有站着的才有资格说话。

（7）初涉武海，广泛涉猎各类武术资料，会使你什么也练不成。但你日后真的成长起来时，会发现原来看的资料帮助了你很多。

（8）练武的过程是由爱练到不爱练，再由不爱练到爱练，最后的爱练是一种境界。当你意识到时，你已经超越了很多人。

（9）每天都教你一些新鲜招式的老师，一定不是个好老师。记住：所谓的绝招，就是简单的动作重复练。

（10）好看的武术不一定实用，实用的武术不一定好看。

（11）习武者不仅要在武术擂台上夺冠，更应该在人生的擂台上夺冠。

（12）你本性是好的，功夫再好也无妨；你本性是坏的，功夫练好了只会使自己死得更快。

（13）当众打败几个别人都知道他练武，但什么也没练成的人，你很快就出名了，同时你也就失去安静的生活了。

（14）一旦一个人开始练武了，便注定今后打架只许胜不许败了。一个习武之人，宁可把别人打伤然后花钱为他疗伤，也决不可被别人打伤去住院。钱可以再挣，脸面却不是那么好挣。

（15）受欺负而无动于衷的人，不是很愚蠢就是很智慧的人。

（16）作为习武人，有人找你切磋，你们之间的关系再好也不可以对他客气，对他客气了你便留下后患了。

（17）习武是一种生活方式，就像有人花大把的时间打麻将、跳舞、下棋一样。幸运的是你对能防身、健身的习武有兴趣，并且越专注、越持久，价值越大。

参考文献

［1］陆草. 中国武术与武林气质［M］. 郑州：河南人民出版社，1990.

［2］韩雪. 中州武术文化研究［M］. 北京：人民体育出版社，2006.

［3］武冬. 24式太极拳入门与提高［M］. 太原：山西科学技术出版社，2006.

［4］李诚. 习武必读［M］. 北京：北京体育学院出版社，1991.

［5］温力. 武术与武术文化［M］. 北京：人民体育出版社，2009.

［6］刘明亮，高静. 武道纵横［M］. 北京：人民体育出版社，2012.

［7］林伯源. 中国武术史［M］. 北京：北京体育大学出版社，1994.

［8］汤一介. 中国传统文化中的儒道释［M］. 北京：中国和平出版社，1988.

［9］张岱年，方克立. 中国文化概论［M］. 北京：北京师范大学出版社，1994.

［10］李绍连. 永不失落的文明——中原古代文化研究［M］. 上海：学林出版社，1999.

［11］陈江风. 汉画与民俗——汉画像研究的历史与方法［M］. 长春：吉林人民出版社，2002.

［12］孙禄堂，孙婉容（校注）. 孙禄堂武学集注［M］. 北京：人民体育出版社，2016.

［13］董跃忠. 武侠文化［M］. 北京：中国经济出版社，1995.

［14］刘乃和. 中原文化与传统文化［M］. 北京：高等教育出版社，1996.

［15］河南省武术挖掘整理领导小组. 河南省武术拳械录［M］. 郑州：河南省武术挖整领导组，1985.

［16］《中国武术拳械录》编纂组. 中国武术拳械录［M］. 北京：人民体育出版社，1993.

［17］河南省武术协会. 少林武术［M］. 郑州：河南科学技术出版社，1984.

［18］洛阳市体育运动委员会体育志编纂领导小组. 洛阳体育志［M］. 北京：学苑出版社，1990.

[19] 杨玉厚. 中原文化史 [M]. 郑州：文心出版社，2001.
[20] 全国体育院校教材委员会. 中国武术教程（上册）[M]. 北京：人民体育出版社，2004.
[21] 德虔. 少林功夫词典 [M]. 北京：北京体育学院出版社，1987.
[22] 《少林寺与少林拳》编写组. 少林寺与少林拳 [M]. 广州：广东科技出版社，1984.
[23] 陈鑫. 陈氏太极拳图说 [M]. 太原：山西科学技术出版社，2003.
[24] 唐豪，顾留馨. 太极拳研究 [M]. 北京：人民体育出版社，1996.
[25] 王宗岳，等. 太极拳谱 [M]. 北京：人民体育出版社，1995.
[26] 戚继光. 纪效新书 [M]. 盛东铃，校. 中华书局，1996，11.
[27] 易剑东，谢军. 中国武术百年历程回顾——面向21世纪的中国武术 [J]. 体育文史，1998（1）.
[28] 刘玉华. 忆旧河南省国术馆 [J]. 河南体育史料第三辑. 1983（6）.
[29] 卫志强. 太极拳流派演变过程中的特点与规律 [J]. 上海体育学院学报，1994（4）.
[30] 康庆武. 苌氏武技与传统太极拳学理精点比较研究 [J]. 湖北体育科技，2006（2-5）.
[31] 毛秀珠. 中华武术的文化渊源 [J]. 武汉体育学院学报，1995（2）.
[32] 刘锐. 中国武术文化的哲学内涵 [J]. 四川体育科学，2000（1）.
[33] 于春岭. 20世纪80年代形成“武术热”的原因 [J]. 体育学刊，2001（5）.
[34] 赵保佑. 中原文化及其现代价值 [J]. 中州今古，2001（6）.
[35] 邱丕相. 中国太极拳修心养性的价值与修为的效果 [J]. 上海体育学院学报，1992（1）.
[36] 王峰. 浅析意练在武术运动中的运用 [J]. 武术研究，2016（3）.

附录一

关于进一步加强武术赛事活动监督管理的意见

各省、自治区、直辖市、计划单列市、新疆生产建设兵团体育局，各厅、司、局，驻体育总局纪检组，武术运动管理中心：

为贯彻落实党中央、国务院简政放权放管结合优化服务的总体部署，规范武术赛事活动，整治武术乱象，推进武术运动持续健康发展，根据《中华人民共和国体育法》《中华人民共和国境外非政府组织境内活动管理法》等法律，结合武术运动发展实际，总局制定了《关于进一步加强武术赛事活动监督管理的意见》，现印发实施，请遵照执行。贯彻实施中出现的问题，请及时向国家体育总局报告。

特此通知。

国家体育总局

2017年8月24日

关于进一步加强武术赛事活动监督管理的意见

武术是中华民族传统体育和文化的重要组成部分，在促进全民健康、推动全面建成小康社会、推进体育强国建设中起着越来越重要的作用，时代和人民赋予了武术新的责任和使命。为进一步规范武术赛事活动，整治武术乱象，推动武术运动健康发展，提出以下意见。

一、各级体育主管部门、武术管理机构（包括武术运动管理中心和武术协会）应当按照属地原则加强对武术赛事活动（包括综合格斗、自由搏击、泰拳等搏击类新兴项目）事中事后的监督管理，主动从竞赛组织、活动安排、场馆设施、专业技术、安保措施、医疗服务等方面提供业务指导、技术支持和咨询服务。

二、中国武术协会应当根据章程，从场地设施、专业技术、安全保障、人员服务等方面制定举办和参与武术赛事活动的具体标准，并向社会公布。

三、武术赛事活动的主办方和承办方应当遵守国家法律法规，维护社会公序良俗，严格执行武术行业规范，确保赛事活动安全，保障参与者的合法权益。同时，要规范使用赛事和活动名称，未经中国武术协会同意，在国内举办的武术赛事和活动名称不得冠以“中国”“全国”“国家”“中华”和“世界”“国际”“洲际”“全球”等字样或具有类似含义的词汇。

四、国家体育总局武术运动管理中心和中国武术协会要依法加强对境外武术组织在中国境内开展武术活动的监管。境外武术组织在中国境内应当依法开展武术活动，不得在中国境内设立分支机构，不得从事或者资助营利性武术活动。未获得国家体育总局武术运动管理中心认可的以及各类假冒国际武术组织必须中止，不得在中国境内开展任何武术赛事活动。

五、中国武术协会应当加强对各类武术馆校、武术培训机构、习武场所以及武术组织的指导、服务和监督，实行等级评定制度。

各类武术馆校、武术培训机构、习武场所以及武术组织，应当加强内部安全管理工作，努力营造良好的治安环境。同时，应当依法开展科学健康的武术教育与培训活动，不得利用武术从事违法活动、封建迷信活动以及违反社会公序良俗的活动等。

各级武术管理机构应当主动配合当地公安、教育、民政、工商等部门，对武术类组织、机构依法依规严格审核、严格审批。

六、武术从业人员和习武人员应当树立正确的武术观，不得有以下行为：

（一）自创门派、私下约架、恶意攻击、相互诋毁、歧视他人；

（二）自封“大师”“掌门”“正宗”“嫡传”等称号，误导群众；

（三）以“拜师收徒”“贺寿庆典”等为名收费敛财，以及其他违背公序良俗的行为；

（四）背离武术精神利用“虚假广告”“虚假宣传”和“恶意炒作”等手段发表不当言论，造谣传谣或骗取钱财；

（五）伪造、销售“假运动员等级证”“假段位证”“假教练员证”“假裁判员证”或相关资格证书；

（六）通过武术赛事和活动从事赌博、诈骗、非法集资等违法行为；

（七）利用武术活动场所或指使纵容他人从事宣传封建迷信等非法活动；

（八）其他违法违规行为和活动。

七、按照《宗教事务管理条例》的有关规定，宗教活动场所开展武术等体育活动的，应当征得宗教管理部门同意，同时接受当地人民政府体育主管部门的指导、监督、检查。

八、各级体育主管部门、武术管理机构，对上述违反规定的行为实施严格监管和处罚；对违法行为，联合有关部门综合执法，依法处置。

附录二

中国武术古籍

在《汉书·艺文志》“兵书”类的“兵技巧”部分中介绍了武术，共有13家、199篇，其中除射法外还提到“手搏六篇”“剑道三十八篇”“蒲苴子戈法四篇”等。这些都是中国最古老的武术著作，虽然都已亡佚，但可看出中国早在汉代，拳术、剑术等武术技巧就已用文字留传下来。

1.《马槊谱》，作者不详，是中国隋代的枪法书，后来亡佚，内容已不可考，但其序言在《古今图书集成》中有收录。

2.《角力记》，宋代调露子著，是中国五代十国到宋初的有关角力和拳术的史料书，有述旨、名目、出处、杂说等篇。在《宋史·艺文志》、宋郑樵《通志》、清《琳琅秘室丛书》等书中均有收录。

3.《武经总要》，宋代曾公亮撰，成书于1044年，是北宋王朝用国家力量编辑的一部军事著作，但涉及武术的内容颇多。

4.《武编》，明代唐顺之编，介绍了明代以前各种武术器械和各派拳术的练法，并与明代戚继光所著《纪效新书》一样，也介绍了中国各派武术的情况。

5.《唐荆川先生文集》，明代唐顺之的随笔和文集，其中涉及武术的有“游嵩山少林寺”“杨教师枪歌”“峨嵋道人拳歌”等。唐顺之（1507—1560），字应德，号荆川，江苏省武进县人，明代抗倭名将。

6.《正气堂集》，明代俞大猷著，有“余集”“续集”，又名《北虏忌讳》。此书“余集”卷四载有《剑经》，戚继光在《纪效新书》中转录。

7.《江南经略》，明代郑若曾著，明万历四十二年（1614）刊行。该书卷八“兵器总论”记述了武术流派，其内容与《续文献通考》几乎相同，仅赵家拳一项记述内容稍异。

8.《纪效新书》，明代戚继光著，有多种刊本，目录内容多不相同。如周世选本分18卷，有关武术的篇章有长兵、牌筅、短兵、射法、拳经等；王象乾本则分14卷，有关武术的篇章有手足篇，记述了枪、牌、筅、棍、钯、射、拳等武术；《纪效新书》收录了“杨家六合八母枪法”、俞大猷的《剑经》和戚继光自编的《拳经》32势图诀等。此书是历来研究武术的重要文献，在以后出版的《武备志》以及《三才图会》等书中均有转载。朝鲜在此书的基础上编成《武艺图谱通志》，日本江户时代兵法家平山行藏也曾翻印刊行。此外，日本还以《武术早学》《军法兵记》《兵法奥义书》等不同书名刊行此书。

9.《五杂俎》，明代谢肇浙著，此书一部分内容记述了当时的社会现状，涉及武术。

10.《阵纪》，明代何良臣著，分4卷，其中第2卷“技用篇”记述了射、拏、拳、棍、枪、筅、牌、刀、剑、短兵等武术。此书被收入《四库全书》。

11.《续文献通考》，明代王圻著，此书兵考“总论军器”篇中记述了枪、刀、弓、弩、棍、杂器等各派武术。

12.《三才图会》，明代王圻著，明万历三十五年（1607）刊行，此书“人事部”载有“射法图器”“马箭图”“拳法图”“枪法图”“棍法图”“旁牌势图”等，多录自《纪效新书》。此书“器用部”又从《武经总要》转录了不少武术器械图解。

13.《耕余剩技》，明代程宗猷著，有《少林棍法阐宗》《单刀法选》《长枪法选》和《蹶张心法》4篇，主要介绍了少林棍法，有理论，有动作图解。本书有千顷堂影印本和周越然影印本，近代改名《国术四书》刊行。

14.《涌幢小品》，明代朱国祯著，此书卷12载有武术内容，记述了当时的武术家和拳术等。

15.《武备志》，明代茅元仪费时15年，参考兵书2000 余种编写而成，共分5部240卷，其中第84～92卷载有弓、弩、剑、刀、枪、钯、牌、筅、棍、拳等武术图解，并收录有戚继光、程宗猷的部分武术著作。

16.《武备新书》，明代谢三宾对《纪效新书》进行修订而成，内容与《纪效新书》大同小异，只增加了“秘传短打法”一篇。

17.《手臂录》，清代吴殳著，康熙元年（1662）刊行，此书以精解枪法而著名，在后世出版的《藉月山房汇抄》《指海》等书中均有收录。此书 4卷后附1卷，除卷3的“单刀图说”和卷 4的“诸器总说”“叉说”“狼筅说”

“藤牌腰刀说”“大棒说”“剑诀”“双刀歌”“后剑诀”外，均讲枪法，并附有图解。吴殳（1611—1695），又名乔，号仓尘子，明遗民，江苏娄江县人（一说太仓县人），少年时酷爱武术，勤学苦练，曾从石敬严学枪法，从渔阳老人学剑法，从郑华子学马家枪法，从朱熊占学峨嵋枪法等，对各种兵器多有心得。明亡后，吴殳不求仕进，专攻武术，年五十还向别人学实战剑法，并著书阐述已经失传的剑法。

18.《万宝全书》，清代烟水山人编，后由毛焕文修订刊行。此书记述体育、文艺、游戏、养生法等，涉及武术的有“拳棒跌解法”和“要家临危解法”，并介绍了拳术和擒拿护身法等。

19.《阴符枪谱》，作者不详（据唐豪考证，是清代山西王宗岳著）。此书记述了枪法秘诀，如高下、左右、刚柔、虚实、进退、动静、阴阳、黏随诸理，与太极拳理论完全吻合。

20.《拳经》，明代少林寺玄机和尚传授，陈松泉、张鸣鹗撰，清代康熙初张孔昭补充，乾隆年间曹焕斗又补充。民国时期，曾先后被改名为《玄机秘授穴道拳诀》和《拳经拳法备要》印行。此书是记述少林拳术的名著。

21.《太极拳经》，作者不详（据唐豪考证，是清代山西王宗岳著）。此书阐述了太极拳原理，又名《太极拳谱》。

22.《内家拳法》，清代浙江黄百家著。黄百家自幼从王征南学内家拳，在王死后 7年著成此书，记述有“五不能”“打法”“穴法”“禁犯病”“练手者卅五”“练步者十八”等内容。

23.《苌氏武技书》，清代河南人苌乃周著。全书共6卷，第6卷记述枪法、猿猴棒，双剑等器械练法，其余5卷均记述拳术和拳理，民国时期经徐哲东修订重印。

24.《兵仗记》，清代仁和王丹麓著，载于《昭代丛书》甲集卷47。此书记述有关戈、矛、殳、长戟、手戟、车戟、蛇矛、剑、弩、伏弩、匕首、枪、刀、钯、叉镋、锤、棒、斧、鞭、铲、狼筅、藤牌等各种器械的构造和用法。

25.《清稗类抄》，清代徐珂编撰。此书是一部有关清代史实的笔记集，全书分92类，其中技勇类记述武术较多，如“叶鸿驹精内家拳”“蒋志善枪术”“草庵和尚用铁杖”“德宗十三响枪”“江阴煎海僧所用铁刀重八十斤”等。

26.《陈氏太极拳图说》，清代陈鑫著，记述陈氏太极拳的动作和理论，并附有图解。陈鑫（1849—1929），字品三，除《陈氏太极拳图说》外，还著有《太极拳引蒙入路》《三三拳谱》等书，陈鑫写《陈氏太极拳图说》费时10余年，1933年出版，是太极拳的重要著作之一。

27.《拳术教范》，李存义编，是参考《五行拳谱》《连环拳谱》以及弹腿等编成的武术教材，李存义（1846—1921），原名存毅，字肃堂，后改名存义，字忠元，河北深县人，清末民初著名武术家。李自幼爱好练武，各派武术都学，长年在保定开镖局。1912年，李被聘为天津中华武士会教务主任，后来去上海，在南洋公学（交通大学前身）任过武术教师。

参见 百度百科 中国武术古籍